*Henri Troyat est n_____
russe, ses parents _____ en
France où il fait ses _____ (lycée, faculté de droit).*
*Naturalisé français, il accomplit son service militaire et, alors
qu'il se trouve encore sous les drapeaux, obtient le Prix du roman
populiste pour son premier ouvrage,* Faux Jour *(1935). Il publie
encore* Le Vivier, Grandeur nature, La Clef de voûte *et* L'Araigne, *qui reçoit le Prix Goncourt en 1938.*
*Sa manière change avec les vastes fresques historiques qu'il
entreprend par la suite :* Tant que la terre durera *(3 vol.).* Les
Semailles et les Moissons *(5 vol.) et* La Lumière des justes *(5 vol.).
Son œuvre abondante compte aussi des nouvelles, des biographies (Pouchkine, Dostoïevski, Tolstoï, Gogol, Catherine la
Grande), des pièces de théâtre.* Le Front dans les nuages *marque
un retour à sa première manière romanesque, tandis que* Le Moscovite *et* Les Héritiers de l'Avenir *s'apparentent aux grands
cycles historiques.*
Henri Troyat a été élu à l'Académie française en 1959.

Vissarion, Klim, Stiopa, — trois hommes vieillissants, adossés à
une telle richesse de souvenirs que l'ombre de leur passé les
écrase. L'épreuve du bagne sibérien, qui aurait pu modifier leur
caractère, n'a fait qu'accuser les traits essentiels de chacun.
Fidèles à eux-mêmes, ils affrontent une nouvelle vie d'hommes
libres, dans un tragique dépaysement. En vérité, l'univers qui
les entoure leur est tellement étranger qu'ils n'y fréquentent
presque personne. Réfugiés dans leur appartement misérable, ils
tournent sur eux-mêmes dans une atmosphère confinée, se
heurtent, se déchirent, se réconcilient. Drames minuscules crevant comme des bulles fétides à la surface d'un étang, tristes
manies de la sénilité, nostalgie de la patrie perdue, folle poursuite d'un rêve inaccessible, tout cela constitue l'ordinaire de la
maison. Cependant, l'horizon politique s'assombrit, la guerre se
rapproche, la révolution se prépare. Le fleuve entraînera-t-il
Vissarion et Stiopa ou les laissera-t-il sur la berge où ils s'agitent comme de dérisoires marionnettes ? Avec *L'Eléphant blanc*,
Henri Troyat met un point final au cycle des *Héritiers de l'Avenir*, qui couvre soixante années capitales pour l'histoire de la
Russie.

Paru dans Le Livre de Poche :

HENRI TROYAT

DE L'ACADÉMIE FRANÇAISE

LES HÉRITIERS DE L'AVENIR

L'Éléphant blanc

ROMAN

FLAMMARION

PREMIÈRE PARTIE

1

— Rabâchage ! crie Stiopa.

— Rabâchage et trahison ! renchérit Vissarion.
Des gens se retournent sur eux. Klim sourit à
la ronde pour solliciter l'indulgence des voisins.
Mais il ne rencontre que des regards hostiles et
rentre la tête dans les épaules. Heureusement,
Ignatieff, ayant avalé une gorgée d'eau, reprend
son exposé du haut de l'estrade. Il marche de
long en large, d'un pas plat et pesant, une main
derrière le dos, l'autre ouverte en étoile sur la
rotondité de son gilet framboise. De sa barbe
en éventail sort une voix de basse, au fort accent
de Novgorod. Derrière lui, trois messieurs —
« le bureau » — sont assis, en rang, à une table.
Une toile peinte, représentant une tonnelle et des
lointains vaporeux, masque le fond de la scène.

— Mais, me direz-vous, s'écrie l'orateur, quelle
doit être, dans ces conditions, notre attitude à
nous autres, socialistes, en face de cette troisième
Douma, dont un statut électoral inique a faussé
la composition ? Devons-nous la refuser, comme
une institution autocratique exécrable, ou essayer
de l'utiliser habilement pour parvenir à nos propres fins ? Je sais bien que le bloc gouverne-

mental possède à la Douma une majorité écrasante, je sais bien que les orateurs de gauche y sont odieusement brimés dès qu'ils ouvrent la bouche, je sais bien que le souvenir des journées sanglantes de 1905 nous commande une extrême prudence dans le choix de nos alliés... Cependant je puis vous assurer qu'à Saint-Pétersbourg le vent tourne déjà insensiblement. Je n'en veux pour preuve que le rapprochement, dans certains cas précis, entre les membres du parti « octobriste » de Goutchkoff, originairement assez voisins des conservateurs, et les membres du parti des « cadets », qui compte des hommes aussi éminents que Milioukoff et que Maklakoff. On peut, dès à présent, parler de connivence secrète, voire d'amitié, entre le centre et la gauche. Voyez ce qui s'est passé à propos du vote sur le rétablissement des justices de paix et sur l'organisation des zemstvos de canton... Sans être taxé d'optimisme, il est permis de supposer... Une ère nouvelle... Si nous unissons fraternellement nos efforts...

Klim ferme à demi les yeux, repris par une musique familière. La répétition de certains mots importants dispense de réfléchir. L'esprit trotte sur une route connue, tel un cheval dans le tintement des clochettes. On ne sera pas de retour à la maison avant 10 heures et demie, sans doute. C'est bien tard ! Mais une fois n'est pas coutume. Il y a si longtemps que Vissarion Vassiliévitch et Stépan Alexandrovitch se préparaient à cette sortie ! Les événements sont rares maintenant dans leur vie à tous trois. Le moindre monticule, au loin, fait figure de montagne. On a mangé sur le pouce avant de partir. En revanche, on prendra une tasse de thé avec des biscuits, du fromage — et au lit tout le monde ! De nouveau des applaudissements. La salle est comble. Çà et là, quelques visages de connaissance : Ivan Sémionovitch Baklajanoff, Varvara Karpovna Dourova, les Gaviloff, les Ostroff... Tous des socialistes ou des sympathisants. Certains auditeurs, n'ayant pu trouver à s'asseoir, se tiennent debout, près des portes. Les grêles poteaux de fonte qui supportent le plafond sont gainés, jusqu'à mi-hauteur, de papier gaufré écarlate. Un drapeau rouge pend sur sa hampe, près du petit escalier de bois qui conduit à la scène. Il fait très chaud. L'odeur du tabac et de la poussière se mêle aux émanations du gaz d'éclairage. A côté de Klim, une femme décharnée, au regard de feu, s'évente avec la première page d'un journal clandestin où éclate ce titre : « Oui, il était nécessaire d'abattre... » La pliure de la page empêche Klim de lire qui il était nécessaire d'abattre et pourquoi. La proclamation vengeresse va et vient sous le menton osseux de la dame, et là-bas, sur l'estrade, Ignatieff entre dans le vif du sujet. Tout en raillant la Douma actuelle, il croit indispensable de continuer, comme il dit, à « jouer le jeu parlementaire » pour ne pas effaroucher la bourgeoisie et préparer ainsi l'adhésion des différentes couches de la population à « un programme socialiste minimum ».

— On veut domestiquer l'esprit révolutionnaire, marmonne Stiopa. C'est une honte ! Une mascarade !...

Quelqu'un lui tapote l'épaule. Il se retourne. Un homme mal rasé, assis derrière lui, se penche jusqu'à lui toucher l'oreille et dit :

— Tais-toi, grand-père ! Laisse-nous écouter !...

D'autres gens, alentour, protestent :

— C'est vrai, ça ! Vous n'êtes pas seul ! Chut ! Chut ! Assez !...

Pendant quelques minutes, Stiopa et Vissarion se dominent, puis n'y tenant plus, ils recommencent à soupirer, à ricaner et à s'exclamer. Chaque fois qu'ils assistent à une réunion publique, il en va de même, pense Klim avec résignation. Et il espère que la conférence se terminera avant qu'ils ne se soient mis tout l'auditoire à dos. Enfin la péroraison arrive, annoncée de loin, comme une lame de fond, par un tremblement solennel dans la voix du conférencier. Maintenant il est question de « victoire pacifique », de « fraternité internationale », de « conscience prolétarienne éclairée et dirigée... » Les applaudissements éclatent avec une vigueur allègre. Par dérision, Vissarion tape mollement son index droit contre son index gauche.

— Phraséologie ! hurle Stiopa.

Mais personne ne fait plus attention à eux. Les messieurs du bureau congratulent l'orateur qui s'éponge le front.

— Je vais tout de même dire deux mots à ce singe ! décide Stiopa. Tu viens, Vissarion ?

Ensemble ils remontent le courant de la foule, qui se dirige vers la sortie. Klim les suit en balbutiant des excuses, pour eux trois, aux gens qu'ils bousculent sur leur passage. Lorsqu'ils parviennent au pied de l'estrade, Ignatieff et les camarades du bureau s'apprêtent à en descendre.

— Attendez ! s'écrie Stiopa d'une voix essoufflée. Je voulais vous dire... Très brillant votre exposé, camarade... Mais je ne suis pas d'accord... Je me présente : Stépan Alexandrovitch Plastounoff. Et voici mon ami : Vissarion Vassiliévitch Variaguine...

— Ah oui !... Très heureux, camarade...

— Je ne sais si vous avez entendu parler de nous...

— Bien sûr ! dit Ignatieff.

Mais Klim voit clairement, dans les yeux du conférencier, que ces deux noms ne lui disent rien.

— Comment pouvez-vous préconiser la voie légale, dit Vissarion avec fureur, alors que tout ce qui a été obtenu jusqu'à ce jour, en Russie, est le résultat de la violence, de l'héroïsme, du don de ce soi ?...

— Ecoutez, susurre Ignatieff, j'ai répondu par avance à vos objections dans ma conférence. Je ne vais pas recommencer !

— Vous n'avez répondu à rien ! Vous avez parlé dans le vague ! On vous pose une question précise ! Comment pouvez-vous préconiser... ?

— Les méthodes terroristes étaient sans doute excellentes de votre temps, dit Ignatieff sèchement. Aujourd'hui elles sont dépassées. Il faut oublier le romantisme des années 75-80 pour accéder à une conception plus scientifique de la lutte des classes...

— Vous venez, Boris Pétrovitch ? dit l'un des membres du bureau. Anna Andréievna vous attend !

— Voilà, voilà, soupire Ignatieff. Vous m'excuserez, camarades...

Il descend l'escalier de bois, passe devant Stiopa et Vissarion sans leur accorder un regard, et s'éloigne, suivi d'une escorte déférente. Dans la salle vide, les dossiers des chaises luisent en rangées régulières à la pâle lueur des quinquets. On dirait un troupeau de petits chevaux, à l'encolure courbe.

— Pauvres imbéciles ! grogne Stiopa.

Klim tend à Vissarion la canne que celui-ci avait oubliée entre les sièges. Stépan Alexandrovitch, lui, n'a pas besoin de canne pour marcher. Il est sec, vif, avec un air d'oiseau échassier.

Ils sortent. La nuit de septembre est douce. Pourtant Vissarion Vassiliévitch noue un foulard autour de son cou. Toujours cette peur de prendre froid ! La maison n'est pas loin. Ils décident de rentrer à pied. Stépan Alexandrovitch et Vissarion Vassiliévitch marchent à petits pas et discutent. Klim les suit à distance. Un agent de police veille à un carrefour. D'instinct Klim se met sur ses gardes. C'est vrai qu'il n'y a plus rien à craindre maintenant ! Cependant Vissarion Vassiliévitch et Stépan Alexandrovitch baissent la voix en arrivant à la hauteur de l'agent. Vieille habitude. Quatre pas plus loin, ils reprennent leur conversation avec flamme. Stépan Alexandrovitch s'arrête, saisit Vissarion Vassiliévitch par un bouton de son gilet, le secoue et repart en grommelant :

— Non, non, Vissarion, je l'ai compris maintenant : nous ne représentons plus rien pour ceux de la nouvelle génération. Notre expérience même nous rend suspects à leurs yeux. Cet énergumène, tout à l'heure !... « Tais-toi, grand-père !... » Eh bien ! le grand-père ne se taira pas. Mais, puisqu'on ne veut pas l'écouter, il troquera la parole contre la plume. Il écrira un livre dont la publication fera l'effet d'une bombe !

— Toujours ton traité de la révolution ? dit Vissarion d'un ton ironique.

— Parfaitement ! Je vais tout reprendre, changer mon plan, élargir mes perspectives !

— Tu ne trouves pas qu'il y en a déjà un peu trop, de ces traités ?

— Le mien ne sera pas un traité comme les autres. Tout y figurera : la théorie et la vie, la pensée et le sang. Je vois quelque chose d'énorme et de flamboyant. Un paquet de vérité qui pètera à la face des lecteurs !

— Et tu te figures que le parti le publiera ?

— Pourquoi ne le publierait-il pas ?

— On t'a déjà refusé pas mal de papiers !

— C'étaient de petites choses, des articles de circonstance. Cette fois, il s'agira d'une œuvre grande, réfléchie et utile !

— A u t r e m e n t dit, fondamentalement ennuyeuse !

— C'est très grave ce que tu viens de dire là, Vissarion ! Ça sent à plein nez l'aristocrate faisandé ! D'ailleurs tu n'as jamais dépouillé complètement tes origines !

Klim ne s'alarme pas outre mesure de ces éclats de voix. Souvent Vissarion Vassiliévitch et Stépan Alexandrovitch se disputent ainsi pour des riens. C'est pour eux comme une gymnastique de l'amitié. De nouveau ils s'arrêtent. Vissarion Vassiliévitch, qui a tendance à se voûter, redresse la taille, bombe le torse, porte haut la tête et, tout à coup, rajeunit de dix ans. Un vrai boyard, pense Klim avec admiration.

— Mon cher Stiopa, lance Vissarion, si tu crois vraiment ce que tu viens de dire, c'est que tu manques ou de mémoire ou de cœur — choisis !

Il fait un moulinet avec sa canne, s'appuie dessus, et reprend son chemin à courtes enjambées tremblantes, le corps balancé de gauche à droite, le chapeau de feutre enfoncé de travers sur les yeux. Stiopa, lui, porte un paletot d'été trop long et une petite casquette à la visière molle qui lui donne l'air d'un chauffeur. Volets clos, toute la ville dort, ponctuée, de loin en loin, par la lueur pensive des becs de gaz. Enfin la maison. Elle est étroite et haute, avec deux fenêtres par étage, une gouttière à demi décrochée et de grandes taches de lèpre sur la façade. On fait une halte, au premier, chez les jeunes Brioussoff, qui veillent toujours très tard parce que Marc Séraphimovitch peint des couvercles de boîtes de bonbons pour payer ses études à la faculté de médecine.

— Alors, demande-t-il, cette réunion ?

— Vous n'avez rien perdu en n'y allant pas, répond Vissarion. Comme il fallait s'y attendre, Ignatieff a été lamentable. Il se prétend social-démocrate, et il n'est qu'un libéral de gauche ! Un parlementaire qui n'ose pas dire son nom !

— Comment était la salle ?

— Amorphe, dit Stiopa. Nous étions les seuls à protester. Je crois qu'il faut frapper un grand coup. Je songe à écrire un livre...

— Oui, vous lirez bientôt le *Nouveau Capital* de Karl Plastounoff, dit Vissarion en pouffant de rire.

Stiopa ne relève pas la plaisanterie et accepte une tasse de thé que lui offre Zina, la jeune femme de Marc, enceinte, chlorotique et douce. Il fait bon chez les Brioussoff. Un samovar chauffe en permanence sur la table. Sous l'icône, brûlent côte à côte une veilleuse bleue et une autre rouge. Klim n'a jamais osé demander la raison de cette double flamme. Avec ça, Marc Séraphimovitch est athée. Zinaïda Emilianovna a de la piété pour deux. Elle dit de lui qu'il a l'air d'une « vatrouchka (1) ». Et c'est vrai qu'il y ressemble. Un œil noir comme un raisin sec au centre d'un visage blondelet. Mais quelle science dans cette tête ! Il connaît par cœur tous les os et toutes les veines du corps. Et, pour chaque maladie, il a un nom de médicament sur la langue. Stépan Alexandrovitch rend compte de la réunion d'une manière comique. Il imite Ignatieff, la main sur le ventre :

— « Je sais bien que le tsar a d'avance faussé le jeu des élections... »

Puis on prend congé du jeune couple. Vissarion Vassiliévitch baise paternellement Zina sur les deux joues. Il s'attarde, il la hume, il dit en clignant des yeux :

— Une vraie petite pomme de chez nous !

L'ascension de l'escalier est pénible. Vissarion Vassiliévitch, qui a pris la tête, respire fortement à chaque marche. Sur ses talons, Stépan Alexandrovitch, aussi essoufflé que lui, feint pourtant de s'impatienter :

— Alors quoi, tu avances ? Si tu es fatigué, laisse passer les autres !

Vissarion ne répond même pas et continue de se hisser, degré par degré, une main sur la rampe, l'autre plaquée contre le mur, canne libre, tête en avant, barrant tout l'espace de sa silhouette oscillante. L'escalier est étroit et raide. Une odeur de poireau le traverse de part en part. A chaque étage, quatre portes identiques. Klim ferme la procession et, de temps à autre, répète, pour calmer Stépan Alexandrovitch : « Rien ne presse !... Qui va doucement arrive sûrement... »

Comme d'habitude, on fait un grand bruit de

(1) Tartelette russe à base de fromage blanc sucré.

pas, de toux et de paroles sur le palier du troisième où habitent les Morskoï, des ennemis politiques, des « menchéviks », qui veulent la révolution mais réprouvent les attentats. Si on pouvait les réveiller en passant !...

L'avantage d'habiter au quatrième, c'est que l'air y est plus pur qu'en bas. Malheureusement Vissarion Vassiliévitch a fermé les fenêtres en partant, par peur d'un orage. Résultat : l'appartement sent la colle et la mangeaille. Même Stépan Alexandrovitch, qui ne craint pourtant pas les odeurs fortes, dit en rentrant :

— Ça pue la charogne, par ici !

Pendant que Vissarion Vassiliévitch allume une lampe à pétrole, Klim ouvre la fenêtre, pousse les volets. Et le voici devant des toits, des cheminées, un ciel... Quel calme ! Au-dessus du chaos des tuiles et des ardoises, se profile tout près, dans la nuit brumeuse, le dôme gigantesque et solennel du Panthéon. Il paraît que les plus grandes gloires françaises sont enterrées dessous. Cent fois Klim s'est promis de visiter le mausolée, mais il n'a jamais eu le temps de le faire. Stépan Alexandrovitch a ouvert la fenêtre de la cuisine. Un courant d'air soulève des feuilles de journaux éparpillées sur le sol.

— Ferme ! Ça suffit ! crie Vissarion Vassiliévitch.

Et il toussote pour rappeler qu'il a la gorge délicate. Stépan Alexandrovitch a allumé le gaz sous la bouilloire pleine d'eau pour la dernière tasse de thé de la journée. Klim songe que, s'il n'était pas allé à la conférence, il aurait pu coudre encore quelques panneaux de soie pour les parapluies. Demain il rattrapera le temps perdu. Les commandes sont toujours pressées en cette saison. Il débarrasse un coin de la table, encombrée de patrons en papier, de casiers à boutons et de triangles de tissu noir. Trois tasses, du sucre, des biscuits, du fromage de gruyère coupé en tranches minces — la collation est prête.

— Ah ! si l'on avait un peu de caviar pour changer ! soupire Vissarion en prenant place. Et du champagne !

— Chassez le naturel, il revient au galop !

— Le champagne et le caviar seraient-ils incompatibles avec le socialisme ? demande Vissarion.

— Ce qui est incompatible avec le socialisme, c'est la goinfrerie !

— Tu trouves que je suis un goinfre ?

— En pensée, oui !...

Klim, assis sur un tabouret, écoute la dispute et boit tranquillement son thé, à la soucoupe, un sucre au creux de la bouche. Stépan Alexandrovitch se lève brusquement, décroche une clef pendue à un clou, près de la porte, et disparaît. A peine est-il revenu que Vissarion Vassiliévitch, saisissant un journal, sort à son tour. Les cabinets se trouvent dans l'escalier, sur un palier triangulaire, entre deux étages. Les murs sont couverts d'inscriptions politiques en français et en russe. Installé lourdement sur le siège, Vissarion lit, dans *L'Humanité*, un article sans intérêt sur des postiers révoqués à la suite d'une grève. Le problème des journaux est l'un des plus irritants pour les émigrés politiques. Il s'imprime bien à Paris quelques feuilles subversives en russe, telles *La Tribune Russe, La Cause Commune, Le Drapeau du Travail*, mais ce sont des publications irrégulières, semi-clandestines, qui ne suivent pas de près les soubresauts de l'actualité et dont l'inspiration générale est plus de combat que d'information. Les gazettes venant de Russie par la voie officielle arrivent, elles, avec trop de retard et les nouvelles y sont tellement déformées par la censure qu'on ne peut s'y fier. Reste la presse française, si libre et si diverse que chacun y trouve potage à son goût. Parmi tous les titres, c'est encore à *L'Humanité* de Jaurès que va la préférence des révolutionnaires russes. Dans ce quotidien généreux, les événements de Russie sont toujours présentés sous un jour cru, les mensonges de la propagande tsariste dénoncés avec force, les exilés politiques traités en martyrs et en amis. Cependant ce journal ne donne de la vie parisienne qu'une vue grise, laborieuse, à ras de terre. Aussi Vissarion ne dédaigne-t-il pas, pour éclairer davantage son opinion, de mettre le nez dans *Le Matin*, dont Zina Brioussoff lui prête parfois un numéro après l'avoir lu. Stiopa ne comprend pas ce souci d'objectivité et reproche à Vissarion de céder aux « vapeurs bourgeoises ». Mais à quoi Stiopa ne s'attaquerait-il dans sa maladive intransigeance ? Tous les prétextes lui sont bons pour accuser les autres de trahison idéologique et se poser lui-même en pur gardien de la doctrine. La dernière page de *L'Humanité* est consacrée à la convocation des différentes sections du parti, à Paris et en banlieue. Vissarion revient à la première page pour lire que « la police sous M. Briand reste ce qu'elle était sous M. Clemenceau, bête, brutale et provocante ». Cette phrase lui plaît. Il se la répète avec un sourire. Puis il replie le journal, se relève, se reboutonne sans hâte.

Quand il rentre dans l'appartement, Stiopa bougonne :

— Tu en as mis un temps !

— Qu'est-ce que ça peut te faire ? dit Vissarion en raccrochant la clef à son clou. T'aurais-je empêché d'y retourner ?

Mollement, machinalement, les deux hommes aident Klim à débarrasser la table (au vrai, il irait plus vite s'ils ne l'aidaient pas) ; puis ils se remettent à parler de cette réunion, que Vissarion qualifie de « sinistre guignol ». Klim finit de laver la vaisselle et étale sa paillasse sur le sol de la cuisine, pour la nuit. Au-dessus de l'évier, court un rayonnage dont la plus haute planche lui est réservée : il y range ses cahiers : le vieux, dont la couverture de carton part en loques, et le nouveau, relié en toile cirée noire. Après un coup d'œil à la porte, il les prend tous deux, les ouvre côte à côte sur la table et les contemple avec amour. C'est tout récemment qu'il a décidé de remettre au propre ses gribouillages de Sibérie. Pourquoi ? il ne saurait le dire lui-même. Le besoin d'écrire, bien sûr !... De plus en plus vif avec les années. Mais que raconter lorsqu'on vit à Paris, qu'on est vieux et qu'on fabrique des parapluies ? Tout naturellement il est revenu au passé. Chaque soir ou presque, la plume à la main, il se replonge dans le monde des images endormies. Avec étonnement, avec tristesse, avec gratitude. Il chausse ses lunettes à monture de fer, dont le verre gauche est fendu, et feuillette le vieux cahier en remontant le flot des jours. Le papier a jauni, l'écriture au crayon s'est effacée par endroits, des taches d'eau ont constellé quelques pages ; personne, à part lui, ne saurait déchiffrer ce texte pâli ; lui-même d'ailleurs le devine plus qu'il ne le lit réellement. Encore n'a-t-il rien écrit les premiers temps, au bagne. Plus tard seulement, lorsqu'ils se sont trouvés en résidence surveillée, à Nijniaïa-Kara. Il s'était confectionné un cahier avec des papiers dérobés à la Chancellerie. Du bout des doigts, il caresse les pages. Un sacré voyage qu'elles ont accompli pour aboutir à cette cuisine ! Il les a transportées sous sa chemise, dans son bonnet, dans ses bottes, en dépit des railleries de Vissarion Vassiliévitch et de Stépan Alexandrovitch : « Klim et son grimoire ! » Aujourd'hui ils sont bien contents d'avoir recours à lui pour vérifier un fait, pour préciser une date. « Va donc voir dans ton cahier, Klim, si c'est en 91 ou en 92 que le grand-duc héritier a visité la Sibérie. » Incontestablement l'épreuve du bagne a rapproché Klim du bartchouk et de Stépan Alexandrovitch. Tiens ! il vient encore d'appeler Vissarion Vassiliévitch « le bartchouk ». C'est plus fort que lui, malgré les rides qui se creusent et les cheveux qui tombent, il verra toujours en son ancien maître le fils du barine de Znamenskoïé. De même, bien que Stépan Alexandrovitch ait exigé qu'il le tutoie, il continuera de le vouvoyer dans son cœur. Les chaînes aux pieds ne suffisent pas à rendre les hommes égaux. Seuls les gardiens se figurent que tous les forçats se ressemblent. Quelle école pour le caractère que la fréquentation de cette fraternelle racaille ! Dans le sombre enchevêtrement des vices et des crimes, un sentiment pur brille parfois comme un copeau d'or fin. Vissarion Vassiliévitch a beaucoup gagné à souffrir. Certes, maintenant, avec l'âge, il a un peu oublié la rude leçon de la Sibérie. Il se fâche et se passionne pour des choses qui n'en valent pas la peine. Et pourtant, même lorsqu'il s'abandonne à ses travers, il y a derrière lui cette longue route qui fait qu'on ne peut le juger sévèrement. La toile cirée de la table est marquée de ronds roussâtres, de coupures au couteau qui laissent deviner le tissu bis par-dessous. Klim trempe sa plume dans l'encrier et recopie soigneusement les notations d'autrefois. Ou plutôt il les récrit, il les développe, il prend son temps. Trois mots jetés à la va-vite dans le vieux cahier deviennent, dans le nouveau, une phrase correctement ordonnée. Le nom d'un compagnon de captivité donne naissance à un visage. Et de cette masse de souvenirs, remués à grands coups de fourche, monte l'odeur enivrante de la jeunesse. Klim s'interrompt, la main suspendue, et admire les lettres bien formées, la ponctuation disposée avec intelligence, toute cette dentelle de signes noirs sur le papier blanc. Au plaisir orgueilleux d'avoir réussi une belle page d'écriture s'ajoute, pour lui, l'impression plus étrange d'avoir arrêté la fuite du temps. Il entend, comme à travers un rêve, Vissarion Vassiliévitch et Stépan Alexandrovitch qui discutent toujours dans la salle à manger. Vingt-cinq ans d'écart entre ce qu'ils disent et ce qu'il écrit. L'encre sèche sur le papier. La cuisine est calme. Il faudrait leur rappeler qu'il est tard. Veiller n'est pas raisonnable à leur âge. Il ose le leur dire, du seuil de la porte, et Vissarion Vassiliévitch le rabroue :

— De quoi te mêles-tu ?

Klim retourne à son cahier.

Peu après, Vissarion convient avec Stiopa qu'il ne sert à rien d'épiloguer sur Ignatieff. Chacun, épuisé, se retire dans sa chambre. Au vrai, il s'agit d'une seule chambre, coupée en deux par des panneaux de carton cloués sur un cadre de bois. Un rideau de grosse toile isole la porte qui est commune aux deux parties. Vissarion se déshabille avec méthode, vide ses poches et en dépose le contenu sur sa table de chevet. Ce bric-à-brac familier le réjouit et le rassure : un canif à deux lames et à ciseaux pliants, une pelote de ficelle, un mouchoir, un porte-monnaie, une boîte de jujubes, la clef de l'appartement, une pomme de terre toute desséchée. C'est Klim qui lui a conseillé d'avoir toujours une pomme de terre sur lui pour lutter contre les rhumatismes. La pomme de terre tire le mal à elle en se ratatinant peu à peu, jusqu'à devenir dure et brune comme un caillou. Stiopa a beau ironiser bêtement, depuis que Vissarion utilise ce moyen, ses douleurs dans la hanche droite se sont atténuées. S'il marche avec une canne, c'est plus par souci d'élégance que par réelle nécessité. Il tapote la pomme de terre du plat de la main comme il flatterait un animal domestique, achève de se dévêtir et se couche en geignant.

De l'autre côté de la cloison, Stiopa se racle la gorge, renifle et s'allonge, lui aussi, sur son lit qui grince. Il y a quelques jours encore, Vissarion aurait pu l'espionner par un petit trou du carton qu'il a élargi avec son canif. Mais, avant-hier, Stiopa a découvert le stratagème, en a fait tout un scandale et a bouché l'orifice avec des bouts d'allumettes. Qu'a-t-il tant à cacher, le pauvre ? En vérité, décide Vissarion, c'est un aigri. Il se prend pour une haute figure socialiste et souffre d'être injustement méconnu par ceux qui ont assuré la relève. Son projet de rédiger un traité de la révolution est stupide. Premièrement il n'a rien de nouveau à dire sur le sujet, deuxièmement il manque de style, troisièmement... troisièmement... Incapable de préciser davantage les raisons de son scepticisme, Vissarion bâille, étend le bras et éteint la lampe à pétrole. Un rai de lumière coupe l'ombre entre le plafond et le bord mal rogné de la cloison. Stiopa veille encore. Ne serait-il pas en train de prendre des notes pour son traité ? Cette idée agace Vissarion. Il prête l'oreille : un bruit de feuilles tournées. Non, Stiopa se contente de compulser un livre. Il se bourre de pages imprimées et cette littérature, qu'il digère mal, lui fatigue le cerveau. Les grandes intelligences se sont rarement appuyées sur de grandes lectures, décrète Vissarion. Sa gorge lui pique. Aurait-il pris froid pour de bon ? A tâtons, il saisit la boîte de jujubes sur la table. L'instant d'après, sa bouche devient une caverne de velours où fondent des parfums arabes.

2

« Quand j'ai vu le bartchouk avec ses chaînes, le cœur m'a manqué. Il était très calme. On nous avait rasé à tous la moitié de la tête, dans le sens de la longueur. Nous piétinions, au milieu de la cour, sous la pluie. Les fers tintaient. Qui aurait pu prévoir ? Le malheur a été qu'ils arrêtent aussi Max et Kolia, peu de temps avant le procès. C'est Max, les nerfs malades, qui a tout révélé : les attentats, les lieux de réunion, les boîtes aux lettres, les filières... Les juges étaient particulièrement mal disposés envers les terroristes, à cause de l'assassinat d'Alexandre II, le tsar libérateur. Alors évidemment ils ont frappé très fort. Moi qui pensais : deux ou trois ans... Vingt ans, oui ! Autant dire une vie. Nous n'en verrons jamais la fin ! me répétais-je. Max et Kolia ont écopé, eux, de douze ans. Mais leur convoi a été mis en route avant le nôtre. Dieu sait ce qu'ils sont devenus.

« On a vérifié nos chaînes. Les colliers étaient rivés si étroitement aux chevilles, que c'est tout juste si le caleçon pouvait passer entre la chair et l'anneau. Puis des gendarmes nous ont entourés, et — marche ! En colonne par deux. Les chaînes entravant nos jambes étaient rattachées par une boucle à la courroie de notre ceinture. Ainsi cette ferraille se balançait à chaque pas et nous tapait les mollets. C'est pourquoi nous avancions lentement. Nous portions tous l'uniforme gris avec le carré d'ignominie, en tissu jaune, cousu dans le dos. Des curieux se mettaient aux fenêtres pour nous voir passer. A la gare, des wagons-prisons nous attendaient. Des parents, des amis étaient venus. Mais les gendarmes ne les ont pas laissé approcher du convoi. Nos fenêtres étaient grillagées. Nous faisions des signes de loin. Et le voyage a commencé. Le bartchouk avait eu la tête écorchée par le rasoir du barbier. L'égratignure s'était infectée. Un vieux forçat l'a soigné avec de la suie, de la salive, un bout de lard et des mots guérisseurs. Le jour suivant, nous étions à Moscou. Puis, ce fut Nijni-Novgorod. Je me rappelai notre premier séjour dans cette ville, la mort de Ida Alexandrovna — la sœur de Stépan Alexandrovitch — toute cette tristesse. A Nijni-Novgorod, on nous a embarqués sur des barges qui devaient nous transporter à Perm, par la Volga et la Kama. Un remorqueur tirait le convoi, doucement. Nous regardions, par les fenêtres grillagées, le soleil se coucher, tout rouge, au-dessus de l'eau. Les forçats chantaient. Il y avait de très belles voix parmi eux. Surtout parmi les condamnés de droit commun — assassins et voleurs. Les « politiques », comme nous autres, ne se mêlaient pas à eux. C'est seulement à Tioumène que nous nous sommes retrouvés, coude à coude, avec des bandits, à la prison de triage. L'un d'eux, nommé Tchirok, a proposé à Vissarion Vassiliévitch de troquer son état civil contre celui d'un « droit commun » condamné pour deux ans. Ce « droit commun », malade de la poitrine, ressemblait, par la taille et par la couleur des cheveux, au bartchouk. Pour trente roubles, Tchirok se chargeait de le tuer et de cacher le corps. Ainsi, à l'appel, le bartchouk répondrait présent pour le mort, et un certain Vissarion Vassilié-vitch Variaguine serait porté disparu. Deux ans au lieu de vingt ! Le marché en valait la peine ! Tchirok jurait que de tels arrangements étaient fréquents sur la route du bagne et que personne ne s'apercevait jamais de la substitution, vu que, sur les papiers administratifs, le signalement des détenus est très simplifié. J'ai cru que le bart-chouk allait étrangler Tchirok. Il l'a saisi à la gorge et il l'a secoué à s'en casser les ongles. La nuit suivante, j'ai veillé près de la paillasse de mon maître : j'avais peur que Tchirok, furieux, ne vienne lui régler son compte. Mais Tchirok n'est pas venu. Le lendemain, à l'appel, on a appris qu'un certain Konioukhoff s'était « vola-tilisé dans la nature » selon l'expression du chef de convoi. Ce même jour, on nous a enfin indi-qué notre destination. Premièrement, Tomsk. Nous devions y aller par bateau, en descendant le Tobol, puis l'Irtych, puis l'Ob, puis le Tom. Ça représentait quatorze jours de navigation. Nous étions au début de juin, et cependant la terre était encore gelée. De temps à autre, il fallait s'arrêter pour faire du bois. Alors des Ostiaks venaient à nous, dans leurs bateaux d'écorce, et vendaient du poisson aux gardiens. Enfin notre prison flottante est arrivée à Tomsk. Repos pour tous dans des baraques de planches. Le bartchouk en avait bien besoin. Nous étions une quinzaine dans notre groupe. Rien que des « politiques ». Le plus jeune, Dimitri Savélitch

Tarkhanoff, s'est pris d'amitié pour nous. Vingt-deux ans. Un frère mort en déportation. Lui-même, terroriste convaincu, avait été arrêté après l'attaque d'une banque pour le compte de « la Volonté du Peuple ». Je n'ai jamais vu un homme plus résolu et plus gai. « En choisissant la voie, tu choisis les obstacles », disait-il. Et encore : « Sans l'épreuve du bagne, la révolution n'aurait pas de sens ». Il a remonté le moral de Vissarion Vassiliévitch et a enseigné à Stépan Alexandrovitch des chansons très amusantes. Il exécutait aussi des tours de passe-passe qui étaient presque de la magie. Par exemple, il nous faisait prendre une carte au hasard, il la remettait sans la regarder dans le paquet, il battait le jeu, et, hop ! la carte que nous avions choisie jaillissait entre ses doigts. Ou bien il mélangeait le jeu complet dans ses mains, si vite qu'on n'y voyait goutte, et tout à coup nous tirait une carte de l'oreille, du coude, de dessous les chaînes. Vissarion Vassiliévitch souriait malgré sa tristesse et Stépan Alexandrovitch bougonnait : « C'est de la tricherie ! Une telle pratique est contraire à la morale révolutionnaire ! » — « Tous les moyens sont bons quand la fin est bonne ! » répliquait Dimitri Savélitch. Là-dessus ils riaient tous trois avec philosophie. Oui, c'était vraiment un gaillard, Dimitri Savélitch. Dieu doit aimer des hommes comme lui pour leur ressort. Mais lui n'aimait pas Dieu. Il disait que la seule vue d'un pope lui donnait la colique. Comment peut-on croire en la vie et ne pas croire en Dieu ? Sans doute suis-je trop bête pour le comprendre. Les messieurs, eux, sont à l'aise dans toutes les contradictions.

« Nous serions bien restés à Tomsk quelques

jours encore, mais il a fallu partir. Cette fois par la route : la grande route sibérienne, étirée à l'infini. Les étapes étaient de vingt-cinq à trente verstes par jour. Et, tous les trois jours — repos. Vers le crépuscule, nous arrivions, à bout de forces, devant une prison de passage. Une vaste bâtisse de bois, placée en plaine rase. On nous entassait là-dedans, pour la nuit. Au début, le bartchouk avait du mal à s'endormir, à cause du vacarme et de la vermine. Puis il s'y est habitué. Dès l'aube, dans le froid, on se remettait en marche. Devant, à pied, les « droit commun ». Puis une vingtaine de charrettes chargées de traînards, de malades, de vieillards, de bagages. Enfin, tout à fait à l'arrière, dans des charrettes plus petites, tirées par un seul cheval, les « politiques », répartis par deux ou trois. Le soleil tapait ; les moustiques sibériens volaient en tourbillons et entraient dans la bouche, dans le nez, dans les oreilles. Après une dizaine de verstes, on s'arrêtait près d'une source ou au bord d'une rivière, pour boire un peu d'eau et manger un quignon de pain... »

3

« Et si je me laissais repousser la barbe ? »
pense Vissarion rêveusement. Un blaireau à demi
déplumé à la main, une serviette autour du cou,
il se contemple dans la glace du cabinet de toilette et tente de se remémorer les périodes bar-
bues de son existence. La dernière fois, c'était,
lui semble-t-il, lorsqu'il se trouvait en résidence
surveillée à Nijniaïa-Kara. Peu après il a commencé à perdre ses cheveux. Un jour Stiopa lui
a dit avec un affreux sourire : « Quand je te
regarde, avec ta calvitie et ta barbe, j'ai l'impression que tu as mis ta figure à l'envers. » Vissarion a pris la mouche et s'est rasé. De toute
façon, cela valait mieux, à cause de la vermine.
Aujourd'hui, la situation n'est plus la même. Peut-
être pourrait-il... ? Non, sa calvitie a gagné en
étendue. Il est chauve, avec une cicatrice pâle en
travers du crâne, à l'endroit où le rasoir l'a
écorché, la veille de son départ pour le bagne.
Quelques pinceaux de cheveux gris pendent sur
son front, ses tempes et sa nuque. Une masse
pileuse accrochée à ses joues déséquilibrerait l'ensemble. La moustache suffit. Elle a une nuance

argentée, tout à fait délicate. Il se savonne le visage et fait glisser le rasoir sur sa peau. De haut en bas, puis de bas en haut, en se gonflant la joue avec la langue. Par la porte ouverte derrière son dos, il aperçoit, dans la glace, Klim penché sur la machine à coudre qui s'est de nouveau détraquée. En voilà un qui a gardé toute sa tignasse ! Une chevelure blanche, à reflets ardoise, des yeux bleus, des épaules droites. Et pas de lunettes, sauf pour lire et écrire ! A soixante-treize ans ! Il y a là une sorte d'injustice, une faveur de la nature aux simples d'esprit ! Vissarion achève de se raser, brosse les cheveux sur ses tempes et égalise sa moustache à l'aide de petits ciseaux. Comme sa main tremble un peu, il fait longtemps cliqueter les deux lames d'acier sous ses narines avant de couper les poils qui dépassent. Ses lunettes glissent sur son nez, il fronce les sourcils, il retient sa respiration.

— Tu n'as pas bientôt fini de te mignoter ? crie Stiopa du fond de la salle à manger.

Il ne supporte pas qu'on accorde plus de dix minutes à ses ablutions. Pourtant Vissarion, passant en dernier, ne retarde personne. Il repousse le battant, derrière lui, d'un coup de pied. La porte refermée, le cabinet de toilette paraît deux fois plus petit. En fait, la moitié de l'espace est occupée par une énorme caisse à charbon, dont le couvercle est tapissé de linoléum à carreaux bleus et blancs. Si on la démolissait... Des rêves de confort effleurent Vissarion. Il prend sur l'étagère un flacon d'eau de Cologne : « Crépuscule embaumé ». Ce flacon, Klim l'a gagné, le mois précédent, à la tombola de la Croix-Rouge politique russe et, ne sachant qu'en faire, l'a donné à Vissarion. Nul, à part Vissarion, n'a donc le droit de s'en servir. Du reste il est le seul des trois à apprécier ce genre de raffinement. La main légère, il débouche la bouteille, la hume, la rebouche et décide d'attendre une meilleure occasion pour se parfumer. Quand il ira aux bains publics, par exemple... Au vrai, ces bains publics sont bien décevants, à Paris. Où êtes-vous, merveilleuses étuves russes, dont la vapeur vous suffoque, vous met en nage, vous allège la chair et l'esprit ? On s'assied sur le plus haut gradin, on se fouette avec un balai de bouleau, on transpire, on bavarde nonchalamment avec un inconnu... Même au bagne, le jour des étuves était une fête. La veille de Noël, à Akounaï... Il neige. Un groupe de forçats enchaînés se rend en colonne par deux à la cabane des bains. Les visages sont joyeux, malgré le froid qui pince la peau. Dimitri Tarkhanoff fredonne une chanson de route. Puis il fait mine de détacher un à un ses doigts gelés et de les jeter dans la neige. Phalanges repliées, il a vraiment l'air estropié ! Ses voisins rigolent. Les gardiens aussi. Derrière la porte, la machine à coudre reprend son martèlement monotone. Klim a eu vite fait de la réparer. Vissarion se décoche un dernier coup d'œil dans la glace. Incontestablement il a encore de l'allure, quand il se tient droit. « Une classe naturelle », comme dirait Mme Collot.

Il retire ses lunettes, finit de s'habiller, glisse la vieille pomme de terre dans sa poche, la palpe, la tourne, la soupèse à pleins doigts, sourit malicieusement et rentre dans la salle à manger où sa tasse et ses biscuits l'attendent à un bout de la table. A l'autre bout, Stiopa écrit, le dos rond. Il ne lève même pas la tête en entendant le bruit de la chaise repoussée. Klim apporte la théière et le pot d'eau chaude. Buvant et mangeant, Vissarion observe son vis-à-vis avec une ironie croissante. Enfin, n'y tenant plus, il dit :

— Comment marche l'inspiration, ce matin ?

— Ça marcherait mieux si tu ne me dérangeais pas !

— J'aimerais tout de même bien lire ce que tu as écrit !

— Non !

— Tu as peur que je ne sois pas d'accord ?

— Tu ne peux pas ne pas être d'accord ! Seulement, c'est un brouillon... Lorsque j'aurai mis au point la première partie, peut-être...

— Tu y parles de la doctrine, dans cette première partie ?

— Oui.

— Et de nos débuts dans le combat ?

— Incidemment, bien sûr...

Vissarion s'assombrit. Il pensait que le livre de Stiopa serait purement théorique. Si l'auteur y évoque des souvenirs personnels, les pires erreurs sont à craindre. C'est qu'il n'est tendre ni de langue ni de plume, Stiopa ! Avec ça, il n'a aucune mémoire. Il croit se rappeler et il invente. Combien de pages a-t-il déjà noircies ? Impossible de le savoir. Il range le manuscrit, tous les soirs, dans une cassette fermée par un cadenas, et porte la clef à son cou, sous sa chemise. Vissarion brûle d'envie de se lever, de saisir les papiers et de lire... Il lui semble que Stiopa le nargue en écrivant si vite. Mot après mot, naît une deuxième vérité, à l'usage des générations futures. La vérité de Stiopa, qui n'a rien à voir avec celle de Vissarion.

— Excuse-moi, Vissarion Vassiliévitch, dit Klim,

mais n'as-tu pas oublié qu'il y avait une livrai-son à faire aujourd'hui, avant midi ?

— Je croyais que c'était pour demain ! grogne Vissarion en vidant sa tasse.

Et il se tapote la moustache avec le dos de l'index.

— Non, non, pour aujourd'hui, tu l'as bien marquée sur le carnet.

Stiopa ricane sans lever la tête. Vissarion enrage. Non qu'il lui déplaise de partir en course. D'habitude il aime ces longs voyages à travers Paris. Mais l'idée de laisser Stiopa der-rière lui, à la maison, avec ses paperasses et sa mauvaise foi, lui est désagréable.

— Prépare le paquet, dit-il à Klim.

Cinq parapluies sont terminés : trois à man-ches de corne, un à manche de bois et un à manche d'argent : la moitié de la commande. Klim les enveloppe séparément dans du papier de soie et les glisse, côte à côte, dans une longue poche en toile noire, munie d'une bretelle, pour le transport. Avec ce fourreau pendu dans le dos, en bandoulière, Vissarion a l'air d'aller à la chasse. Un vent d'indépendance le saisit tout à coup. Le ciel est bleu derrière la vitre. La jour-née promet d'être belle. Avec détachement il annonce :

— Ne m'attendez pas pour le déjeuner.

Stiopa dresse le nez au-dessus de ses feuillets :
— Qu'est-ce que tu vas faire ?
— J'ai des gens à voir.
— Quels gens ?

Vissarion contient sa joie d'avoir enfin piqué et intrigué Stiopa.

— Des gens..., répète-t-il sur un ton mystérieux.

Il coiffe son large feutre aux bords onduleux, empoigne sa canne, dédaigne de prendre un manteau et sort avec le sentiment d'une revanche.

Dans l'escalier, il voit monter à sa rencontre son voisin du dessous, le menchévik, chevelu et rougeaud, un pain sous le bras. Comme d'habitude, il ne salue pas cet individu politiquement condamnable. Obligé de se plaquer contre le mur pour le laisser passer, Morskoï rentre le ventre et grogne :

— Vous avez encore fait marcher votre machine à coudre après 10 heures du soir !

— Ce n'est pas notre faute si nous devons travailler pour gagner notre subsistance, dit Vissarion en se retournant. Tout le monde n'a pas la chance de vivre de ses rentes !

— Je ne vis pas de mes rentes, et vous le savez très bien ! Je travaille, moi aussi ! Mais à des heures normales, et à l'extérieur, dans une fabrique de lanternes à acétylène ! Quand je rentre chez moi, j'estime avoir droit au repos ! Puisque vous ne voulez pas vous plier à la discipline de la maison, je me plaindrai au propriétaire !

— Cette menace d'un recours à l'autorité supérieure me surprendrait dans la bouche d'un ennemi sincère de l'autocratie, elle ne me surprend pas dans celle d'un menchévik, dit Vissarion.

Et, ravi de sa réplique, il se dépêche de descendre quelques marches.

— Les menchéviks sont les seuls à avoir conservé intact l'enseignement du socialisme marxiste ! hurle Morskoï dans son dos. Ils n'ont de leçons à recevoir de personne ! Surtout pas d'un social-révolutionnaire dépassé par les événements !

Bombardé de molles invectives, Vissarion rit tout seul en passant devant la loge de la concierge.

La rue de l'Estrapade est déserte. Au bout de la rue d'Ulm, le Panthéon écrase la perspective des maisons basses, avec son air de potiron indestructible, inutile et orgueilleux. Du fond de la ville, monte un bourdonnement de charroi, de voix sourdes, de sabots heurtant le pavé. La pluie de la nuit laisse flotter entre les façades une buée ténue, dont le rayonnement annonce la prochaine apparition du soleil. Deux ménagères, en cheveux, bavardent sur le pas d'une porte. Une fillette maigre bat un paillasson sur la barre d'appui de sa fenêtre, au rez-de-chaussée. Un concierge, chaussé de pantoufles, rentre une poubelle vide et s'arrête pour regarder passer Vissarion, avec son fourreau noir en travers du dos. Rue Soufflot, des étudiants discutent, pipe au bec et cahiers sous le bras. Au coin du boulevard Saint-Michel, la « Taverne du Panthéon » déborde de têtes et de verres jusque sur le trottoir. Beaucoup d'émigrés russes tiennent là leurs assises. D'autres préfèrent le « Grand Café d'Harcourt », un peu plus loin, à l'angle de la place de la Sorbonne, où les consommations sont moins chères. En longeant la terrasse, Vissarion y découvre quelques visages familiers, tend le jarret et salue. Une tablée lui répond. C'est dans le Quartier latin et autour du parc Montsouris que la concentration de réfugiés politiques est la plus forte. Même Klim, qui baragouine à peine quinze mots de français, se débrouillerait seul, à Paris, dans un périmètre marqué par le Jardin des plantes, le Jardin du Luxembourg et la porte d'Orléans.

Cependant cette colonie est tellement diversifiée qu'un long apprentissage est nécessaire pour en connaître les subdivisions et les alliances. Ainsi, depuis quelques années, un nombre toujours plus grand d'étudiants russes — beaucoup de juifs parmi eux — se sont fixés à Paris où ils végètent misérablement, grâce aux subsides que leur envoie leur famille. Ils forment une confrérie mouvante, bruyante et sympathique, tournée vers la gauche, mais d'une efficacité contestable. On peut leur adjoindre des artistes récemment arrivés de Russie, des correspondants de presse, des littérateurs mécontents et des espions à la solde du gouvernement impérial. A côté de ce petit monde libéral ou soi-disant tel, se trouvent les émigrés politiques, ceux qui ont fui la Russie et ne pourraient y rentrer sans risquer la prison. Ceux-là sont les vrais mystiques de la révolution, et cependant, s'ils se déclarent tous d'accord sur la nécessité d'abattre le tsar, ils s'opposent avec violence dès qu'il s'agit de déterminer les moyens d'action. Sans doute est-ce l'échec de la révolution de 1905 qui a précipité la division des socialistes en deux grandes familles : le parti social-révolutionnaire et le parti social-démocrate. Par tradition et par conviction, Vissarion se sent social-révolutionnaire jusqu'à la moelle. Quand il pense aux sociaux-démocrates, il ne les comprend pas et s'irrite de leur mépris affiché pour les méthodes spécifiquement russes de la lutte contre l'autocratie. Comment les théoriciens de la nouvelle école, qui n'ont pas encore fait leurs preuves, osent-ils reprocher aux anciens d'avoir faussé la tactique révolutionnaire en perpétrant des actes terroristes plus éclatants qu'efficaces ? De quel droit prétendent-ils s'appuyer principalement sur la classe ouvrière en voie de formation, alors que la Russie est peuplée en majorité de paysans et que ces paysans sont déjà initiés au socialisme grâce à des institutions de caractère collectif comme le *mir* (1) ? Croient-ils vraiment qu'à leur instigation un nouveau type de révolutionnaire est né, dont l'idéal n'est plus de mourir en jetant une bombe sur quelque grand-duc, mais d'organiser le prolétariat dans les usines et de fomenter des grèves ? Non, non, ce n'est là, de leur part, qu'une vaine escrime d'idées, un stupide cliquetis de mots. D'ailleurs, d'un congrès à l'autre, le parti social-démocrate se fractionne en groupes rivaux qui menacent de s'entre-déchirer. En vérité, le parti social-révolutionnaire n'est pas en très bonne santé, lui non plus. La découverte de la trahison d'Azeff a jeté la confusion dans ses rangs. Il est invraisemblable que le comité central soit resté sourd si longtemps aux accusations formulées par Bourtzeff contre cet homme qui, tout en travaillant pour le groupe de combat, vendait ses camarades à la police tsariste ; invraisemblable qu'un jury composé de vieux révolutionnaires éminents ait pu le blanchir une première fois, à la quasi unanimité ; invraisemblable qu'après l'énoncé de nouvelles charges contre lui, à la fin de l'année précédente, ses juges n'aient pas su l'empêcher de fuir ; invraisemblable qu'aujourd'hui encore nul n'ait trouvé sa cachette ! Derrière lui, il a laissé le désordre et la saleté. On se méfie, on voit des espions partout, on a honte de ses chefs, on met en doute, sinon l'idée socialiste, du moins

(1) Communauté rurale.

la compétence professionnelle des dirigeants du mouvement (1). Il faut réagir. Le fait que le comité central du parti social-révolutionnaire ait donné sa démission et ait été remplacé, au printemps 1909, par un comité « plus dur » suffira-t-il à relever le moral des troupes ? Vissarion l'espère de tout cœur. Déjà quelques attentats, commis en Russie, permettent d'envisager un renouveau de l'action directe. Certes il ne s'agit encore que d' « éliminations secondaires ». Mais un jour prochain, on s'attaquera à celui que, dans le jargon des terroristes, on nomme « le centre des centres ». Le tsar tombera, les ministres détaleront, les généraux retourneront leur veste, les sociaux-révolutionnaires et les sociaux-démocrates réconciliés formeront un gouvernement provisoire qui s'installera au palais d'Hiver, tous les visages s'illumineront d'un bout à l'autre du pays délivré, et les exilés reviendront chez eux, tête haute.

Ce rêve accompagne Vissarion, tandis qu'il traverse le boulevard Saint-Michel et s'engage dans la rue Racine. Depuis qu'il a quitté la Russie, chaque fois qu'il retourne à ses souvenirs, le cœur lui manque. C'est comme une soif qui, soudain, le dessécherait tout entier. Un besoin d'espace, de neige, de bouleaux tremblants, de coupoles dorées dans le froid soleil de l'hiver. Perdu

(1) Azeff, qui appartenait à l'organisation de combat du parti social-révolutionnaire depuis sa fondation, était en réalité un agent double. Payé par la police russe, il dénonçait certains attentats préparés par lui, mais, pour conserver la confiance de ses camarades, en exécutait d'autres avec une précision parfaite. Ce fut lui notamment qui organisa l'assassinat du ministre Plehvé et du grand-duc Serge. Après sa condamnation à mort par les sociaux-révolutionnaires, il vécut sous un faux nom en Allemagne et s'éteignit en 1918, sans avoir jamais été inquiété.

au milieu d'une nostalgie d'amertume et de douceur, il ne voit plus les maisons françaises qui l'emprisonnent. Un sourire béat entrouve sa bouche. Il s'arrête dans les galeries de l'Odéon, devant un étalage de livres. Les vendeurs le connaissent et le laissent fouiller. Appuyé tantôt sur la jambe droite, tantôt sur la jambe gauche, il lit les nouveautés littéraires et historiques, ou, du moins, il les feuillette, il les hume. Le passage d'un bouquin à l'autre ne le trouble pas. A la longue, tous les sujets se mêlent dans sa tête. Un courant d'air insidieux, tournant sous les arcades, lui glace les chevilles. La crainte de prendre froid le chasse de son poste. Aussi bien ne pourrait-il s'attarder plus longtemps, puisqu'il doit livrer ces maudits parapluies. La bretelle du fourreau lui coupe l'épaule. Il se remet en marche par la rue de l'Odéon et la rue de l'Ancienne-Comédie.

Quand il parvient à la Seine, ses genoux tremblent de fatigue. Heureusement il y a un banc libre, sur le pont des Arts. Vissarion s'assied, retire son chapeau et s'éponge le front, par petites tapes, avec un mouchoir. La prochaine pause interviendra, comme d'habitude, dans les jardins du Louvre. Là-bas aussi, il compte quelques bancs de prédilection. Cœur ouvert, il se laisse baigner par une sensation d'air libre, d'eau mouvante, d'espace, de voyage. Un remorqueur, noiraud et têtu, remonte la Seine avec, derrière lui, un train de péniches pansues, pleines de sable à ras bord. Les feuillages de l'île de la Cité commencent à jaunir. Des falaises de maisons, couleur de poussière, de rouille et de coquillage, conduisent aux tours vaporeuses de Notre-Dame. L'eau brille et se tord. Vissarion se lève à regret et s'appuie sur sa canne. Pas de douleur à la hanche. La pomme de terre agit.

De l'autre côté de l'eau, s'étend un monde mal exploré et vaguement hostile. Les Russes qu'on y rencontre n'ont rien de commun avec ceux de la rive gauche. A croire qu'ils ne sont pas originaires du même pays. Plus de révolutionnaires ni d'étudiants, mais des aristocrates nantis, des marchands cossus, de hauts fonctionnaires, venus pour « la saison parisienne », avec leur famille. Certains ne font là qu'une halte, avant de descendre dans le Midi. Ils vont à Nice, à Menton, mais évitent de pousser jusqu'au Quartier latin, par crainte d'un contact avec leurs compatriotes aux idées subversives. C'est une question de choix politique, bien sûr ! Mais aussi de prudence. Car, même à Paris, la police tsariste entretient des mouchards. Et il ne ferait pas bon, pour ces touristes opulents, être dénoncés en haut lieu comme fréquentant l'émigration socialiste. En laissant derrière lui le pont des Arts, Vissarion a l'impression de quitter le domaine indigent, absurde et généreux de la passion révolutionnaire pour celui — triste, froid et riche — de la légalité installée.

La halte dans les jardins du Louvre le déçoit. Trop d'enfants jouent autour de ses jambes et l'assourdissent de leurs cris. Il doit partager son banc avec deux nourrices qui l'observent par-dessus leur tricot, d'un œil de volailles méfiantes. Sur le banc d'en face, des amoureux s'embrassent, bouches confondues. Le chapeau de la jeune fille a glissé par terre. Vissarion ne peut s'habituer à cette manie française des baisers en public. Il y voit un signe de désordre et d'impudeur : la décadence de l'Occident. Plus loin, un rêveur jette de la mie de pain aux oiseaux. Le pantalon rouge d'un soldat en promenade tranche sur la blancheur fade des statues. Un vendeur de ballons passe avec son petit paradis multicolore, qui se balance au bout d'un bâton, dans la brise.

Encore quelques minutes de répit, et Vissarion débouche place du Palais-Royal juste à temps pour prendre l'autobus. La voiture arrive sur lui dans un joyeux grondement de moteur. Il lit, sur une plaque, le nom des stations desservies : « Place de la Concorde, place de l'Etoile », et grimpe derrière d'autres voyageurs. Assis à l'intérieur, sur la banquette, il s'abandonne à un rude et amical bercement. La caisse grince, les visages oscillent ensemble, à chaque cahot, comme les fruits d'une même grappe, et la rue coule à toute vitesse derrière la vitre, avec ses arcades, ses fenêtres, ses trouées soudaines. Que le monde a donc changé, songe-t-il, depuis les derniers temps de son existence d'homme libre, en Russie ! Il a connu une époque où il n'y avait d'autre éclairage que la lampe à pétrole, d'autre moyen de locomotion que les chevaux, et le voici dans un univers où brillent des lampes électriques, où le gaz, à la cuisine, remplace le charbon, où des automobiles roulent dans les rues, où les premières lignes de métropolitain grondent sous terre, où l'on se parle à distance par téléphone, où les journalistes célèbrent la conquête du ciel par des machines volantes... En juillet dernier, un certain Blériot a traversé la Manche en aéroplane. En août, à la grande semaine de Reims, l'aviateur Latham s'est élevé à plus de cent cinquante mètres. Les conditions de la vie humaine ont été bouleversées en dix ans plus profondément qu'en dix siècles, et cependant, dans la lointaine Russie, un tsar médiéval prétend, aujourd'hui encore, opprimer son peuple et n'être responsable de ses actes que devant Dieu. Voilà ce que Stiopa devrait écrire dans son traité de la révolution. Mais il n'a pas l'art des formules frappantes. Il rallongera la sauce jusqu'à l'extrême fadeur. A sa place, lui, Vissarion, aurait torché un mâle pamphlet contre le régime... Il soupire et passe la main sur son menton qui pique. Il croyait s'être mieux rasé. Nouvel arrêt. La Concorde. Un peu plus, et il laissait passer la station !

— Monsieur ! Monsieur ! Une seconde ! Je descends ici !

Il pense trop, depuis quelque temps. Sa tête navigue à cent pieds au-dessus du sol, comme celle des aviateurs. Un regard, en passant, à cette place solennelle, où la calme ordonnance des pierres contraste avec la folle giration des voitures. A petits pas, la canne frappant l'asphalte, Vissarion remonte la rue Royale vers la Madeleine. De temps à autre, il prend prétexte du brillant étalage des vitrines pour s'arrêter et souffler un peu. Le luxe des articles exposés l'irrite et le charme tout ensemble, comme le rappel d'une vie antérieure. Il orne ses journées, en rêve, d'une nappe brodée, d'un lustre de cristal, d'un fauteuil Louis XV, d'un bouquet de fleurs... On dirait que, pour un homme sincère, la volonté politique et le goût du confort sont incompatibles. Il lui faut choisir entre les grands projets et les petites satisfactions. Croire à un idéal, c'est renoncer à l'eau chaude. A quel moment exact a-t-il opté pour ce genre d'existence ? Il hésite à répondre. Sa vocation s'est imposée à lui, jour après jour, imperceptiblement. A cause de Stiopa, de Ida, de toutes ces idées qui étaient dans l'air. Pourtant rien ne le touche comme un beau spectacle, un visage gracieux, le scintillement des mots et des lumières. Il a réussi à entraîner Stiopa, un soir, au théâtre du Châtelet, pour entendre Chaliapine dans *La Pskovitaine*. Perchés tout en haut, dans les places de troisième amphithéâtre, à un franc, ils ont assisté au triomphe de leurs compatriotes devant un public français. Maintenant encore, Vissarion ne peut penser sans un serrement de gorge à ces larges vagues d'applaudissements déferlant vers les chanteurs et les danseurs venus de Russie. A l'entracte, tout le monde ne parlait que de Chaliapine, de la Pavlova, de Diaguileff. Il semblait à Vissarion que leur succès était le sien. Débordant de gratitude, il aurait voulu aller les féliciter après la représentation. Mais Stiopa s'y est opposé, par répugnance à coudoyer dans les coulisses des spectateurs russes « de l'autre bord ».

Le nombre des passants augmente. C'est le quartier de Paris où la proportion de gens aisés est la plus forte. Le flux et le reflux de l'argent baigne ces magasins pleins de vendeurs obséquieux et de clientes difficiles, les pénètre, les imbibe comme des éponges. Sans doute l'égoïsme, l'inégalité, la futilité, la vanité forment-ils le meilleur climat pour l'éclosion des objets d'art. Des femmes passent et repassent devant les yeux de Vissarion. Beaucoup sont jeunes. Mais même celles qui ne le sont pas ont quelque chose de royal dans leur allure. Il y en a de volumineuses, au teint vif, au menton ovoïde et au buste rebondi ; et de petites, courtes sur pattes, corsetées à mort, la croupe saillante ; et de grandes nonchalantes, aux molles blondeurs ; et de squelettiques, brunes et studieuses, aux hanches plates. Une telle diversité dans l'espèce est à la fois comique et inquiétante. A constater la dissemblance entre toutes ces femmes trottant au même instant, dans la même rue, il est impossible de ne pas penser à ce qu'elles ont en commun et que l'on ne voit pas. Comment n'être pas sensible au balancement de leur taille et à l'élégance de leur toilette ? Chapeaux fleuris, voilettes, jupes évasées en corolle, chacune de ces inconnues a une histoire d'amour, un amant, un mari, les deux peut-être. Les Françaises ne sont pas sérieuses, c'est bien connu. Il émane d'elles on ne sait quelle électricité perverse. Jamais, dans les rues de Moscou ou de Saint-Pétersbourg, Vissarion n'a éprouvé la même impression de légèreté piquante. Et pourtant il était plus jeune. Oui, mais alors la grande idée révolutionnaire l'empêchait de voir cet univers charnel. Encore des femmes, devant un étalage de chaussures, à l'intérieur d'une pâtisserie, sous un porche, au bord du trottoir, attendant de pouvoir traverser. Elles sont légion. Et pas une n'a été à lui ! Pas une ne le sera ! Qu'en ferait-il, grand dieu, à son âge ? Elles se déplacent vivement. Leurs talons claquent. En les regardant, il a envie d'ôter son chapeau dans un geste d'hommage. Mais de nouveau la fatigue se fait sentir. Il s'assied sur un banc, place de la Madeleine. Ce sera sa dernière halte avant la rue Vignon. Il se passe un petit peigne dans la moustache et rectifie son nœud de cravate.

La vitrine de la maison Collot est une champignonnière de rêve, avec ses ombrelles et ses parapluies ouverts sur le fond d'un rideau garance. L'enseigne noir et or proclame : « Après la pluie le beau temps — fournisseur de toutes les cours d'Europe. » Du haut de la porte, le tintement d'une clochette cristalline tombe sur Vissarion, tel un chapelet de gouttes d'eau. Une vendeuse en tablier marron présente des parapluies à deux dames nonchalamment assises devant le comptoir. En apercevant Vissarion, M. Collot lui fait signe de le suivre dans l'arrière-boutique, qui lui sert d'atelier. Autrefois il ne s'adressait « à l'extérieur » que pour les travaux de couture et montait les manches lui-même avec sa femme. Mais l'afflux des commandes l'a incité, par la suite, à faire confectionner des parapluies complets — de la couverture aux branches et à la poignée — par ceux qu'il appelle « les Russes ». Vissarion vide le contenu de son étui sur la table et l'inspection commence. Le nez chaussé de lorgnons, M. Collot ouvre un parapluie après l'autre. Chaque fois on dirait un claquement d'ailes de corbeau. Vissarion frissonne, désagréablement impressionné par ce déploiement de voilures funèbres. Est-ce Klim qui l'a marqué par sa manie de se signer, le matin, devant les coupons de tissu noir, pour conjurer le mauvais sort ? Imperturbable, M. Collot vérifie la régularité des coutures, la souplesse des branches, le jeu précis du coulant, la fermeté de la noix, l'exacte fixation de la poignée sur le mât. Son visage se détend à mesure qu'il constate la qualité du travail. Depuis trois ans qu'il fait appel à la même équipe, il n'a jamais été déçu par le résultat.

— Très bien ! Très bien !... marmonne-t-il en rangeant les parapluies refermés dans un coin.

Vissarion sourit, modeste.

— Quand pensez-vous me livrer les cinq autres ? demande M. Collot.

— Dans trois jours, dit Vissarion.

— La comtesse de Moulay-Champsac m'a encore relancé hier. Faites un effort. Du moins pour cette pièce-là. Vous savez bien, c'est celle avec la poignée en écaille blonde...

— Après-demain, peut-être ?

— Parfait !

M. Collot se frotte les mains. Il est petit, avec un visage évasé vers le bas comme un estuaire. Cheveux et moustache acajou, regard d'écureuil furtif, il pousse devant lui, sur la table, les patrons, les tissus, les poignées de la nouvelle commande :

— Deux parapluies de dames. Je les veux très légers. Regardez-moi ces belles poignées ! Celle-ci ne vous dit rien ?

Vissarion prend en main une poignée d'argent niellé, représentant un cygne au col incurvé avec grâce.

— Style russe ! murmure M. Collot.

— En effet, dit Vissarion, on dirait...

— C'est un de vos compatriotes qui me l'a commandé pour sa femme. Le général Svétchnikoff, vous connaissez ?

— Non.

— Un homme charmant. Je crois qu'il occupe un poste de première importance. Il est reçu à la cour. Nous avons parlé de la Russie avec lui. Il m'a dit combien la vie, là-bas, était large, brillante, insouciante... Cela contraste tellement avec ce que vous m'avez dit vous-même, à ce sujet, l'autre jour, que j'en ai été frappé, dérouté...

— Pourquoi le général Svétchnikoff se plaindrait-il d'un régime qui lui a tout donné ? réplique Vissarion. Mais ce qu'il oublie de mentionner, c'est que la prospérité scandaleuse de quelques personnages tels que lui est fondée sur la misère, l'ignorance et l'esclavage de millions d'autres !

— Permettez ! Permettez ! Le général Svétchnikoff ne nie pas qu'il y ait de la pauvreté en Russie !

— Encore heureux !...

— Simplement, il fait observer que les paysans russes, les ouvriers russes, ayant moins de besoins que les paysans et les ouvriers occidentaux, n'éprouvent pas réellement la nécessité d'améliorer leur sort. Du reste, j'ai lu les mêmes remarques dans je ne sais plus lequel de nos journaux français. Le goût du bien-être et de l'indépendance change selon les latitudes et les climats. En tout cas, le général est convaincu que l'empereur Nicolas II aime profondément son peuple et que, grâce à lui, peu à peu...

— Je connais la chanson, tranche Vissarion. Si le général Svétchnikoff disait vrai, on ne trouverait pas tant de Russes à Paris, rongeant leur frein, dans l'attente de la révolution qui, tôt ou tard, transformera leur infortuné pays en une république heureuse !

— Toutes les républiques ne sont pas heureuses...

— Si, monsieur Collot ! Par rapport aux empires, elles le sont toutes !

M. Collot croise ses petits bras courts sur sa poitrine :

— Mais enfin, cher monsieur, la Russie est une contrée immense, prospère, largement peuplée. Des millions de gens y vivent, normalement, se marient, ont des enfants, achètent, vendent, s'amusent, vont au théâtre, cultivent la terre, mettent de l'argent de côté pour leurs vieux jours... Si, comme vous le prétendez, l'existence là-bas était un enfer, cela se saurait ! Supposez que le gouvernement russe vous autorise à rentrer dans votre patrie et vous garantisse, du même coup, que vous ne serez plus inquiété pour vos opinions politiques — je suis sûr que vous prendriez le train pour Moscou !

— Jamais ! s'écrie Vissarion.

— Mais pourquoi ?

— Parce que, si j'y retournais, ce serait pour tout faire sauter !

M. Collot tressaille. Conscient d'être allé trop loin devant un marchand de parapluies, homme professionnellement enclin à la prudence, Vissarion ajoute :

— C'est une façon de parler...

— Bien sûr ! Bien sûr ! dit M. Collot.

Il enveloppe les poignées dans du papier de soie et les tend à Vissarion qui les met en poche. Le reste du matériel — tissu, branches, mâts — disparaît dans la sacoche noire. M. Collot redresse la tête et son lorgnon tombe sur son gilet.

— Au fait, dit-il soudain, si vous étiez français, voudriez-vous changer quelque chose en France ?

Surpris par la question, Vissarion constate qu'il ne s'est jamais intéressé de près à la politique française. Comme si la France n'existait pas pour lui en tant que pays réel, mais représentait au plus une sorte de réserve protégée, d'asile juridique pour les réchappés des prisons tsaristes. Les Français qui l'entourent sont transparents, inconsistants, leurs propos bourdonnent confusément à ses oreilles. Il ne prête attention à ces fantômes hospitaliers qu'au moment où, par extraordinaire, ils parlent de la Russie. Alors les âneries qu'ils profèrent lui jettent le sang au visage. Face à M. Collot, qui sourit avec politesse, il repense aux étapes de cet absurde et criminel rapprochement de la république française et de l'empire russe : la visite du tsar à Paris, en 1896, la visite de Delcassé à Saint-Pétersbourg, les accords franco-russes de toute espèce et, il y a quelques semaines à peine, en août 1909, l'arrivée de la flotte russe à Cherbourg, l'entrevue de Nicolas II et du président Fallières, les toasts, les coups de canon, les photographies attendrissantes, les sirupeux mensonges de la presse nationaliste célébrant à l'envi ce mariage contre nature...

— Oui, dit-il, même en France il y a beaucoup à changer.

— Quoi par exemple ?

— L'action gouvernementale à l'égard de la Russie. Il est inconcevable que votre président Fallières et votre Premier ministre... comment déjà ?... Briand, qui sont des libéraux, ce me semble, n'hésitent pas à...

— Je ne vous parle pas de politique étrangère mais de politique intérieure !

— Pour la politique intérieure, je ne sais pas... Enfin ce n'est pas mon affaire. Mais convenez-en : chez vous non plus, le peuple n'est pas écouté !...

— Pourtant nous avons le suffrage universel.

Un instant troublé, Vissarion secoue la tête et murmure :

— Peut-être que le suffrage universel ne suffit pas !

Mme Collot entre sur ces mots et explose

d'amabilité. Elle est grande, massive et rose. Vissarion a le sentiment de lui en imposer par l'étrangeté de ses origines.

— As-tu dit à M. Variaguine qu'un de nos clients, le général Svétchnikoff... ? susurre-t-elle.

— Oui, oui, grogne M. Collot.

Et il fait signe à sa femme de se taire. Mais elle continue :

— Soyez tranquille, nous ne lui avons pas parlé de vous !

— Vous auriez pu, dit Vissarion. En France, je ne crains rien, je jouis du droit d'asile politique...

Au vrai, il regrette quelque peu de s'être laissé aller, un jour, à évoquer devant les époux Collot son passé révolutionnaire. Toujours cette envie de briller devant la galerie. Plaire, plaire aux autres — quelle faiblesse de sa part ! N'est-ce pas pour *plaire* à Stiopa et à Ida qu'il est entré jadis dans leurs vues ?

— Ah ! la politique ! soupire Mme Collot. Moins on y trempe, plus on est heureux. Moi, je dis qu'il y a des hommes bien des deux côtés de la barricade. Ce général, par exemple, il a fait la guerre contre le Japon, c'est un héros ! Et vous, vous avez fait une autre guerre, une guerre d'idées, on vous a envoyé en Sibérie, vous avez souffert, vous êtes donc, vous aussi, dans votre genre, une sorte de héros...

— Je ne suis pas un héros, dit Vissarion. Je déteste les héros. Je ne conçois l'héroïsme que dans sa forme collective !

Et il s'aperçoit soudain que lui, un social-révolutionnaire, vient d'employer une formule chère aux sociaux-démocrates. Peu importe ! ce ne sont pas les époux Collot qui le remarqueront. Mme Collot lui sourit avec une douceur engageante :

— Comme vous vous emportez ! Quelle jeunesse de caractère !

Il se rengorge, tourne la tête insensiblement vers une glace fixée au mur, et découvre un éclair rose : la sotte nudité de son crâne.

— Je vous règle le tout à la fin du mois, demande M. Collot, ou préférez-vous que, déjà, pour cette livraison... ?

— Pour cette livraison, si vous le voulez bien..., dit Vissarion.

M. Collot va chercher de l'argent dans le tiroir-caisse. Restée seule avec Vissarion, Mme Collot se plaint d'un mauvais début de saison. Bien que le ciel soit indécis, en ce mois de septembre, les gens achètent moins de parapluies que l'année précédente à la même époque. On dirait qu'ils se restreignent !

— En prévision de quoi, je vous le demande ! soupire Mme Collot.

Des chocs sourds lui coupent la parole.

— Encore ! dit-elle en levant les yeux au plafond. Ils n'en finiront donc jamais !

— On fait des travaux dans votre immeuble ? demande Vissarion.

— Oui. Melle Viviane de Crécy, de son vrai nom Paulette Pouget, a décidé de changer de baignoire, siffle Mme Collot. Elle en avait une en fonte émaillée, elle en veut une romaine, en mosaïque ! Résultat : un de ces jours, le plafond nous descendra sur la tête. C'est une honte ! Mon mari a envoyé une lettre recommandée au propriétaire. Peine perdue ! Il paraît que cette créature a tous les droits ! Elle doit payer son loyer en nature ! Et nous habitons, dit-on, un immeuble bourgeois ! Vous avez vu les fissures ?

Vissarion met ses lunettes et regarde. Autour de la suspension à gaz, une craquelure suspecte entame le plâtre. Il imagine, juste au-dessus, une salle de bains pompéienne, des clapotis d'eau, des voiles qui tombent. Les coups redoublent de violence.

— Ils creusent, dit Mme Collot, je vous assure qu'ils creusent...

Et elle pose une main sur sa poitrine pour en calmer le houleux soulèvement.

— Ces vieilles maisons françaises sont solides ! dit Vissarion dans un esprit de pacification.

M. Collot rentre en apportant l'argent. Grand seigneur, Vissarion empoche la somme sans vérifier. Puis il baise les doigts de Mme Collot, confuse et roucoulante, serre fermement la main de M. Collot, accroche le fourreau noir à son épaule, coiffe son large feutre et sort, comme midi sonne à la pendule murale du magasin.

Il aurait certes le temps de rentrer déjeuner à la maison, mais, par amour-propre, il préfère ne rien changer au programme tel qu'il l'a énoncé devant Stiopa et Klim. Ce ne sera pas la première fois qu'il prendra un repas en ville. Il a du reste, pour cela aussi, ses habitudes. Marchant vers l'arrêt de l'autobus, il se livre déjà mentalement aux plaisirs de la dégustation.

Dans la grande pâtisserie du boulevard Saint-Michel, les tartes exposées bavent de crème, luisent de sirop. Un suave parfum de frangipane soulève agréablement le cœur. Vissarion feint d'hésiter entre plusieurs sortes de gâteaux. Mais il sait déjà que, comme de coutume, il prendra un baba au rhum. Il le mange debout, dans un coin de la boutique. Dire que, dans sa jeunesse, il détestait les sucreries ! Maintenant cette pâte spongieuse et juteuse met sa bouche en joie. Il n'en finit pas de mâcher et d'épaissir délicieusement sa salive. Après la dernière bouchée, il s'apprête à partir, mais la tentation est trop forte :

— J'en voudrais un autre !

La fête recommence. Il fait durer le plaisir. Ce sera tout son déjeuner. A Stiopa il racontera qu'il a merveilleusement mangé, pour trente sous, dans un petit restaurant français de la rive droite. Au besoin, il inventera un menu. Mais Stiopa ne lui demandera rien. Par crainte d'avoir à l'envier. Tout à coup, le baba au rhum n'est plus qu'un souvenir.

Bouche vide, rêve envolé, Vissarion traverse la rue, se dirige vers le bistrot d'en face, et s'assied à un guéridon, près de la porte. Le garçon, Arthur, le connaît bien et lui sert d'autorité un « café arrosé ». L'avantage, ici, c'est qu'il n'y a pas de Russes parmi la clientèle. Seul de son espèce, Vissarion s'étale. Important et secret, il sirote le jus noir, brûlant et alcoolisé en regardant d'un œil vague les visages français qui l'entourent. La réflexion de M. Collot lui revient en mémoire. Quelle serait sa vie, s'il était né français au lieu d'être né russe, avec le même esprit, avec le même cœur ? Parbleu, il serait toujours du côté du peuple ! Un syndicaliste à la Jules Guesde, un socialiste à la Jaurès. Il admire Jaurès. Il a lu ses articles dans *L'Humanité*, il l'a entendu haranguer la foule, lors d'un meeting du parti socialiste français. Quand Jaurès, du haut de la tribune, a parlé de la fraternité des travailleurs et du prochain déclin de la classe bourgeoise, sa voix avait l'ampleur majestueuse du grondement de la mer. Il agitait les bras, il déboutonnait son gilet, il ouvrait une bouche énorme dans sa barbe en mouvement. Après lui, un chœur d'enfants — tabliers blancs et chaussettes rouges — a chanté une chanson mélancolique. Puis une divette, probablement très connue, a détaillé, en se trémoussant, des couplets grivois. Un bal a succédé à la réunion politique. Comment les Français peuvent-ils passer en une minute des questions sérieuses à la gaudriole ? Le prolétariat, la lutte des classes, et, tout à coup, ces éclats de rire, ces flonflons, ces sautillements de couples enlacés. En vérité, les socialistes français ont, pour la plupart, une existence normale, presque bourgeoise, avec un foyer, des habitudes familiales, un jardinet en banlieue, des économies... Par comparaison, les socialistes russes sont des vagabonds, des parias, des maudits... Est-ce parce que le régime tsariste leur rend la vie impossible ou parce que leur tempérament slave les pousse naturellement aux excès qu'ils mettent tant de généreuse folie dans la poursuite de leur idéal ? Brusquement Vissarion se sent plus français que russe. Comme s'il n'était pas chez lui dans sa vie. A un moment donné, il a dû choisir entre plusieurs routes. Il s'est engagé sur l'une d'elles, au hasard. Et ce n'était pas celle qui lui était destinée. Marchant droit devant lui, il a rencontré les amis d'un autre, coiffé le chapeau d'un autre, accepté les idées d'un autre. Sa vieillesse d'aujourd'hui n'a été voulue ni par Dieu ni par lui-même. Ce bistrot, ces parapluies, Stiopa, Klim, son veston élimé, cette douleur renaissante dans la hanche sont un malentendu. Maintenant il est trop tard pour chercher un chemin de traverse. Une certaine logique l'a tué. Il commande un second café arrosé. On l'observe. Une femme en noir, le patron, Arthur, derrière le comptoir. Le goût âcre et sucré de l'alcool met un peu de gaieté dans ses pensées. Il tire un carnet de sa poche et fait mine d'y écrire quelque chose pour intriguer ses voisins. En fait, il trace de petites croix et de petits ronds sur la page quadrillée. Il reste là jusqu'à 4 heures. Puis il reprend le chemin de la maison.

Quand il pénètre dans le vestibule, la concierge, Mme Dubuc, l'arrête au passage. Elle est replète, courtaude, avec un visage de vieux bébé grognon sous une rangée de frisettes grises. Les dix doigts joints en boudins sous le menton, elle gémit :

— M. Morskoï est venu me trouver tout à l'heure ! Il n'est pas content ! Il veut se plaindre au propriétaire !

— Je sais, je sais, dit Vissarion. M. Morskoï est un mauvais coucheur.

— Je l'ai un peu calmé en lui disant que vous alliez vous arranger pour faire moins de bruit. Vous devriez vraiment...

Mme Dubuc est bien disposée envers Vissarion, Stiopa et Klim depuis qu'ils lui ont remis à neuf deux parapluies. En outre, ils paient régulièrement leur terme, ce qui est exceptionnel pour des réfugiés politiques. M. Dubuc, qui est sorti de la loge derrière sa femme, insiste à son tour, la main en écran sur un côté de la bouche :

— Il n'est pas commode, le propriétaire ! Il ne veut pas d'histoires dans la maison !...

M. Dubuc a une voix enrouée, une face de gorille et des jambes torses.

— Je vais placer une carpette sous la machine à coudre, promet Vissarion. Et si M. Morskoï se plaint encore, c'est moi qui irai trouver le propriétaire pour exposer les faits.

Tout en parlant, il a commencé l'ascension de l'escalier. En arrivant au troisième étage, il tape des pieds avec force, comme s'il voulait défoncer le plancher. Une porte s'ouvre. Mais ce n'est pas celle des Morskoï, c'est celle des Tomachevsky, gens aimables et politiquement sûrs. Mme Tomachevsky tient une cuiller en bois à la main. Son buste rebondi est ceint d'un tablier bleu à pois blancs.

— Ah ! Vissarion Vassiliévitch ! dit-elle. Vous m'avez fait peur ! J'ai cru que quelqu'un tombait dans l'escalier !

Vissarion soulève son chapeau à la verticale :

— Un simple faux pas, Irina Fédorovna. Veuillez m'excuser. L'âge, la mauvaise vue...

Il gravit les dernières marches avec effort. Sur le palier, il reprend son souffle. C'est seulement lorsque sa respiration est devenue parfaitement égale qu'il se décide à rentrer.

Debout, face à la fenêtre, devant son établi, Klim exécute une réparation délicate sur un parapluie au manche fendu. Il est vêtu d'une longue blouse grise boutonnée jusqu'au cou. Ses lunettes tiennent à cheval sur les ailes de son nez. Stiopa, lui, assis à la grande table, coud des panneaux de soie puce.

— Ah ! te voilà, dit-il en voyant Vissarion. Tu aurais pu rentrer plus tôt avec tout ce qu'il y a à faire !

— Je n'ai pourtant pas traîné en route, dit Vissarion. A propos, M. Collot demande qu'on lui livre après-demain le parapluie de la comtesse de Moulay-Champsac. C'est celui avec la poignée en écaille blonde. Et voilà la suite !...

Il déballe le contenu du fourreau sur la table.

— Tant mieux ! Tant mieux ! dit Klim. Le travail ne nous fait pas peur !

— Parle pour toi ! dit Stiopa. Vissarion, sitôt qu'il s'agit de mettre la main à la pâte, il se défile !

— Pardon ! proteste Vissarion. Qui a insisté pour que ce soit moi le livreur ?

— Ne discute pas et viens nous aider !

Vissarion esquisse le geste de retrousser ses manches et s'écrie gaiement :

— Messieurs, je suis à vous ! Que faut-il faire ?

Incontestablement il est le moins bien doué de l'association, et les deux autres le savent. D'après la division du travail adoptée d'un commun accord, tout ce qui est montage de la couverture, articulation des branches, fixation de la poignée, agencement du coulant est réservé à Klim, seul artisan qualifié du trio. Stiopa s'applique à quelque ouvrage de couture. Et les tâches les plus faciles reviennent à Vissarion, qui prétend avec désespoir ne pouvoir en exécuter d'autres. Klim lui donne à coudre des pastilles de tissu aux jointures des branches. Vissarion s'installe, ajuste ses lunettes, s'y reprend à dix fois pour enfiler une aiguille et commence sa besogne en sifflotant. Ils travaillent longtemps ainsi, côte à côte, sans parler. Klim pose un outil, en prend un autre, va percer un manche de bois sur le tour dont la pédale grince, essuie ses lunettes poudrées de sciure, revient à l'établi, marmonne :

— Là, ça ira...

— Que raconte M. Collot ? interroge Stiopa nonchalamment.

Vissarion se demande s'il ne devrait pas dire

à ses compagnons que la poignée d'argent niellé appartient à l'épouse du général Svétchnikoff. Non, si Stiopa l'apprend, il est capable, par orgueil, de refuser la commande. Certes il est humiliant pour des sociaux-révolutionnaires de travailler sur le parapluie d'une femme alliée par son mariage à un défenseur stipendié du régime. Mais il faut être au-dessus de ces petites avanies. Stiopa a l'esprit trop étroit pour les dominer. Lui, Vissarion, sait planer à une suffisante hauteur pour échapper aux mesquineries de l'existence quotidienne. Il dit :

— M. Collot ne raconte rien... enfin rien d'intéressant... C'est un petit bourgeois, aux petites idées... Il m'a complimenté, il m'a payé, il m'a prié de faire vite...

— Et où as-tu déjeuné ?

Vissarion frémit de plaisir.

— Dans un restaurant charmant de la rive droite, dit-il. Le genre auberge, tu vois ? Des nappes à carreaux. Un bouquet sur chaque table. Et pas cher ! Pour trente sous, j'ai eu...

— Je me fiche de ce que tu as eu ! dit Stiopa. Tu serais rentré à la maison, ça ne t'aurait rien coûté du tout !

— Pour trente malheureux sous que je dépense de temps à autre...! dit Vissarion. Je fumerais dix cigarettes par jour que cela reviendrait plus cher au bout de la semaine ! Décidément les épreuves ne t'ont pas élargi l'âme, Stiopa. Tu as autant de fantaisie et de souplesse qu'un cadenas rouillé. Donc je disais que, pour trente sous, j'ai eu un hors-d'œuvre, un plat de viande garni...

La salive lui emplit la bouche tandis qu'il parle. Tout est vrai soudain. Klim l'écoute avec une attention béate.

4

« Dimitri Savélitch Tarkhanoff avait coutume de dire : « Donne n'importe quel but à l'homme, et il aura hâte de l'atteindre. » Depuis le temps que nous marchions, par étapes, vers la prison, nous finissions par avoir envie d'y arriver. Pourtant nous savions que le plus pénible allait commencer là-bas. La réputation du bagne et des mines d'Akounaï était mauvaise parmi les forçats. Discipline et travail, tout y était, disait-on, plus dur que dans les autres bagnes de la région de Nertchinsk. Lorsque sont apparues les constructions jaunes de la prison, dans un creux profond, entouré de collines, il y a eu des grognements dans la colonne enchaînée : « En voilà un trou à rats ! » Nous nous sommes rangés dans la cour. Un gardien a hurlé : « Fixe ! Chapeaux bas ! » Et le capitaine Touzoff, commandant le camp, s'est mis à nous engueuler pour nous donner le ton de la maison : « Ici, c'est un établissement modèle ! Pas de cartes, pas d'eau-de-vie, pas de trocs clandestins, pas de changements de nom ! Rappelez-vous que vous êtes des forçats, privés de tous leurs droits civiques, et que je croirai plutôt un seul gardien que cent détenus !

En cas d'insubordination ou de paresse — la cellule, fers aux pieds et aux mains, et suppression de la remise de peine ! Quant aux évasions, faites-en votre deuil ! Personne ne s'est évadé d'Akounaï ! Les cosaques sont bons tireurs et la campagne environnante n'est pas hospitalière... »

« Il a crié ainsi pendant une heure. Puis il a ordonné : « A la prière ». Et après la prière, les gardiens nous ont répartis entre les salles. Comme lits, des planches nues. Comme couvertures, de méchants carrés de laine. Et le lendemain, dès l'aube, au travail. Des cosaques nous ont entourés. Et nous sommes partis à quarante. Je n'avais qu'une peur : qu'on me sépare du bartchouk et de Stépan Alexandrovitch. Mais nous avons été dirigés tous les trois sur la même mine. Deux heures de marche, en montée. Arrivé au sommet, le bartchouk a dû se coucher pour retrouver son souffle. Le contremaître nous a expliqué qu'il s'agissait d'une mine d'argent depuis longtemps abandonnée : les galeries avaient été inondées à la suite d'un éboulement. Il fallait remettre la mine en état. Pendant qu'un groupe dégageait et consolidait une ouverture, à mi-pente, un autre, dont nous étions — Vissarion Vassiliévitch, Stépan Alexandrovitch et moi — s'installait tout en haut, dans une construction de bois à l'entrée du puits principal. Là se trouvait un treuil. On a enroulé un câble sur le cylindre ; on a fixé des seaux au filin ; on a tourné les grandes manivelles de fer. Six d'entre nous actionnaient le treuil ; six autres prenaient les seaux qui remontaient pleins d'eau puante et les vidaient dans un fossé. Des gardiens nous menaçaient du gourdin dès que le mouvement se ralentissait. Quelques minutes, sur le coup de midi, pour boire de la lavure de thé et manger du pain et du lard. Le soir, Vissarion Vassiliévitch et Stépan Alexandrovitch pouvaient à peine se redresser, tant la fatigue leur avait rompu les reins. Le contremaître a inspecté les travaux d'un air mécontent. Les ouvriers des autres puits nous ont rejoints et nous avons repris, en colonne, le chemin de la prison. La nuit, les poux, les cris des dormeurs dans leur sommeil, les disputes autour d'un quignon de pain, le réveil à l'aube, la fouille avant le départ pour le puits — j'ai cru que le bartchouk n'y résisterait pas. Cependant Dieu donne à l'homme une nouvelle enveloppe chaque fois qu'il lui prépare un nouveau coup. Ce qui aurait écorché sa peau la veille le blesse moins le lendemain. Les forçats avaient tout de suite compris que Vissarion Vassiliévitch et Stépan Alexandrovitch étaient des « messieurs », condamnés « pour des idées ». On leur disait « vous », on leur posait des questions de droit, de calcul ou de géographie, on racontait qu'ils avaient lu tous les livres... Et moi j'étais heureux de voir que les assassins et les voleurs respectaient le bartchouk.

« Pendant un an, nous avons tiré de l'eau du puits. Et tout à coup, voilà qu'on touche le fond. Au-delà, il n'y avait plus que de la glace. Nous pensions que c'était la fin du travail. Pas du tout. Ordre de creuser plus avant. On nous a ôté nos chaînes. Il a fallu descendre dans le trou par des échelles de corde. Une fois en bas, quel tombeau de froid et de ténèbres ! L'entonnoir s'élargissait en une caverne, d'où partaient quatre galeries. Nous nous sommes mis à huit pour casser la glace. Par endroits, elle contenait des poches pleines d'eau où flottaient des restes pourris de lièvres, de rats et de chiens des steppes. La glace cassée était remontée par des seaux. C'était en octobre. Il neigeait. Le bartchouk a pris froid. On l'a emmené, claquant des dents. Il aurait pu mourir. Mais il a surmonté le mal, grâce au thé en brique (1) et au lait de jument. Pour le remplacer, le capitaine Touzoff avait désigné Dimitri Savélitch Tarkhanoff qui, d'abord, faisait partie d'une autre équipe. Après la guérison de Vissarion Vassiliévitch, Dimitri Savélitch est resté avec nous. Un peu de gaieté nous est venue de sa compagnie. Nous en avions bien besoin, car le travail devenait de plus en plus difficile. On nous avait distribué des « fleurets », sortes de barres de fer à l'extrémité tranchante, pour creuser des trous dans la roche. Chaque matin nous descendions dans le puits avec le contremaître. Il nous indiquait les emplacements. Et, à la lueur des torches, dans un froid glacial, nous commencions à taper sur la tête des fleurets, avec des massettes. La pierre résistait ; les fleurets s'émoussaient ; il fallait les faire appointer à la forge, tout au bas de la montagne ; vingt minutes au pas de course ; même moi, au retour de l'expédition, j'avais les jambes en coton et l'estomac dans la bouche. Et cela six fois, huit fois par jour. Comment le bartchouk et Stépan Alexandrovitch ont-ils tenu, je me le demande encore ! On entendait de tous côtés les coups de marteau retentir dans la galerie. De temps à autre, avec une curette, on vidait la poussière de roche qui s'était formée dans le trou. Stépan Alexandrovitch s'est cogné très fort sur la main. Il a fallu l'évacuer.

(1) Feuilles de thé grossières, pressées en forme de briques, dont les Kalmouks se servent pour préparer une boisson.

Deux jours d'exemption de travail. « C'est le baptême d'Akounaï », a dit Dimitri Savélitch Tarkhanoff. Vissarion Vassiliévitch a failli avoir un pied gelé. J'ai frictionné ce pied toute la nuit. Enfin les quatre galeries qui partaient du puits ont été percées de petits trous à la profondeur voulue. Alors le contremaître a apporté des cartouches de dynamite munies de longues mèches noires et blanches, et une écuelle avec de la terre glaise délayée. Il a demandé des volontaires. Et, comme personne ne se décidait, il m'a désigné avec Dimitri Savélitch Tarkhanoff. Nous sommes descendus. Le travail était simple : la cartouche de dynamite une fois enfoncée dans le trou, on bouchait l'orifice avec de la terre glaise ; seule la mèche dépassait. On allume, on se précipite vers l'échelle et on remonte en priant Dieu que l'explosion ne se produise pas avant qu'on se soit mis à l'abri. De manier la dynamite, cela m'a rappelé le temps lointain des attentats : quand nous étions libres et que nous menaçions les grands de ce monde. Voilà maintenant que nous en étions réduits à faire sauter des rochers pour le compte du gouvernement. Un sifflement rapide ; puis deux grosses détonations ont ébranlé le sol. Toute la galerie s'est remplie d'une fumée sulfureuse. Elle se dissipait si lentement que, pour la chasser plus vite, nous avons actionné le treuil, montant et descendant des seaux. Quinze explosions par jour, c'est tout ce que nous avons pu obtenir, à cause de cette sacrée fumée. Lorsque nous sommes retournés sur place, après le dernier coup, j'ai été surpris de voir que ces énormes pétards avaient fait un si maigre ouvrage. De petits tas de cailloux, çà et là. Nous nous sommes mis à dépiler la roche. Dimitri

Tarkhanoff avait introduit un coin dans une fente de la pierre. Il lève sa masse, frappe de toutes ses forces, le coin saute et blesse le contremaître à l'épaule. Quelle histoire ! Dimitri Savélitch a écopé d'un mois de cellule. Quand il en est ressorti, il avait maigri de moitié. Mais son moral était toujours aussi haut. Il disait en riant : « Coq de combat doit être maigre ! » Il s'est vite retapé en mangeant de la « fausse viande ». C'est ainsi qu'on appelait les poumons des vaches abattues. Comme il s'agissait de parties basses, mal lavées et qui sentaient fort, on les distribuait par double portion aux amateurs. Le bartchouk et Stépan Alexandrovitch n'ont jamais pu en avaler une bouchée. Mais Dimitri Savélitch Tarkhanoff et moi, chaque fois, nous nous régalions. J'aimais bien Dimitri Savélitch car, pour lui, toute peine se changeait en joie. Sa réaction contre le mal était le rire. Il avait fait des études, et cependant il parlait volontiers par dictons, comme un paysan. Il disait : « Bois tordu fait le feu droit », « Un bon compagnon de voyage, c'est déjà la moitié du chemin ». Les cartes étaient interdites, mais les gardiens lui en prêtaient pour le voir faire ses tours. Que de fois ils lui ont demandé de leur expliquer comment il s'y prenait. Jamais il n'a voulu leur dire. Et pourtant il en aurait retiré des avantages : facilité de sortie, exemption de corvée, rabiot de soupe... Il riait et disait : « Non, mon compère, ça c'est mon secret. Je l'emporterai dans ma tombe, fût-elle creusée en terre sibérienne ! » A l'entendre, parfois, on se disait qu'il n'avait qu'amitié et drôlerie en tête. Mais, dès qu'il se mettait à discuter politique, le feu le prenait de partout. Il croyait à la révolution comme d'autres croient à la résurrection de la chair. Quand il en parlait avec le bartchouk et Stépan Alexandro-vitch, les bagnards s'assemblaient autour d'eux, dans la baraque, et les écoutaient avec des airs graves, ainsi qu'on écoute des conteurs d'histoires, à la campagne. Je pense à ces soirées et je me dis que, là aussi, il y avait du bonheur. Le bonheur des plus basses couches du panier, le bonheur du fond gris de la vie. Bien fin qui dira où s'achève le paradis, où commence l'enfer. Les semaines s'écoulaient lentement. Quatre d'entre nous ont été passés par les verges pour insubordi-nation. Je tremblais pour le bartchouk... Mais ni lui, ni Stépan Alexandrovitch, ni Dimitri Savé-litch, ni moi, n'avons eu à subir cette peine. Peu à peu, la discipline se relâchait. On a vu appa-raître de l'argent, de l'alcool... Un jour Dimitri Savélitch Tarkhanoff a été surpris buvant de la vodka, avec trois autres. Il a voulu poser au fan-faron, s'est disputé avec le gardien et a été mis au cachot. Là, il a fait la grève de la faim. On l'a traîné à l'hôpital. On l'a bourré de drogues. Et, quand il a été sur pied, on l'a expédié à Sakhaline. Nous ne l'avons jamais revu. »

5

Lire *Le Nouveau Temps*, c'est, pour Vissarion,
prendre un bain de colère. Ce quotidien russe
gouvernemental, largement diffusé en France, est
un tel tissu de mensonges, que même les gens
de haute volée à qui le journal est destiné devraient en avoir honte. En première place, les
nouvelles de la cour. Les autres événements sont
présentés sous un jour pâle, officiel et rassurant.
Tout va bien en Russie, les affaires marchent,
les magasins vendent, les ouvriers sont calmes,
il fait beau aujourd'hui, il fera meilleur demain...
Malgré son agacement, Vissarion ne peut sauter
une ligne. Après le journal russe, il passe au
Matin, que Zina Brioussof lui a prêté. On y
relate, en termes modérés, la manifestation que
les différents groupes socialistes français ont
organisée la veille, 17 octobre, à Paris, pour protester contre l'exécution en Espagne du révolutionnaire Francisco Ferrer. La même manifestation est qualifiée par *L'Humanité* de succès populaire sans précédent. « Merci, Paris ! Nous étions
plus de cent mille ! » Cortège solennel de la place
Clichy à la place de la Concorde, avec députés
et conseillers municipaux en tête, clameurs ven-

geresses (« A bas Alphonse ! Vive Ferrer ! ») drapeaux rouges, *Internationale* chantée en chœur, prêtres pourchassés, bagarres — et, pour finir, sur l'ordre des dirigeants, chacun est rentré chez soi par l'autobus, le tramway ou le métropolitain. Qu'il est donc difficile pour un peuple — fût-il comme le peuple français familier des barricades — d'aller jusqu'au bout de l'aventure ! Toujours, à un moment donné, la soupe, la femme, les enfants, le lit ont raison de l'ardeur belliqueuse du prolétariat. Et le tsar qui continue son voyage européen, en quête d'alliances ! De temps à autre, pour se soulager le cœur, Vissarion lâche un juron :

— Scandale !... Comédie !... Et l'on nous demande, en plus, d'être dupes !...

Klim, qui fixe une poignée à un parapluie, lève le front et dit : « Oui, oui » d'un air d'approbation incertaine. Un pot de colle chauffe au bain-marie, sur un réchaud. Le manche, tenu dans un étau, accueille une petite tête de femme en ivoire, aux cheveux torsadés. La jonction se fait au millimètre près. Klim sourit de contentement. Vissarion l'aiderait bien, mais cette tâche de précision dépasse sa compétence. Du reste il a pris sa part de travail, ce matin, en assumant avec Stiopa les menues besognes du ménage : retapage des lits, coup de balai symbolique, ramassage des vieux journaux, courses dans le quartier. Il faut que quelqu'un s'occupe de la maison pendant que « le spécialiste » se consacre aux parapluies. Bien entendu, si la commande est pressée, Vissarion et Stiopa interviennent. D'habitude Klim refuse leur concours, préférant être seul à conduire l'ouvrage jusqu'au bout. Ainsi ont-ils presque tous leurs après-midi libres. Ces loisirs leur sont nécessaires pour se tenir au courant de l'actualité politique internationale. Le travail manuel à un rythme accéléré ne va pas sans une certaine sclérose du cerveau. Au bagne, le manque de lectures, de discussions intellectuelles, était presque aussi pénible que le manque de liberté. Vissarion se rappelle l'avidité avec laquelle il s'était jeté sur les pages d'un vieil almanach que lui avait glissé un gardien débonnaire. L'illustration de la couverture représentait un boyard à cheval traversant un fleuve. Vissarion sourit à cette image puérile, et son cœur s'alourdit. Il regarde Klim qui souffle, front plissé, un poinçon à la main. Heureux homme que les grands problèmes n'atteignent pas. Sa carapace de moujik l'a toujours protégé contre l'angoisse essentielle du choix. Mais lui, Vissarion, plus il avance en âge, moins il supporte les anomalies du monde qui l'entoure. Il est un écorché vif, que toute injustice sociale jette dans la fièvre. Ainsi, pour l'instant, il pense à son pays perdu, aux chances de la révolution, à l'ignoble politique du tsar, et un malaise physique le gagne. Il tremble, il s'énerve, tout l'ennuie. Pour couper la monotonie des heures, il se lève, prend *Le Matin* sous le bras, décroche la clef et se rend aux cabinets sans nécessité véritable. Si Stiopa était là, il ne manquerait pas d'ironiser sur la fréquence de ces visites aux lieux.

Assis dans le réduit, Vissarion parcourt du regard les nouvelles parisiennes du journal : théâtres, concerts, histoires d'aéroplanes et de dirigeables... quelle vanité ! Un pas fait craquer les marches. La poignée tourne. Deux fois, trois fois. Le pas s'éloigne. Vissarion allume une cigarette et essaie de fixer à sa vie un but proche et néanmoins intéressant : dans quatre jours, cette soirée chez les Kostyleff. Il y aura là quelques amis sociaux-révolutionnaires de la première heure, des étudiants, un baryton récemment arrivé de Russie et qui, sans doute, interprétera des chants populaires. D'avance Vissarion savoure la nostalgie qui le saisira dans la fumée des cigarettes, le bruit des voix et la chaleur du thé et de l'alcool. Regards perdus, mains pendantes, et la Russie entre à flots dans les âmes... De nouveau on secoue la porte avec impatience. Vissarion s'indigne et ne bronche pas. Ce ne peut être Stiopa, qui est allé pour tout l'après-midi à la bibliothèque Tourguénieff et qui, du reste, l'aurait interpellé à travers le battant. Quant aux voisins, ils n'ont qu'à descendre dans l'un des deux autres cabinets de l'immeuble, s'ils sont tellement pressés ! Il est dans une place forte. Nul ne l'en délogera. Déjà l'ennemi recule en maugréant. Vissarion achève sa cigarette, se cure le nez à petits coups d'ongle, se reculotte, lit sur le mur quelques inscriptions vindicatives, replie son journal, et se décide enfin à sortir. Sur le palier, il découvre Morskoï, appuyé à la rampe, le visage crispé de courroux et de rétention.

— Il y a vingt minutes que j'attends ! dit le menchévik d'une voix sourde.

— Nous sommes en république, répond Vissarion avec désinvolture. Chacun est libre de passer le temps qui lui plaît dans les lieux. Et d'ailleurs il existe des cabinets entre le deuxième et le troisième. Vous n'avez pas à monter jusqu'ici !

— Si je monte jusqu'ici, c'est que les cabinets du palier inférieur sont hors d'usage.

— A qui la faute ?

— Pas à moi, en tout cas ! Laissez-moi passer !

— Passez, installez-vous et restez aussi long-temps que vous voudrez, dit Vissarion avec un ample salut de mousquetaire.

Quand il rentre dans l'appartement, Klim travaille toujours à son établi.

— Tu n'as pas besoin d'un coup de main ? demande Vissarion machinalement.

— Non, merci, Vissarion Vassiliévitch.

— Il est beau, ce parapluie !

— Oui, je crois que M. Collot sera content !

Vissarion bâille, se fourre trois jujubes en bouche pour combattre l'effet du tabac et jette un regard sur sa montre : 4 h 35. Stiopa ne rentrera sûrement pas de la bibliothèque Tourguéniieff avant 6 heures. Qu'a-t-il besoin de tant se documenter pour ce traité de la révolution ? Il semble à Vissarion qu'un livre pareil s'écrit avec le cœur et non avec des références. Rien n'est plus humiliant que l'ignorance où Stiopa le tient de son travail. La suspicion ne devrait pas exister entre des amis de longue date. Si encore il s'agissait d'un journal intime !... Mais un essai... Un essai destiné à la publication... Normalement, ils auraient dû le rédiger ensemble, puisqu'ils ont vécu ensemble l'expérience révolutionnaire.

Vissarion se lève nonchalamment et passe dans la chambre de Stiopa. Il y règne une odeur rance, indéfinissable : pommes sûres, pain moisi, vieilles chaussettes. Sur la table de nuit, repose une cassette en bois blanc, fermée à clef. Il suffirait d'introduire une lame sous le couvercle et d'appuyer un peu pour désunir les deux pitons emprisonnés dans la boucle du cadenas. Par l'ouverture ainsi élargie, les feuilles du manuscrit passeraient une à une. Les remettre en place, après lecture, serait également un jeu d'enfant. Sur le couvercle, des initiales pyrogravées : « S.A.P. », au-dessous, une date : 1er mars 1881 (celle de l'assassinat d'Alexandre II). Vissarion engage la lame de son canif dans l'interstice. Une légère pression, la lame plie, le couvercle résiste. Il ne faudrait pas érafler le bois. Si Stiopa s'apercevait que quelqu'un a tâché de forcer sa cassette... Vissarion s'énerve. Sa douleur à la hanche le ressaisit. De nouveau, il appuie. Un peu plus fort. Le couteau lui échappe des mains et tombe. Il s'est écorché le pouce. La vue du sang lui a toujours été désagréable. Il suce son doigt et s'agenouille pour chercher le canif qui, malencontreusement, a glissé sous le lit. Enfin le voilà ! Il se redresse, haletant. Ses yeux papillotent. Il regarde droit devant lui et ne comprend pas. Stiopa se tient sur le seuil de la chambre. Pâle, la mèche sur le front, la lippe tordue, des livres sous le bras. Le plomb de la colère charge ses yeux et fait pencher sa tête en avant.

— Que fais-tu dans *ma* chambre ? dit-il d'une voix calme.

Revenu de son désarroi, Vissarion balbutie :

— Rien... Je cherchais...

— Quoi ?

— Un numéro du *Nouveau Temps*.

— A quatre pattes devant ma table de chevet ?

— Oui.

— Tu mens ! rugit Stiopa. C'est mon manuscrit que tu voulais voir ! Eh bien ! regarde !...

Il détache la clef de son cou et ouvre la cassette. Elle ne contient que de vieilles coupures de presse. Stiopa les secoue sous le nez de Vissarion, à la façon d'un plumeau, et dit en riant :

— Le manuscrit, je l'ai mis en lieu sûr !

— ... Parce que ici, chez nous, ce n'est pas un lieu sûr ? s'écrie Vissarion.

— Non ! La preuve...

— Tu me parles comme si tu te méfiais de moi.

— Mais oui, je me méfie de toi, Vissarion !

— Après tout ce que nous avons fait ensemble ?

— Ça n'a rien à voir. Tu m'espionnes !

— Et toi, Stiopa, tu ne m'espionnes pas, peut-être ?

— Qui est-ce qui a percé un trou dans la cloison ?

— Que tu es mesquin ! soupire Vissarion. Un petit trou de rien..., qui existait de toute manière...

— Tu l'as agrandi !

— Oui, sans le vouloir, en grattant une tache. En voilà un crime ! Nous n'allons pas recommencer la discussion !

— Je n'ai jamais fouillé dans ta cassette, moi ! dit Stiopa.

— Parce que je vis au grand jour ! Je n'ai rien à cacher !

— En effet, tu n'as rien à cacher ! Tu portes ta vilaine âme sur ta figure !

— Répète ce que tu viens de dire !

— ... Ta vilaine âme sur ta figure ! Quoi que tu fasses, Vissarion, tes habitudes d'aristocrate ressortent par tous les pores de ta peau ! Tu te pomponnes, tu te pavanes, *Le Capital* de Karl Marx dans une main et ton flacon d'eau de Cologne dans l'autre ! Tu joues au révolutionnaire, mais de cœur tu es resté le fils de ton père, Vassili Pétrovitch Variaguine, un hobereau, pro-

priétaire de six cents âmes et de je ne sais combien de terres à Znamenskoïé, dans le gouvernement de Smolensk !

Il semble à Vissarion que Stiopa lui arrache
du cœur toute sa vie passée et s'en sert pour
le souffleter sur les deux joues. Suffoqué d'indignation, il cherche une réponse, lève le poing, et
s'arrête, saisi d'une telle faiblesse que ses jambes
se dérobent sous lui. Un voile ondule devant ses
yeux. Il s'appuie d'une main au mur.

— Comédien ! grogne Stiopa.

Incapable de faire un geste, Vissarion ras-
semble de la salive dans sa bouche et crache.
Mais il a mal calculé le coup. Au lieu de jaillir,
la salive coule sur son menton.

— Tiens ! dit Stiopa méprisant. Essuie-toi !

Et il lui tend son mouchoir. Un mouchoir cras-
seux, roulé en boule. Vissarion devrait le refuser.
Mais une envie d'abaissement s'empare de lui. Il
prend le mouchoir et s'en frotte le visage en
répétant :

— Canaille ! Canaille !

Et soudain il hurle :

— Je ne veux plus habiter avec toi ! Va-t'en !
Ou bien c'est moi qui m'en irai !...

Il jette le mouchoir à la figure de Stiopa.
Celui-ci recule la tête et, dans ce mouvement
brusque, perd son lorgnon qui tombe sur le plancher. Aussitôt, avec une joie rageuse, Vissarion
lève le pied pour écraser les verres. Mais il y voit
si mal lui-même, qu'il frappe du talon à côté.
Attiré par le bruit, Klim accourt avec sa chevelure de soie grise, son œil bleu et ses signes de
croix tracés dans l'air, comme s'il piquait des
moucherons au vol :

— Vissarion Vassiliévitch, il ne faut pas, je

t'en prie ! Et toi aussi, Stépan Alexandrovitch !
C'est une mauvaise dispute ! Eteins le feu, et le
lait rentrera dans la casserole !... Est-ce que vous
n'avez pas honte l'un et l'autre, après tant d'années ? Le Christ entend vos cris, voit vos rides,
et ne comprend pas !...

Ce rappel de son âge dégrise Vissarion. Il
observe le vieux visage convulsé de Stiopa, pense
à son propre visage, et baisse la tête. Même la
colère, à soixante-treize ans, est ridicule. Les
épaules voûtées, il retourne dans la salle à manger, s'assied à la table et se remet à lire *Le Nouveau Temps*.

Peu après, Stiopa s'assied à son tour et étale
ostensiblement devant lui des feuilles de papier :
le manuscrit. De quelle cachette l'a-t-il extrait ?
Vissarion feint de ne pas le voir. Klim a repris
son travail. Le tic-tac d'un réveille-matin hache
le silence. La fureur, en se retirant, laisse Vissarion affaibli et bizarrement reconnaissant. Après
tout, il était dans son tort. Le retour au *statu
quo* est encore la meilleure solution. A condition
toutefois que son vis-à-vis ne tire pas avantage
de la situation pour lui rappeler à tout propos
sa conduite. Le fait que Stiopa se soit déjà remis
à écrire, devant lui, est un mauvais signe. La
moutarde remonte au nez de Vissarion. Sauter
sur ces pages, les froisser, les déchirer, les jeter
par la fenêtre... L'illusion du mouvement est si
forte, qu'un peu de sueur humecte ses tempes.
Par habitude, il se tâte le pouls. Ce court bon-
dissement de la veine sous son pouce lui procure
une sensation de fragilité extrême et de trouble
bonheur animal. Il s'embrouille dans le compte
des pulsations et, de nouveau, considère Stiopa
avec une morne rancune. Depuis une minute,

l'autre n'écrit plus, mais mordille le bois de son porte-plume et recrache de petits copeaux du bout des lèvres, en faisant « pfutt ! pfutt ! » Puis il se fourre en bouche un quignon de pain et le mâche dans un clapotis de salive. Cette manie de grignoter entre les repas exaspère Vissarion. Stiopa le sait et en rajoute. Ainsi, à l'heure du déjeuner ou du dîner, quoi que l'on serve à table, il n'a pas faim, ce qui lui permet de railler l'appétit des autres et de poser à l'ascète révolutionnaire. En réalité, c'est un maniaque du bout de pain sec, un boulimique du croûton. Sans doute est-ce parce qu'il se nourrit si mal qu'il lui est venu des plaques d'eczéma autour de la bouche. Ses mâchoires travaillent, ses joues se détendent, et il fixe sur Vissarion un regard plein d'une aigre et noire ironie. Le plus difficile, pense Vissarion, est de se remettre à parler sur un ton normal après une telle dispute. Evidemment ni l'un ni l'autre ne veulent faire le premier pas. De toute façon, il vaut mieux attendre le dîner. Alors dix occasions s'offriront de lancer un mot sans se compromettre. « Passe-moi le pain. » — « Merci ! » Et la glace est rompue. Encore deux heures ! Tout à coup Vissarion ne peut supporter ce silence. Il veut demander à Klim : « Que nous as-tu préparé pour ce soir ? » Peut-être Stiopa se mêlera-t-il à la conversation ? Au moment de poser la question, il s'arrête. On frappe à la porte. Deux coups. Vissarion, Stiopa et Klim se regardent. Bien qu'ils n'aient plus rien à craindre, ils ont gardé de leur passé clandestin l'habitude des signaux conventionnels : un ami s'annonce toujours par quatre coups nets, plus un tambourinement discret sur le chambranle. Stiopa fait disparaître son manuscrit dans le tiroir de la table, vérifie d'un regard circulaire l'ordonnance de la salle à manger et dit à Klim brièvement :

— Va voir !

Klim ouvre la porte. Un homme paraît, un inconnu d'une trentaine d'années, petit, mal vêtu, mal rasé, l'air d'un défroqué, l'épaule basse. Il demande en russe :

— Vissarion Vassiliévitch Variaguine et Stépan Alexandrovitch Plastounoff, c'est ici ?

— Oui, dit Stiopa. Qui êtes-vous ?

— Vichnevsky, Ivan Pétrovitch, je viens de la part de Dimitri.

— Quel Dimitri ?

— Tarkhanoff.

Un pavé de silence tombe entre les têtes. Et soudain la joie fuse dans le cœur de Vissarion par mille trous.

— Où est-il ? interroge Stiopa en cachant mal son émotion.

— A Tobolsk, en résidence surveillée.

— Encore ! Je croyais qu'il devait être libéré en 1899.

— Une tentative de fuite a tout remis en question. Oh ! il n'est pas malheureux. Il travaille comme auxiliaire, à la poste. J'étais employé moi-même au déchargement des fourgons postaux, en qualité de banni. C'est là-bas que j'ai fait sa connaissance, peu avant mon évasion. Quand il a su que j'avais « une occasion » de prendre le large, il m'a donné vos noms et m'a dit que je vous trouverais sans doute à Paris, à Genève ou à Londres...

— Il savait donc que nous avions quitté la Sibérie ?

— Oui.

— Comment ça ?

— La rumeur publique... Ce genre de nouvelles se propagent vite d'un bagne à l'autre...

— Et vous arrivez directement de Russie ?

— Non, je suis passé par Londres. Là-bas, des camarades m'ont donné votre adresse...

— C'est incroyable, incroyable ! répète Vissarion.

Son menton tremble, des larmes dansent au bord de ses paupières. Que cette extraordinaire nouvelle éclate aussitôt après sa dispute avec Stiopa lui paraît miraculeux. Dimitri en personne est intervenu dans leur querelle. Comme autrefois, en Sibérie !

— Eh bien ! camarade, murmure Stiopa, tu dois avoir pas mal de choses à nous raconter. Assieds-toi, je t'en prie. Mets-toi à l'aise... Ton évasion... Comment as-tu fait ?... Par où es-tu passé ?...

— Par le Japon...

— Comme nous, alors !

Klim, ébloui de bonheur, court en tous sens, déblaie un coin de table, apporte des tasses, des biscuits, le sucrier, et enlève du réchaud le pot de colle pour le remplacer par une bouilloire pleine d'eau. Puis il s'adosse au mur et, debout, les mains croisées sur le ventre, écoute.

6

Evidemment Vissarion aurait préféré être seul pour montrer Paris à Vichnevsky, mais toutes ses tentatives d'écarter Stiopa de la promenade ont échoué. Ils marchent de front, à trois, sur le trottoir. A chaque instant, Vichnevsky écarquille les yeux, s'arrête, demande des explications. Un bon garçon, à l'esprit lent, aux manières simples. Sans doute est-il issu d'un petit milieu. La pratique révolutionnaire a meublé sa vie mais n'a pas ouvert son intelligence. Il a passé la nuit à la maison, sur une paillasse. Dans quelques jours, il partira pour Bordeaux, où habite une de ses cousines.

— Et ça, qu'est-ce que c'est ? s'écrie-t-il en désignant un urinoir, dont la carapace circulaire en tôle porte une affiche du chocolat Menier.

— On va te l'expliquer sur place, camarade ! répond Stiopa gaiement.

Ils rejoignent deux messieurs graves, coiffés de chapeaux melon, qui attendent à l'entrée du colimaçon. En ressortant de l'édicule, Vichnevsky pouffe de rire :

— Ces Français, qu'est-ce qu'ils ne vont pas inventer !

Le froid est venu subitement, la veille, et les marchands de marrons ont fait leur apparition dans Paris. L'un d'eux officie place Denfert-Rochereau. Ses mains gantées de mitaines volent au-dessus du gril. Vissarion achète un cornet de châtaignes et en offre à ses deux compagnons. Mais Stiopa préfère ses quignons de pain. Ils grignotent tous trois en marchant. L'excitation de Vissarion est telle, qu'il ne sent pas sa fatigue. Il voudrait tout montrer, tout raconter ensemble, à ce voyageur providentiel. La question du déjeuner est immédiatement résolue : on ne peut aller ailleurs que dans le restaurant russe de la rue de la Glacière, fréquenté principalement par des sociaux-révolutionnaires.

Assis à une table couverte de toile cirée, les trois hommes sont, au début, annihilés par le vacarme spécifiquement slave du lieu. Vichnevsky tourne la tête en tous sens avec émerveillement. Ici, une petite femme blonde s'indigne parce que en Russie « l'action terroriste marque le pas ». Là, un gros homme, au chanfrein de bélier, raconte sa dernière entrevue avec Martoff et, autour de lui, on s'esclaffe, on crie à l'opportunisme, à la pourriture, on voue les bolchéviks à l'exécration de la postérité. Le garçon glapit par-dessus les têtes : « Une *koulebiak*, deux côtelettes Kiev avec de la *kacha* »...

— Ah ! ce Paris, tout de même !... soupire Vichnevsky. Depuis le temps que j'en entends parler !...

Pour une fois, l'ambiance russe aidant, Stiopa oublie son dédain de nourriture, et commande, avec superbe, du *borsch*, des *pirojki*, du bœuf Strogonoff et de la vodka. C'est un grand jour, tant pis pour la dépense ! Fouetté par l'alcool,

Vissarion a l'impression de se balancer sur un trapèze. Tout lui paraît léger, facile, équilibré et divertissant. Comme Vichnevsky lui demande des précisions sur la vie des émigrés russes à Paris, il le rassure d'abord quant aux formalités à remplir pour être en règle avec les autorités françaises. Il suffit d'une déclaration de résidence faite au Service des étrangers, à la Préfecture de police. La Préfecture enregistre la déclaration et délivre un récépissé, seule pièce exigible légalement. Mais ces récépissés mêmes sont l'objet d'un trafic. On en fait établir des duplicata qui se prêtent ou se vendent. Une partie des Russes de France vit ainsi sous une identité d'emprunt. Vissarion, Stiopa et Klim ont commencé par porter de faux noms. Puis ils ont jugé plus commode de reprendre leurs noms véritables. Nul ne les inquiète pour l'instant. La surveillance administrative est des plus molles. Aucune comparaison avec les manœuvres sournoises de l'Okhrana. Du reste la police française est incapable de se retrouver dans les innombrables groupements politiques de la capitale. Même les Russes ont quelque peine à comprendre les stratifications mystérieuses de la colonie. S'il n'y avait que les sociaux-démocrates et les sociaux-révolutionnaires, tout serait simple ! Mais les sociaux-démocrates se subdivisent en « révisionnistes », en « parlementaristes », en « marxistes légaux », en « économistes », en « menchéviks » avec Plékhanoff, Axelrod et Martoff, en « bolchéviks » avec ce nouveau venu qui se fait appeler Lénine ! Et parmi les sociaux-révolutionnaires, voici qu'on parle de « maximalistes », de « travaillistes », d' « anarchistes populistes »...

— Tout cela, tu comprends, est mauvais signe !

conclut Stiopa. Il nous faut un chef social-révolutionnaire. Une forte personnalité, qui s'impose
par son courage et son intelligence, de façon que,
primo, les camarades démoralisés par l'affaire
Azeff reprennent confiance, et que, *secundo*, les
sociaux-démocrates eux-mêmes se sentent attirés
par nous et se fondent à notre mouvement.

— Oui, mais qui ? dit Vichnevsky.

On cite des noms, au hasard. Aucun ne re-
cueille l'adhésion unanime. Cependant Vissarion
s'obstine :

— Moi, j'ai bon espoir. Notre homme existe.
Nous le trouverons !

— En confectionnant des parapluies ? demande
Stiopa aigrement.

La discussion en reste là, Vichnevsky étant trop
occupé par ce qu'il a dans son assiette. Il mange
gloutonnement, le menton près de la table, et ne
vide pas sa bouche avant de boire, ce qui fait
qu'une auréole graisseuse marque le bord de son
verre. Au dessert, on reparle de politique. La
mystérieuse figure de Lénine obsède Vichnevsky.
Vissarion et Stiopa s'accordent à dénigrer le chef
des bolchéviks :

— C'est un théoricien, un bureaucrate, sans
plus. Il parle, il s'agite. Mais, derrière ces par-
lotes, il n'y a rien de constructif.

— Quand tu le compares à notre Mikhaïlovsky,
à notre Victor Tchernoff, à notre Pierre Lavroff,
tu mesures la différence !

Ils sont les derniers à quitter le restaurant.
L'excitation de Vissarion s'est quelque peu dissi-
pée. Et, entre-temps, il a pu reposer ses jambes.
Il insiste pour montrer à Vichnevsky « les autres
merveilles de Paris ». A commencer par l'imprimerie russe de l'avenue d'Orléans, qui sert à la

fois aux sociaux-révolutionnaires et aux sociaux-démocrates. En bas — l'atelier avec ses machines vétustes et ses deux typos aux mains noires d'encre ; au-dessus — les chambres de tri, où s'empilent brochures, journaux clandestins, proclamations destinées à la Russie tsariste. Les titres se chevauchent : *Mensonge de la constitution, Ce que devrait être la Douma, Comment les ouvriers peuvent faire entendre leur voix, Pourquoi je suis socialiste.* Devant un « préposé » nonchalant, Stiopa explique à Vichnevsky le mécanisme complexe du transport. On envoie de petits paquets de littérature subversive à des camarades isolés dans différentes villes d'Europe. Chacun de ces camarades détient une liste d'adresses russes absolument sûres, auxquelles il expédie un exemplaire sous enveloppe. Ces exemplaires sont préalablement mouillés, pliés, et mis sous presse pendant plusieurs jours, pour les aplatir au maximum. Parfois aussi, la direction prend le risque d'adresser un colis de dimensions réduites à une firme commerciale russe possédant une boîte postale, comme s'il s'agissait d'échantillons. Vichnevsky écoute, avec des hochements de tête compétents. Et Vissarion, regardant autour de lui, se souvient et s'attendrit en silence. En débarquant à Paris, il a travaillé quelque temps, avec Stiopa, comme manutentionnaire à l'imprimerie. Alors ils étaient en contact quotidien avec les membres influents du parti. Des hommes comme Bourtzeff, comme Victor Tchernoff, comme Guershouni, les tenaient en estime et, à l'occasion, recherchaient leur avis sur des questions de doctrine ou de pratique terroriste. Mais, d'une année sur l'autre, trop de socialistes arrivaient de Russie. Des jeunes surtout, impatients d'affirmer leur personnalité et de s'aguerrir dans l'action. Peu à peu, les nouveaux venus avaient submergé les anciens. Il fallait caser, nourrir, occuper ces fraîches recrues. Vissarion et Stiopa s'étaient vus écarter du courant. La révolution ne passait plus par eux. On les pressait de céder leur place. Tout à coup ils s'étaient retrouvés seuls parmi leurs parapluies. Avec les événements sanglants de 1905 et le déferlement de la deuxième vague de réfugiés, leur isolement s'était encore accru. Maintenant, perdus dans la masse, ils n'intéressent plus personne. Honorables et inutiles, ils représentent le passé. Quand ils évoquent leurs souvenirs en public, on les écoute à peine. Certes, ils fréquentent encore des groupes de gauche, ils vont à des réunions, à des conférences, mais plus par habitude que par conviction. Cette distance entre eux et « le mouvement » affecte Vissarion comme un signe de vieillissement précoce. Il regrette le temps du combat. Parfois il rêve d'un retour en force des aînés. L'odeur de l'encre d'imprimerie le grise. Tout n'est pas fini. Un jour prochain, peut-être...

— Quelques-uns de mes écrits sont partis, comme ça, clandestinement, vers la mère patrie ! dit Stiopa avec un soupir.

Vissarion sursaute, rappelé à la conversation : Stiopa ne peut se prévaloir que de deux ou trois petits articles retenus par le comité. Encore ces messieurs les ont-ils pris à contre cœur, pour faire plaisir à un « vieux combattant de la liberté ». Vissarion, lui, a eu un seul texte imprimé, certes, mais ce texte était de six pages serrées. On en a beaucoup parlé dans la colonie russe de Paris. Il traitait du massacre des Chinois à Blagowestchensk. Vissarion s'apprête à lancer une remarque acerbe sur « les prétentions littéraires de certains », mais se retient pour ne pas assombrir une si belle journée.

— Le « préposé », ici, est un bolchévik, chuchote Stiopa à Vichnevsky en redescendant l'escalier. Mais, dans l'ensemble, il n'y a pas trop de heurts.

Et il propose d'aller, de ce pas, visiter la bibliothèque Tourguénieff, au 328 rue Saint-Jacques, qui est, dit-il, le véritable sanctuaire de la pensée russe à Paris. Le chemin est long. Vissarion boitille, souffle, mais évite de montrer son découragement. Au passage, il voit des bancs vides. Leurs planches horizontales, à la peinture craquelée, l'appellent de loin. Plusieurs fois, il espère que Stiopa comprendra. Non, cet homme est un diable. Sec, têtu, égoïste, avec des rotules d'acier et un soufflet de forge dans la poitrine, il va, il va, sans se soucier des autres.

La bibliothèque Tourguénieff se trouve au fond d'une courette sale, hantée par des dizaines de chats. Un escalier en spirale conduit au deuxième étage. La porte s'ouvre sur une sorte de remise, toute en longueur. Des rayons chargés à craquer de livres poussiéreux, des bastions de journaux empilés, et, à des tables de bois blanc, des gens qui lisent, coude à coude, sans lever la tête, tels des forçats enchaînés à leurs bancs.

— Ici, dit Stiopa fièrement, la tendance dominante du conseil d'administration est social-révolutionnaire. Mais la bibliothèque est ouverte à tous. Elle règne au-dessus des passions politiques. Et chaque jour elle s'enrichit d'ouvrages nouveaux. Si tu as besoin de quoi que ce soit, camarade Vichnevsky, je peux te présenter au bibliothécaire, que je connais personnellement. Un brave homme, bien que menchévik...

Vichnevsky décline l'offre poliment et demande s'il ne serait pas trop tard pour faire un tour à l'Ecole russe des hautes études sociales, dont il a entendu parler à Londres. Vissarion, qui souffre d'élancements dans la hanche, préférerait, certes, rentrer à la maison, mais Stiopa, infatigable, s'écrie :

— Excellente idée !

Néanmoins il renonce à faire le trajet à pied. Un tramway, attrapé de justesse, les dépose boulevard Saint-Michel, en face du café « d'Harcourt ». L'Ecole russe des hautes études sociales se trouve à deux pas, rue de la Sorbonne. Salle comble et chaleur étouffante. Ils se placent au dernier rang. Sur l'estrade, un professeur inconnu et barbu, à l'accent ukrainien, parle de l'avenir de la communauté agraire en Russie. Sa voix monotone engourdit l'auditoire, composé en majeure partie de très jeunes gens. Trop fatigué pour suivre le conférencier, Vissarion éprouve un bien-être physique à se retrouver assis, les fesses calées, les pieds à plat, sa canne entre les jambes.

— Il arrive qu'il y ait ici des exposés très intéressants, murmure Stiopa à Vichnevsky. Un jour, le Pr Kovalevsky... tu connais le Pr Kovalevsky, camarade ?...

Le reste de la conversation se perd, pour Vissarion, dans un brouillard. De temps à autre, un éclat de voix lui fait redresser la tête. Puis de nouveau une délicieuse torpeur l'envahit, il lutte et pique du nez dans le coton. Des applaudissements le réveillent, tout de bon, à la fin du cours. Vichnevsky est enchanté.

— Il y a encore beaucoup à voir, à Paris, dit Vissarion. Mais c'est assez pour aujourd'hui...

— Tu flanches ? demande Stiopa ironiquement.

— Pas du tout ! proteste Vissarion en cambrant la taille.

Cette manie qu'a Stiopa de toujours poser au jeune homme, à ses côtés !

— Il faudrait lui montrer le Louvre, Notre-Dame, poursuit Vissarion avec un geste large du bras.

— Pourquoi pas les catacombes, pendant que tu y es ? s'écrie Stiopa. Il n'est pas venu à Paris en touriste. Enfin, si ça l'amuse...

— Non, dit Vichnevsky, ça ne m'amuse pas.

Stiopa exulte :

— Tu entends, Vissarion ? Tu crois que tout le monde partage tes goûts d'esthète décadent ! Un vrai révolutionnaire se passionne pour l'avenir de l'humanité et non pour les vieilles pierres !...

Vissarion accepte la leçon sans répondre. De tout temps, Stiopa s'est déclaré hermétique à l'art. Il n'a rien vu des admirables musées de Paris. Vissarion non plus, au reste. Mais lui, du moins, se le reproche et jure presque quotidiennement de réparer son erreur.

— Si, pourtant, il y a une chose que j'aimerais montrer à Vichnevsky dans cette ville ! reprend Stiopa. Nous irons... Absolument... Dès demain... Le mur des Fédérés, au cimetière du Père-Lachaise. C'est contre ce mur qu'ont été sauvagement fusillés les insurgés de la Commune, en 71 !

— Oui, oui, le mur des Fédérés, répète Vissarion sans conviction, c'est à voir. Sans faute...

Il se lève pour suivre le public qui descend vers les portes. Toute cette jeunesse russe !

Comme rien ne presse maintenant, Stiopa consent à prendre place, quelques minutes, sur un banc du boulevard Saint-Michel. Assis en rang d'oignons, les trois hommes regardent couler le flot des passants. La majorité sont des étudiants, bien sûr. Mais des étudiants français, cela se voit au premier coup d'œil. Vissarion fait observer à Vichnevsky combien ces adolescents ont l'air rieur, détaché et superficiel en comparaison des auditeurs de l'Ecole des hautes études sociales. On dirait que les jeunes gens russes sont tous préoccupés par de graves questions philosophiques, conscients des malheurs de leur pays, impatients de porter remède à la misère du monde, alors que les jeunes gens français de leur âge ne songent qu'à se divertir. Soudain des cris éclatent, rudement scandés :

— Ba-cou-chet, dé-mis-sion ! Ba-cou-chet, va-t'-cou-cher !...

Un petit monôme, d'une centaine d'agités, descend le boulevard. Des agents débonnaires encadrent les manifestants, dont certains brandissent des cannes. Comme la colonne occupe tout le milieu de la chaussée, des voitures s'arrêtent pour la laisser défiler. Sur le trottoir, des passants sourient avec indulgence.

— Que réclament-ils ? demande Vichnevsky.

— Je suppose qu'ils protestent contre un professeur ! dit Vissarion.

— Et le gouvernement ne dit rien ?

— Non.

— Quel désordre !

— En France, l'ordre général est fondé sur les désordres particuliers, dit Stiopa sentencieusement.

Ils repartent. A l'approche de la maison, Vissarion accélère le pas. Avec quel soulagement il se retrouve sur le palier de l'appartement ! Quatre étages dans les jambes. Il n'en peut plus ! Klim pédale sur sa machine à coudre. Le poêle chauffe trop. Ça sent le moujik. Même Stiopa est d'accord pour aérer. Fenêtre ouverte, Vissarion respire profondément, jusqu'à ce que son cœur ait repris un rythme normal. Puis il va s'allonger dans sa chambre. La soirée chez les Kostyleff, dont il se promettait une grande joie, lui apparaît soudain comme une épreuve. Il songe à s'excuser. Mais Stiopa serait trop content d'aller là-bas sans lui. « Variaguine est resté à la maison pour se reposer. Un peu patraque. L'âge, que voulez-vous... ? » Vissarion croit l'entendre et serre les mâchoires. Au fait, de quoi Stiopa parle-t-il en ce moment avec Vichnevsky ?

Vissarion se remet debout, s'avance sur la pointe des pieds et, d'un coup sec, ouvre la porte. Silence. Les deux hommes, assis face à face, jouent aux échecs. Ils ne lèvent pas la tête. Déçu, Vissarion retourne à son lit.

Klim aurait voulu rester dans la cuisine, mais Natalia Fédorovna Kostyleff a insisté pour qu'il prenne place à table, parmi les autres invités. Il est à la fois flatté et gêné d'être traité en camarade par des gens qui lui sont manifestement supérieurs. Bien sûr, il n'ouvre pas la bouche, il se contente d'écouter ; cependant le seul fait d'occuper une chaise, dans un cercle restreint, constitue à ses yeux une scandaleuse affirmation de personnalité. On boit du thé et du rhum, on mange du pain avec du fromage blanc ou avec de la confiture. Le salé se mêle au sucré. Il faudrait changer les assiettes. Malgré les protestations de Natalia Fédorovna, Klim se précipite pour laver la vaisselle. Un tablier autour du ventre, il se sent mieux, il se retrouve. Par la porte ouverte, il voit tout et il entend tout, comme s'il y était. Ces Kostyleff, quels gens aimables ! Vladimir Pétrovitch est un personnage très important dans le parti. Il siège, pour les sociaux-révolutionnaires, au comité de la Croix-Rouge politique. Dans sa jeunesse, il a participé à des attentats terroristes, comme le bartchouk et Stépan Alexandrovitch. Il a même, dit-on, « exproprié » une banque. Mais, avec l'âge, il est passé de l'action à l'administration. Tout le monde s'accorde à lui reconnaître une âme de saint. Jamais aucun révolutionnaire n'a fait appel en vain à son bon cœur. Qu'un groupe de transfuges débarque de Russie, et ils trouveront toujours, vaille que vaille, à se loger chez lui. Certaines nuits, il y en a eu huit, dormant deux par deux, tête bêche, dans le couloir. Pour Natalia Fédorovna, ils sont tous ses enfants. Elle est petite, fripée, piquetée, comme une pomme oubliée sur une claie. Lui, a un visage rond, rude, charnu, entouré d'une chevelure et d'une barbe noires si abondantes, qu'on dirait qu'il a passé la tête dans un collier de fourrure pour se déguiser. De quoi vivent-ils ? Nul ne le sait. Sous la lourde suspension à gaz, il y a toujours de quoi manger et boire. Comme mobilier, des lits de camp recouverts de plaids, deux tables pliantes, des chaises de paille et des malles. Pas une icône au mur. Il est vrai qu'à la maison même Klim a eu la plus grande difficulté à obtenir du bartchouk et de Stépan Alexandrovitch l'autorisation de placer une image sainte. Encore a-t-il dû se contenter de la suspendre dans la cuisine, au-dessus de sa paillasse. Le monde s'éloigne de Dieu. D'ailleurs Paris est une ville d'athées. Les églises y sont si discrètes, qu'on les voit à peine. Elles ne haussent pas au-dessus des toits de somptueuses coupoles coloriées. Elles n'osent pas faire sonner leurs cloches. Même les saisons, ici, ont bizarrement honte de dire ce qu'elles sont. Peut-on parler d'un hiver, alors qu'une petite neige de rien du tout descend du ciel et fond en touchant la chaussée ? Klim rêve aux hivers russes, épais, absolus et purs. Quand les gens parlent, l'hiver, en Russie, de la vapeur leur sort de la bouche. Les naseaux des chevaux soufflent violemment une haleine de perle. La barbe des cochers se solidifie en buisson de gel. Les clochettes tintent, au rythme du trot, sur les routes blanches, interminables. Et la joie du printemps, les nuages légers, le craquement des rivières impatientes brisant la glace, le chant des alouettes folles. Et la brusque arrivée de l'été, le ciel bleu et plat au-dessus de la steppe plate. Quelle douceur dans le nom des villages. Znamenskoïé ! Mikhaïlovskoïé ! Darovoïé ! Tout à l'heure, avant de venir, Klim a brossé les vêtements de Vichnevsky. Soudain, au milieu de son travail, il a pensé que cette vieille veste usée, rapiécée, s'était promenée jadis sur les chemins de la patrie, et il a eu envie de baiser l'étoffe. Les assiettes sont lavées, essuyées. Il les rapporte dans la salle à manger et les distribue autour de la table. Mais les convives ne l'ont pas attendu pour continuer à se restaurer. Devant chacun, sur la nappe de toile cirée, s'amoncellent des croûtes de fromage, des peaux de saucisson, des débris de pommes.

Klim saisit une serviette et balaie les détritus dans le creux de sa main.

— Laisse donc, lui dit Natalia Fédorovna négligemment.

La conversation reprend. Comme d'habitude, on évoque la situation intérieure en Russie, où le Premier ministre, Stolypine, affirme chaque jour davantage sa volonté de barrer la route à la révolution. L'attentat auquel il a échappé, en 1906, n'a fait que raviver sa haine des terroristes. Par le renforcement de l'appareil policier et la création de tribunaux d'exception, il a précipité le pays dans une ère de représailles méthodiques. Et, en face de ce champion résolu de la monarchie, les partis du progrès se désorganisent. Depuis la découverte de la trahison d'Azeff, certains camarades vont jusqu'à nier la nécessité politique de la terreur. Ils parlent de « modernisation des méthodes », d' « européanisation des programmes ». Stiopa s'indigne et Vissarion le soutient. Si on suit cette voie, la nouvelle génération révolutionnaire s'enlisera dans la propagande par crainte de l'action. Tout plutôt que de tomber dans le travers des sociaux-démocrates ! Dommage que Komarovsky, le baryton, n'ait pu venir comme il l'avait promis. Il avait, paraît-il, des informations toutes fraîches de Russie.

— Ce n'est pas en Russie que la crise se dénouera, c'est ici ! s'écrie Kostyleff.

— Pourquoi Komarovsky n'a-t-il pu venir ? demande Vichnevsky.

— Il a pris froid, il est au fond de son lit !

— Je me faisais une telle joie de l'entendre ! dit une jeune femme.

— Et Dima qui a apporté sa guitare pour l'accompagner !

— Joue, Dima !

Un garçon au long nez — un juif sans doute, pense Klim — gratte sur sa guitare d'un air poétique. Il y a beaucoup de juifs parmi les émigrés. Evidemment, en Russie, on leur mène la vie dure avec ces pogroms ! Le jeune juif mâchonne les premières mesures d'une rengaine. Tout à coup Stiopa dit :

— Pourquoi Klim ne nous chanterait-il pas quelque chose ?

Stupéfait, Klim balbutie :

— Mais je ne sais pas !

— Comment tu ne sais pas ? Tu chantais bien, en Sibérie. Je t'ai entendu...

— C'était pour nous soulager tous, pour faciliter la besogne...

— Eh bien ! on ne te demande pas autre chose. Comment était-ce donc ?

« Lanternes, petites lanternes,

« Vous brillez sans vous en faire... »

— Non, Stépan Alexandrovitch, pas maintenant, dit Klim.

— Mais pourquoi ?

— Je n'ai plus la voix...

C'est une mauvaise raison, Klim le sait, mais il n'en trouve pas d'autre. La vérité, c'est qu'il ne peut supporter l'idée de sortir de l'ombre. Chanter, c'était facile en Sibérie, parmi des forçats, mais pas à Paris, dans une chambre. On a beau être entre « camarades », il y a des différences de classe qui vous clouent le bec.

— Si tout le monde te le demande ! insiste Stiopa.

Klim balance la tête, de gauche à droite. Plus

on le prie, moins il peut céder. Sa timidité le paralyse. Une sorte de ciment se contracte en lui par saccades. Bientôt son cerveau deviendra dur comme une pierre, avec au centre le mot : non.

— Fichez-lui la paix ! dit Vissarion. De toute façon, il chante comme un arrosoir !

Klim rit, confus, heureux, et retourne dans la cuisine. Là, debout entre l'évier et le fourneau, il fredonne pour lui-même, sans desserrer les lèvres :

« Lanternes, petites lanternes,
« Vous brillez sans vous en faire,
« Ce que vous avez vu, ce que vous avez
[entendu,
« Vous ne le dites pas !... »

Autour de la table, on reparle de l'affaire Azeff, du nouveau comité et des chances d'un attentat contre « le centre des centres ».

Le choc de la révélation est si fort, que Vissarion s'assied dans son lit et scrute les ténèbres. Il ne saurait dire si l'idée est tombée de haut sur lui comme un aérolithe, ou si elle a cheminé pendant des heures, inconsciemment, avant d'éclater, simple, évidente et neuve, dans son cerveau. En tout cas, il ne peut la garder pour lui une minute de plus. Il chausse ses pantoufles et se glisse à tâtons vers la portière en toile. Un vent coulis lui glace les cuisses par les fentes latérales de la chemise de nuit. A peine a-t-il franchi la limite de sa chambre, que la voix de Stiopa retentit, acrimonieuse, dans le noir :

— Tu viens m'espionner, espèce de vieux renard pelé !

— Mais non ! dit Vissarion. Je voulais te parler simplement.

— Demain.

— Non. C'est important. Allume.

Stiopa frotte une allumette. A la lueur de la lampe à pétrole, son visage apparaît, encadré de deux cornes de cheveux rebroussés en l'air. Il ressemble à une chauve-souris mécontente.

— Quoi encore ? demande-t-il.

Vissarion s'assied au bord du lit, qui s'affaisse en grinçant.

— J'ai repensé à notre conversation d'hier, dit-il. L'homme fort que nous cherchons, celui qui reprendra le parti en main et même, au besoin, créera un nouveau parti, nous l'avons !

— Tu ne vas pas me dire que c'est toi ! ricane Stiopa.

— Non. Pas plus que ce n'est toi ! Nous avons passé l'âge. Mais quelqu'un de très proche de nous par l'esprit peut réussir. Oh ! pas immédiatement, bien sûr...

— A qui penses-tu ?

— A Dimitri ! Dimitri Tarkhanoff ! Ça m'est venu tout à coup. Comme une illumination.

— Mais il est en Sibérie !

— Et alors ? Grâce à Vichnevsky nous savons enfin où le joindre. Il ne reste plus qu'à le faire évader. C'est devenu de plus en plus facile. On en parle à Kostyleff. Il soumet le projet au comité. On réunit les fonds nécessaires, on envoie un passeur avec de faux papiers...

— Attends, attends ! dit Stiopa. Laisse-moi réfléchir ! Dimitri, oui...

Et soudain son visage rajeunit :

— Sais-tu que ce n'est pas idiot, ton affaire ?

— N'est-ce pas ? s'écrie Vissarion. Une fois ici, je ne donne pas six mois à Dimitri pour mettre tous les dirigeants dans sa poche, avec le sourire. Il est jeune, actif...

— Oui... enfin... ça doit lui faire dans les quarante-neuf ans ! dit Stiopa.

— Ce n'est pas possible !

— Mais si, calcule : vingt-deux ans en 1882...

— Mon Dieu ! Pour moi, c'était hier !

— Quarante-neuf ans, c'est jeune ! dit Stiopa.

— Lénine a combien ?

— Trente-neuf ans, je crois. Enfin la quarantaine. Tu souhaiterais un autre Lénine ?

— Pour s'opposer au premier, oui ! dit Vissarion. Un Lénine social-révolutionnaire, imbu de nos idées à nous, ami du peuple des campagnes et respectueux du terrorisme...

Les deux hommes réfléchissent, en silence. Il semble à Vissarion qu'il chevauche botte à botte avec son vieux compagnon, dans une forêt profonde. Leurs montures marchent au pas. Les branches s'écartent devant eux. Une trouée lumineuse apparaît. Il y a si longtemps qu'ils n'ont été d'accord sur une question importante !...

— Dimitri logera avec nous, dit Vissarion.

— Ne t'emballe pas, frérot, dit Stiopa. Il n'est pas encore là, ton Dimitri ! Le temps de décider le comité, d'organiser le voyage, ça peut prendre des années...

— Mais non, mais non... Si nous frappons à la bonne porte...

Vissarion n'achève pas sa phrase et retombe dans la rêverie. De l'autre côté de la cloison, c'est le silence. En quittant les Kostyleff, Vichnevsky s'est rendu à une deuxième soirée amicale. Et il n'est pas encore rentré. A 3 heures du matin ! Ces jeunes ont du feu dans les veines. Sans doute veut-il épuiser les ressources de Paris avant de s'enterrer à Bordeaux ! Il part après-demain. Vissarion ne le regrettera pas. Certes, il se reconnaît une dette de gratitude envers cet homme, puisque, sans lui, il ne saurait toujours rien de Dimitri Tarkhanoff. Mais, quelques jours encore, et le visiteur lui serait devenu indésirable par ses façons mal dégrossies. Il dérange trop les habitudes de la maison. Depuis qu'il est là, les choses ne sont plus à leur place. Au vrai, il ne suffit pas d'avoir les mêmes idées politiques qu'un individu pour goûter de l'agrément à partager sa vie. Avec Dimitri, en revanche, aucune gêne n'est à craindre. Vissarion, Stiopa et lui se connaissent depuis si longtemps, ils sont passés ensemble par tant d'épreuves, que leurs retrouvailles marqueront le début d'une seconde jeunesse.

— Tu te souviens du jour où Dimitri nous a appris à nous débarrasser de nos chaînes ? dit Vissarion. On tapait avec une pierre pour aplatir les colliers fixés aux chevilles, et le cou-de-pied passait ensuite sans difficulté...

— Ce n'est pas lui qui nous a appris ça, dit Stiopa.

— Et qui ?

— Galkine.

— Allons donc ! Galkine, c'est le type qui est mort de dysenterie...

— Justement ! Il nous a montré comment retirer nos chaînes, et il est mort ensuite...

— Tu dis n'importe quoi ! marmonne Vissarion.

— Veux-tu qu'on demande à Klim ?

— Klim n'est pas infaillible !

— Il regardera dans son cahier.

— Non.

— Tu as peur qu'il ne me donne raison !

— Pas du tout !

— Alors, viens, viens ! s'écrie Stiopa.

Il bondit hors du lit, empoigne la lampe et traverse la salle à manger en contournant la paillasse vide de Vichnevsky. Vissarion le suit avec colère. Un bruit de rauque soufflerie s'échappe de la cuisine. Roulé sur lui-même, Klim dort profondément, les genoux au menton, le cul en l'air, sous une vieille couverture piquée, qui perd de l'ouate par les trous. Stiopa lui secoue l'épaule. L'épaule va et vient, comme déboîtée, sans que Klim interrompe son sommeil. Puis soudain il s'assied, écarquille les yeux, s'effraie et se signe le ventre :

— Mon Dieu ! Christ soit avec vous, Stépan Alexandrovitch ! Que se passe-t-il ?

— Qui est-ce qui nous a appris à retirer nos chaînes ? demande Stiopa.

— Je... je ne sais plus, bredouille Klim.

— C'est Galkine, voyons !

— Oui, oui, je crois bien... Pourquoi ? Il est ici ?

— Mais non, imbécile ! grogne Vissarion.

Stiopa triomphe :

— Qu'est-ce que je te disais, Vissarion ? Tu n'as aucune mémoire !

Vissarion jette un regard vindicatif à Klim, hausse les épaules et retourne dans sa chambre.

7

« L'hiver, avec le raccourcissement des jours, nous rentrions de plus en plus tôt de la mine. Les gardiens nous enfermaient, après l'appel, dans le dortoir. Le bartchouk se plaignait de la puanteur. C'est vrai que nous couchions à trente, là-dedans. Autour du poêle pendaient des *onoutchis* (1) que les prisonniers mettaient à sécher. Il y en avait qui ne lavaient pas ces bandelettes de toute une année. Une petite lampe de métal, fixée au plafond, éclairait la grande table. Autour, s'asseyaient les joueurs de cartes, les bavards et en général tous ceux qui ne voulaient pas dormir. Ces têtes, je les revois comme si je les avais quittées hier. Crânes rasés par moitié et faces cuites. Chacun de ces hommes avait offensé Dieu plus souvent qu'il n'est permis à un chrétien. Les uns taisaient leurs crimes. D'autres les confessaient avec vantardise. Je me rappelle Molokhine, un ancien palefrenier, une brute. Il aimait raconter son aventure, et chaque fois il en remet-

(1) Bandelettes de toile dont les gens du peuple s'entourent les pieds en guise de chaussettes.

tait. Il revenait à pied de Saint-Pétersbourg, paraît-il, lorsque la bourrasque l'avait surpris dans un village ; il entre dans la première isba venue et y trouve une famille réunie autour d'une fille malade, qui ne s'est pas levée depuis trois ans ; les parents lui demandent s'il ne connaît pas un remède contre ce mal ; et lui, par plaisanterie, par forfanterie, il dit que si. Et il demande aux parents de faire cuire une poupée de froment de la taille de la malade. Ils étaient riches. Ils lui ont obéi. Il a couché la poupée, toute chaude encore, sur la fille, il a prié devant les icônes, et il a annoncé que deux jours plus tard la fille serait guérie. On le remercie, on l'embrasse, on lui donne de l'argent, et il part, avec la statue de pain sous le bras. Après deux heures de marche, il s'arrête au bord de la route pour manger un morceau et casse un bras de la poupée. Il en sort du sang. Il casse un autre bras — encore du sang !... Pris de peur, il se sauve dans la campagne. Le lendemain, les gendarmes l'ont arrêté. La malade et ses parents avaient été égorgés la veille. Quatre personnes en tout. Des voisins avaient vu entrer Molokhine. On l'a accusé d'avoir fait le coup. Comment prouver le contraire ? C'est ainsi qu'il a été condamné, bien qu'innocent, à cause d'une poupée... Du moins, c'est ce qu'il disait. Mais moi, je crois bien qu'il était coupable. On lisait dans ses yeux que la vie d'un homme ne pesait guère plus pour lui que la vie d'une libellule.

« Paramonoff, lui, était pilleur de caravanes. Une nuit, après avoir assommé un convoyeur et volé une charrette de caisses de thé, il avait été pris en chasse par les compagnons de l'homme qu'il avait tué. Rattrapé et livré à la police, il s'était évadé trois ans plus tard. Et voilà qu'à un relais de poste il tombe sur les mêmes charretiers qui l'avaient arrêté la première fois. Ils le saisissent, le traînent dans la chambre de bain, lui lient les mains derrière le dos, le frappent à tour de rôle, et, lorsque sa tête n'est plus qu'une plaie, ils vont boire de la vodka, à côté. Entre un vieillard tout blanc, au regard bleu. Paramonoff lui dit : « Donne-moi à boire, grand-père, par pitié ! » — « Ah ! dit le grand-père, les barbares ! Comme ils t'ont arrangé ! » Il prend le baquet de bain et donne de l'eau au prisonnier en répétant d'une voix douce : « Bois, mon enfant ! Que le Christ soit avec toi ! » Et quand Paramonoff a fini de boire, le grand-père brandit le baquet et le lui casse sur le crâne. La rage saisit Paramonoff. Malgré ses mains liées, il se lance sur le vieillard, la tête la première. Vlan ! dans le ventre. Le vieillard tombe en arrière, casse la vitre de la fenêtre dans sa chute et le sang gicle de son cou, tranché par un éclat de verre. Cinq minutes plus tard, il était mort dans une grande flaque rouge. Les autres sont revenus et ont emporté le corps. Puis ils ont passé la figure de Paramonoff au goudron. Ils l'ont attaché par les poignets à l'arrière d'une voiture. Et ils sont partis, comme ça, pour la ville. Il courait derrière les roues, dans la poussière. Les femmes, dans les villages, se sauvaient, croyant qu'il était le diable !...

« Nicolaïeff n'était, lui, qu'un voleur de moutons, mais Zotoff avait empoisonné son fils pour disposer de sa bru. La nuit, il lui arrivait de pousser de grands cris, en rêve : « Kolia ! Kolia !... » Il est mort en 1887, dans un éboulement de la mine. Il était videur de baquets pour la chambrée : une sale besogne ; personne n'en voulait. Pour le remplacer, le capitaine Touzoff n'avait rien trouvé de mieux que de nommer Yacoub, le Tatar, l'homme le plus sombre et le plus silencieux de notre équipe. Yacoub l'a regardé droit dans les yeux et lui a dit : « Jamais ». On l'a mis au cachot ; et, lorsqu'il en est sorti, le capitaine lui a répété son ordre en ajoutant : « C'est tout à fait un travail pour un Tatar ! » Alors Yacoub a poussé un hurlement de guerre et, tirant un couteau de sa manche, il s'est jeté sur le capitaine. Les gardiens ont eu beaucoup de mal à le maîtriser. Il a été passé par les verges et transféré dans une autre prison. On a fourré au cachot les deux forgerons, coupables d'avoir confectionné le couteau ; on a perquisitionné dans toutes les chambrées, confisquant cartes, tabac, aiguilles, fil, fourchettes, canifs et timbales ; enfin le capitaine a décidé que, la discipline s'étant relâchée, nous serions tous remis aux fers. Quand j'ai revu les chaînes aux pieds du bartchouk et de Stépan Alexandrovitch, j'ai perdu l'espoir que notre épreuve finirait un jour. Vissarion Vassiliévitch était devenu muet d'abattement. On aurait pu le piquer avec un poinçon qu'il n'aurait rien senti. Nous allions toujours ensemble à la mine. Mais le contremaître nous avait retirés du puits pour nous placer dans la galerie, où il faisait plus chaud et où la pierre était plus tendre. Là, le bartchouk et Stépan Alexandrovitch creusaient jusqu'à quarante centimètres par jour. Moi, j'étais chargé de l'abattage et du transport du minerai par wagonnet vers l'entrée du puits. De temps en temps, des charpentiers venaient étayer la galerie avec des pièces de bois. Mais la plupart du temps nous étions seuls. Au bout du monde. Tapant sur la roche. Une chandelle nous éclairait dans notre souterrain. Je me disais parfois que, sous cette voûte de pierre, entre Vissarion Vassiliévitch et Stépan Alexandrovitch, j'étais plus heureux qu'à l'air libre.

« Un an encore, nous avons porté les fers. Mais Galkine nous avait enseigné la façon de les retirer pour la nuit. Il y a toujours moyen de s'arranger avec le malheur. En 1889, on nous a changés de chambrée. Nous avons connu d'autres forçats, des vagabonds, des soldats déserteurs, des ivrognes, ou simplement des moujiks que le vice avait poussés au vol et au meurtre. Oui, des moujiks comme moi, des hommes de la pioche et de la charrue. Il semble incroyable qu'on puisse nourrir des idées impies quand on travaille la terre et qu'on a, du matin au soir, le ciel de Dieu au-dessus de la tête. Ce qui m'étonnait dans les histoires de ces hommes, c'était qu'ils les racontaient si tranquillement. La plupart ne souffraient pas de leurs crimes et regrettaient simplement d'avoir été pris. Quand on y réfléchit bien, il est difficile à la fois de payer pour une faute et d'en avoir du remords. Peut-être que, si ces malheureux n'avaient pas été enfermés au bagne, ils se seraient repentis. Mais, ayant été condamnés par les juges, ils se sentaient quittes. Et ils ne pensaient qu'à retrouver leur liberté. Pour recommencer, sans doute... Ça n'empêchait pas certains d'entre eux de dire leur prière à genoux, sur leur paillasse. Que demandaient-ils à Dieu ? Le pardon de leur crime ? Je ne le crois pas. Plutôt la diminution de leur temps de peine. C'est ce que je demandais, moi aussi, pour le bartchouk et pour Stépan Alexandrovitch. Le bartchouk avait beau s'être endurci, il supportait mal cette vie. Je le voyais dépérir d'âme et de corps. Et je me disais que je n'avais pas mérité ça. »

8

La face tendue vers la vitre de l'autobus, Vissarion regarde Paris se liquéfier dans une froide grisaille. Klim a raison de dire qu'il n'y a pas d'hiver en France. Tiens, quelques flocons blancs, tout de même ! Des passants ont ouvert leurs parapluies. Un parapluie pour se protéger de la neige. Quelle absurdité !... La neige doit se recevoir à visage découvert, comme une bénédiction. « Ne disons pas de mal des parapluies ! Toute notre vie est suspendue à leur fragile carcasse ! » Vissarion sourit à cette idée et pense que M. Collot sera content d'avoir sa livraison un jour plus tôt que prévu. Klim a mis les bouchées doubles. A lui aussi, semble-t-il, la perspective de revoir Dimitri donne du courage. Tout s'est arrangé avec une aisance quasi irréelle. Sur les instances de Vissarion et de Stiopa, les époux Kostyleff ont introduit la requête auprès du comité. Le comité, après étude, a reconnu que le camarade Dimitri Tarkhanoff était un combattant au passé irréprochable et qu'il y avait, en effet, intérêt à le « récupérer » au plus tôt. Maintenant il ne reste plus qu'à attendre le déroulement du processus d'évasion. Qui sera chargé de prendre contact avec Dimitri ? Où et comment franchira-t-il la frontière ? Les membres de la commission exécutive gardent un secret absolu sur tous ces points. Mais Vissarion leur fait confiance. Tant de camarades ont déjà été sauvés grâce aux équipes de « passe-portiers » et de « passeurs » qui opèrent en Russie !... D'après Kostyleff, il est impossible de fixer une date, mais d'habitude le délai de « transfert » n'excède pas un an. Donc avant la fin de 1910... La semaine précédente, lors de la grande fête de charité organisée par la Croix-Rouge politique pour le Nouvel An russe, Vissarion a passé son temps à se dire que l'argent recueilli auprès des invités servirait, en partie, à financer le retour de Dimitri. Alors le buffet, la tombola, l'orchestre, les chanteuses et les chanteurs bénévoles, tout a pris pour lui une signification utile, amicale et, de quelque façon, héroïque. Stiopa et lui ont bu du champagne en écoutant le baryton Komarovsky, enfin rétabli, chanter *Stenka Razine*. Moins bien que Chaliapine, mais, dans la salle basse de plafond, sa voix faisait illusion. En rentrant, Vissarion a eu des maux de tête et des crampes d'estomac. Le champagne devait être de mauvaise qualité. Peu importe ! par amour pour Dimitri il ne veut rien reprocher à cette soirée. D'ailleurs, après une petite diète, le voici de nouveau d'aplomb. Tout à l'heure, il ne s'est même pas assis sur le banc du pont des Arts pour prendre du repos. Il est vrai que, par ce temps humide, les haltes en plein air ne sont pas recommandées.

Heureusement, quand il descend de l'autobus, place de la Concorde, la pluie et la neige ont cessé. Un timide soleil allume sur la chaussée et les trottoirs des diaprures gorge-de-pigeon. Les parapluies se ferment. Vissarion décide d'expédier M. Collot en peu de paroles. Contrairement à son habitude, il a hâte de rentrer à la maison. L'atmosphère y est devenue plus agréable, depuis que Vichnevsky est reparti pour Bordeaux. Même Klim finissait par regarder de travers ce gêneur au gros appétit. Un pot de confiture a été englouti en trois jours, alors que, normalement, il leur fait la semaine. Ce matin, pendant que Vissarion se rendait chez M. Collot, Stiopa est allé chez les Kostyleff. Peut-être en rapportera-t-il des nouvelles au sujet de Dimitri. Non, il est encore trop tôt pour espérer... Vissarion s'imagine ouvrant la porte de l'appartement, et une voix joyeuse lui crie : « Ça y est ! Il a pris le large ! Il sera chez nous à la fin du mois !... » Les idées montent dans sa tête, légères et gaies, comme des bulles dans un verre de champagne. Penser au champagne lui redonne la nausée. Plus jamais il n'en boira. Si : pour célébrer l'arrivée de Dimitri. Mais du bon. Quels étaient donc ces vers de Pouchkine sur le champagne ? « Le vin de la comète... » Les Français ne connaissent pas Pouchkine. Enfermé dans la musique de sa langue, il est, pour eux, une planète inaccessible. Le traduire est aussi grave que de toucher du doigt l'aile d'un papillon. La poudre tombe, les couleurs s'éteignent. Champagne, caviar... On invitera des amis... Une fête échevelée...

En poussant la porte du magasin, Vissarion est, malgré lui, tout sourire. Il y a foule devant le comptoir. La pluie a subitement rameuté la clientèle. Mme Collot et les deux vendeuses brandissent des parapluies devant une rangée de dames aux regards exigeants. M. Collot entraîne Vissarion dans l'arrière-boutique, le débarrasse de sa grande sacoche noire, examine les parapluies nouveau-nés avec son habituelle attention, passe encore une commande de quatre pièces et soupire :

— Oui, oui, grâce au ciel, on a un peu de mouvement, aujourd'hui, au magasin. Mais c'est du tout-venant. Mon épouse s'en occupe mieux que moi. Au fait, vous ai-je dit que la femme du général Svétchnikoff a été enchantée de son parapluie ? Tellement enchantée, que le général m'a prié de refaire le même pour sa fille. Un orfèvre de mes amis va donc ciseler spécialement une poignée en argent semblable à celle que vous avez admirée : un cygne dans le style russe..., Ah ! le style russe !... Avez-vous lu le *Gil Blas*, cette semaine ? Il n'y en a que pour les Russes dans les échos mondains : je ne sais plus quel grand-duc en galante compagnie au théâtre de la Porte-Saint-Martin ; l'orchestre de chez *Maxim's* jouant *Dieu protège le tsar* à la demande des clients pour honorer un de vos princes récemment débarqué de Saint-Pétersbourg ; un banco sensationnel à Monte-Carlo par un industriel moscovite ; un autre industriel moscovite se faisant construire une somptueuse résidence à Cannes !... C'est incroyable à quel point vos compatriotes aiment la France !

— Oui, pour y dépenser leur argent, dit Vissarion. Ils arrivent ici les poches pleines, attirés par le goût de la frivolité !

— De la liberté aussi !

— De quelle liberté voulez-vous parler, monsieur Collot ? Si c'est de la liberté de mœurs, je suis d'accord. Si c'est de la liberté politique, je vous dis non. Ces touristes lestés de roubles n'ont que mépris pour les idées républicaines dont vous faites si grand cas en France. Ils sont attachés à leur rang, à leurs titres, à leurs prérogatives, à leur fortune. Ils donnent aux Français une image fausse de la Russie. La vraie Russie n'est pas celle des fêtards de la rive droite, des habitués des champs de courses et des restaurants, des belles dames qui hantent les magasins de la rue de la Paix, mais celle des étudiants, des artisans, des intellectuels qui, de l'autre côté de la Seine, travaillent humblement, obscurément, dans l'espoir d'un prochain changement de régime dans leur patrie.

— Oui, oui, bien sûr, concède M. Collot. Le régime autocratique est toujours condamnable. Mais, en Russie, il semble teinté de bonhomie patriarcale, de tradition séculaire... Une évolution se fera lentement... Vous garderez votre tsar, mais en limitant son pouvoir par des lois de caractère social, c'est évident !... Pour le moment, c'est la France surtout qui m'inquiète... Briand se lance dans une politique absurde avec l'Allemagne... Toujours « la main tendue »... Moi, je veux bien tendre la main à la Russie qui ne nous a jamais rien pris, mais à l'Allemagne qui nous a volé l'Alsace et la Lorraine, non !... Ou alors que Guillaume II commence par restituer...

Vissarion écoute M. Collot avec une politesse crispée et guette l'instant où, profitant d'un creux dans la conversation, il pourra enfin s'échapper. Incontestablement ce petit Français remuant préfère parler politique avec lui plutôt que de servir ses clients. On dirait que la nationalité de son visiteur l'inspire, comme s'il essayait la résistance de ses parapluies sous un climat inhabituel. La pluie s'est remise à tomber derrière la fenêtre grillagée. Engourdi par le ronronnement de la voix et le ruissellement des gouttes, Vissarion dit « oui », « non », « ah ! » et lorgne, à travers la vitre, la cour grise de la maison où luisent des flaques. Dans un coin, entre une pile de cageots et un tas de sable, gît une baignoire à l'émail éclaté. Une grande baignoire, debout sur ses quatre pattes léonines. Il y a quelque chose de stupide et de fascinant dans ce vaisseau oblong et blanc, échoué au pied d'un immeuble bourgeois, et recevant de l'eau non plus d'un robinet, mais du ciel. A force de le regarder, Vissarion perd la notion du temps. Soudain, coupant la parole à M. Collot, il murmure :

— Cette baignoire... Vous l'avez vue ?

— Si je l'ai vue ? Ça fait des semaines qu'elle traîne là !

— A qui est-elle ?

— A Melle Viviane de Crécy, évidemment ! Maintenant qu'elle possède une salle de bains pompéienne... !

Vissarion tressaille, comme si un lièvre venait de traverser sa route en deux bonds.

— Et que compte-t-elle en faire, de cette baignoire ? demande-t-il d'une voix altérée.

— La donner à un ferrailleur, sans doute. Elle attend qu'il en passe un dans le quartier. Et pendant ce temps-là, nous restons avec cette ordure sous le nez !

— C'est juste au-dessus de vous qu'elle habite, n'est-ce pas ?

— Oui, à l'entresol.

— Je vous prie de m'excuser : je reviens dans cinq minutes.

Et, laissant M. Collot stupéfait au milieu de sa politique, Vissarion quitte le magasin, longe la façade sur la rue et s'engouffre sous le porche de l'immeuble.

A l'entresol, c'est un valet de chambre jeune, à favoris blonds et à gilet rayé, qui lui ouvre la porte.

— Je voudrais voir Mlle de Crécy, dit Vissarion.

— Vous êtes attendu ?

— Non. Mais je ne la retiendrai qu'une seconde. Je... je suis porteur d'une proposition qui l'intéressera sûrement... Si vous voulez m'annoncer...

Le valet de chambre tend un petit plateau d'argent pour que le visiteur y dépose sa carte. Décontenancé, Vissarion fait mine de fouiller dans ses poches, bredouille qu'il a laissé « la dernière » chez un fleuriste et donne son nom : « Vissarion Vassiliévitch Variaguine ».

Deux minutes plus tard, le valet de chambre l'introduit dans un minuscule salon tendu de soie saumon et encombré de petits fauteuils capitonnés, de paravents japonais et de potiches chinoises. Aux murs, des éventails et des estampes. La lumière du jour est tamisée par plusieurs épaisseurs de tulle. L'air n'est qu'un lourd parfum d'iris. Une porte sous tapisserie s'ouvre silencieusement et Mlle Viviane de Crécy apparaît dans une robe d'intérieur gris poussière à bordure de dentelle. Elle est boulotte, avec un nez insolent, des yeux vifs et une bouche renflée comme une cerise mûre. En découvrant son visiteur, elle est manifestement déçue. Croyait-elle, abusée par le nom russe, tomber sur un grand-duc ? Ce costume élimé, ces chaussures mâchurées ne sont certes pas d'un seigneur tout cousu de roubles. Néanmoins elle l'invite à s'asseoir et lui demande aimablement s'il est de passage à Paris.

— Non, dit Vissarion, j'y réside déjà depuis quelque temps.

— Pour affaires ?

— Pour convenances personnelles.

— En tout cas, vous parlez merveilleusement notre langue !

— J'essaie... Mais mon accent...

— Surtout gardez-le ! Rien n'est charmant comme l'accent slave pour une oreille française.

Elle s'exprime avec aisance et ne paraît point trop sotte pour une femme de sa condition.

— Puis-je savoir quel est l'objet de votre visite ? reprend-elle.

— Je venais pour la baignoire, dit Vissarion.

La jeune femme a quelque peine à cacher sa surprise. Ses sourcils se lèvent. Sa bouche s'arrondit.

— Vous êtes ferrailleur ? dit-elle.

— Non. C'est pour moi... je veux dire, pour mon usage... Puisque vous n'avez plus besoin de cette baignoire, je peux vous en débarrasser.

— Très bien..., très bien..., balbutie-t-elle.

Et soudain, se reprenant :

— L'ennui, c'est que, cette baignoire, je l'avais déjà promise à un marchand de ferraille. Nous étions même convenus du prix.

Vissarion devine la manœuvre. Il devrait briser là, partir. Mais il ne peut lâcher prise. Cette baignoire est devenue brusquement pour lui un tel objet de convoitise qu'elle bouche tout l'horizon de sa masse blanche et luisante. Il ne voit plus qu'elle, il ne saurait vivre sans elle, il s'imagine déjà enjambant le rebord et se plongeant, avec un frisson délicieux, dans l'eau chaude aux sages vaguelettes.

— Si ce prix n'est pas excessif, dit-il, je pourrais vous faire la même proposition...

— Dix francs, prononce Mlle de Crécy d'un ton sec.

L'énormité du chiffre laisse Vissarion sans voix. Peut-être faudrait-il discuter ? Mais sa fierté l'emporte sur sa raison : on ne marchande pas avec une femme. Pénétré du sentiment de commettre une bourde, il murmure :

— Dix francs, c'est entendu.

Mlle de Crécy rougit de satisfaction.

— Quand pourrez-vous enlever la baignoire ? demande-t-elle.

— Très vite ! Très vite ! dit-il pensivement.

Et il se demande où il trouvera l'argent. Cependant son envie d'aboutir est si forte, que les obstacles l'excitent au lieu de le décourager.

— Je vais arrêter mes dispositions, reprend-il, et je me permettrai de revenir dans quelques minutes.

— Pour emporter la baignoire ?

— Non, pour vous la régler. Je n'ai encore rien prévu en ce qui concerne le transport. Mais cela ne saurait tarder. Faites-moi confiance.

De retour dans l'arrière-boutique, il pose brutalement la question à M. Collot, qui tressaute : prêter dix francs, pour l'achat d'une baignoire !...

— Je vous les rembourserai à raison de deux francs par mois ! promet Vissarion.

Il a déjà calculé qu'il pourrait s'acquitter de sa dette sans rien dire à Stiopa en faisant son trajet à pied, une fois sur deux, et en se privant de babas au rhum.

— Ce n'est pas la façon dont vous me rembourserez qui me préoccupe, dit M. Collot, c'est votre crédulité. Vous vous êtes fait rouler, monsieur Variaguine, par cette cocotte !... Sa baignoire, qu'elle vous vend dix francs, elle l'aurait donnée pour rien à un ferrailleur. Trop heureuse qu'il ne lui fasse pas payer l'enlèvement ! Depuis le temps que ce machin traîne dans la cour !... Vous devriez aller lui dire que vous avez changé d'avis, que vous voulez bien prendre la baignoire, mais sans lui verser un sou. Vous verrez qu'elle acceptera !

— Monsieur Collot, je ne puis revenir sur ma parole, dit Vissarion. Ce ne serait pas correct !

— Et elle, ce qu'elle a fait, c'est correct, peut-être ?

— Me prêtez-vous ces dix francs, monsieur Collot ? demande Vissarion d'une voix douce.

Le front de M. Collot diminue de hauteur et, comme cela lui arrive dans les cas d'étonnement intense, son lorgnon, au ressort fatigué, tombe de son nez et se balance, au bout d'un cordon, contre son ventre. Il tire deux pièces de cinq francs de sa poche. Vissarion s'en saisit et les fait sauter dans le creux de sa main. Un rire absurde l'agite, à bouche fermée. L'élan de sa joie l'emporterait courant, tel un gamin, vers la porte, mais il se domine et, suivi de M. Collot, retraverse d'un pas lent et boiteux le magasin plein de monde. Sur le seuil, il se retourne et dit encore :

— Auriez-vous un mètre-ruban, monsieur Collot ? Je voudrais mesurer la baignoire.

— Comment as-tu osé prendre une telle décision sans me consulter ? s'écrie Stiopa en appliquant un coup de poing sur la table.

Les épingles tressautent dans leur sébile.

— Je ne suis pas sous ta tutelle, que je sache ! riposte Vissarion.

— Non, mais nous partageons ce local. En conséquence, j'estime avoir mon mot à dire quand il s'agit d'introduire ici des objets qui... qui ne me conviennent pas !

— Des objets de première nécessité ! rectifie Vissarion.

— La première nécessité, c'est la révolution !

— En quoi une baignoire empêcherait-elle de la faire ?

— Je t'admire de te préoccuper d'une baignoire, alors que toutes nos pensées devraient être tournées vers le retour de Dimitri !

— C'est justement en songeant à ce retour que...

— Ah ! non ! rugit Stiopa. La mauvaise foi a des bornes !

— Tu ne me crois pas ?

— Non !

— Et pourtant, c'est la vérité ! Cent fois, mille fois, Dimitri m'a dit, en Sibérie, que son idéal c'était une âme propre dans un corps propre...

Il y a tant de vraisemblance dans ce mensonge, que Vissarion en l'énonçant acquiert une conviction nouvelle. Il croyait se jeter dans le vide, et voici que des ailes lui poussent dans le dos ; au lieu de tomber, il est porté, il plane.

— Un corps propre, reprend-il, tu ne sais même pas ce que c'est ! Tu ne te baignes jamais ! Tu dégages une odeur *sui generis* !

— Je me fous de mon odeur !

— Les autres ne s'en foutent pas. Demande un peu à Klim ce qu'il en pense !

Klim baisse la tête derrière un parapluie à demi recouvert.

— Dis-lui, dis-lui qu'il empeste ! insiste Vissarion.

— Excuse-moi, Vissarion Vassiliévitch, murmure Klim, je... je ne sais pas sentir les odeurs !

— Tu as bien de la chance ! s'exclame Vissarion avec un rire d'écœurement patricien.

Et, tourné vers Stiopa, il poursuit :

— Enfin, réfléchis un peu : devais-je refuser cette baignoire qu'on m'offrait comme ça, pour rien — tu entends ? pour rien ! — à condition seulement que je l'enlève... ? Une baignoire qui normalement vaudrait dix francs, vingt francs...

Ses ailes le soutiennent de plus en plus fermement. Toute sensation de vertige a disparu. Quoi qu'il disc, il est dans le vrai.

— Comment la transporteras-tu, ta baignoire ? demande Stiopa.

— Je vais me faire prêter une charrette à bras.

— Et une fois ici, où l'installeras-tu ?

— Dans le cabinet de toilette.

— Il n'y a pas la place.

— Si ! J'ai mesuré : il suffirait de démolir la caisse à charbon.

— C'est impossible !

— Pourquoi ? Nous ne nous en servons jamais, de cette caisse à charbon !

— Nous avons tort !

— Nous aurions tort si nous avions assez d'argent pour nous faire livrer du charbon d'avance, dit Vissarion. Ce n'est pas le cas !

Il a réponse à tout. Son aisance dialectique le

séduit lui-même. Déjà Stiopa ne trouve plus à lui opposer que des questions faiblissantes.

— Mais la vidange ? Comment feras-tu pour la vidange ?

— Je demanderai au beau-frère de M. Dubuc de raccorder la conduite d'évacuation de la baignoire à celle du lavabo. Il est plombier, il m'arrangera ça pour un paquet de cigarettes.

— Et l'eau ?

— On la fera chauffer dans la cuisine, sur le gaz, et on remplira la baignoire avec des brocs.

— Quel trimbalement ! bougonne Stiopa. C'est ridicule ! Nous allons nous transformer en établissement de bains ! Tu verras que nos voisins viendront se laver chez nous. Les étuves Variaguine ! Ça te rappellera de bons souvenirs, Klim ! Tu vas retrouver ton ancien métier !...

Klim rit en branlant la tête :

— Peut-être bien, Stépan Alexandrovitch ! Ce ne serait pas de refus ! Frictions et massages, la main est encore bonne !...

Vissarion respire : au prix d'un petit mensonge, il est arrivé à faire entrer la baignoire dans la maison. Il s'assied à côté de Stiopa, devant la table, et, comme preuve de bonne volonté, reprend son travail sur une carcasse de parapluie. Une rondelle de tissu noir à appliquer sur chaque articulation des branches. L'aiguille monte et descend au bout de ses doigts serrés. Ses lunettes glissent. Il les retient. Stiopa se remet à coudre des boutons-pressions à des rubans. Courbé en deux sur l'ouvrage, il a l'air d'un gnome. Près de la fenêtre, Klim, pédalant sur son tour, perce le bois d'un manche. De la sciure fuse sous son nez. Quand il a fini, un large sourire de contentement éclaire sa figure.

Vissarion pense à la baignoire avec une tendresse croissante. Elle est en lui, lourde, compacte, sacrée, comme un éléphant blanc. Pris d'un vague remords, il demande :

— Au fait, tu as vu Kostyleff : quoi de nouveau au sujet de Dimitri ?

— Rien, dit Stiopa.

— Mais il a toujours bon espoir ?

— Bien sûr !

— Ah ! que c'est long ! Que c'est long ! soupire Vissarion.

— Oui, dit Stiopa radouci, nous n'aurons pas volé la joie de le revoir !

Ils parlent de lui et leurs souvenirs se répondent. Habitué à être constamment en désaccord avec Stiopa, Vissarion se réjouit de leur entente sur ce point. A force d'espérer avec lui l'arrivée de Dimitri, il en vient à se dire que tout changera dans leur existence dès l'apparition de l'ami lointain. Les soucis tomberont, l'âge reculera, la confiance renaîtra de la poussière des jours. C'est une incantation à deux voix : « Quand Dimitri sera là... » « Lorsque nous aurons examiné cette question avec Dimitri... » « Il faudra absolument en parler à Dimitri... » Il est doux de rêver : Dimitri, la baignoire... Vissarion va chercher un plan de Paris et l'ouvre sur la table.

— Viens voir, Klim, dit-il. Pour le transport de la baignoire, le meilleur itinéraire serait, je crois, par ici...

Klim s'approche, les lunettes remontées sur le front. Il essuie ses mains sur sa blouse grise. Ensemble, ils étudient cette grande ville étrangère aux rues torses, que coupe le ruban bleu d'un fleuve.

— Triomphe de l'imbécillité ! dit Stiopa en continuant à coudre.

Debout au milieu d'un groupe de badauds, Vissarion regarde avec consternation les vaguelettes d'eau boueuse qui rampent vers ses pieds. En contrebas, la rue de Seine brille comme un bras supplémentaire du fleuve. Les quais et leurs abords immédiats sont transformés en une baie clapotante et glauque, traversée d'étranges débris : caisses, tonneaux, branches déchirées. Les pontons d'accostage des bateaux parisiens ont été soulevés par le flot et dominent la rue de leurs structure vitrées, aux grandes pancartes inutiles : « Entrée libre », « Piano à bord... » Des sacs de ciment épaulent les parapets. Une passerelle de planches court le long d'une façade. Des gens attendent là, on ne sait quoi, rangés en file, piétinants, silencieux. Derrière eux, les maisons, réduites de hauteur, semblent flotter, déracinées, à la merci d'un coup de vent. Toutes les fenêtres, au rez-de-chaussée, sont closes. Des barques plates glissent, chargées de passagers frileux. L'une d'elles accoste non loin de Vissarion, dans une rude secousse. Les voyageurs qui en descendent donnent des nouvelles. Tous les bas quartiers, disent-ils, sont inondés. Les caves débordent. Il est impossible de traverser à pied sec d'une rive à l'autre. Et le flot monte. S'il pleut encore, il faudra se réfugier sur les hauteurs. On discute :

— Ce n'est pas la pluie qui est cause de tout ! Ce sont les travaux du métropolitain ! Les ingénieurs ont fait des brèches, vous comprenez, pour la ligne Nord-Sud... Alors l'eau s'infiltre...

— S'ils avaient moins déboisé dans la périphérie !...

— On n'avait qu'à surélever les quais !...

— Qu'est-ce qu'ils disent ? demande Klim à Vissarion.

— Des âneries, répond Vissarion. Viens !

Il voudrait suivre le boulevard Saint-Germain jusqu'au quai d'Orsay, mais, de ce côté, la voie est coupée. Un large canal d'eau noirâtre descend vers la Seine entre les façades renfrognées des immeubles bourgeois. Les arbres dressent, au-dessus de l'inondation, leurs têtes hirsutes de naufragés. Une barcasse, aux flancs goudronnés, pleine de soldats en tenue de campagne, se dirige vers le Palais-Bourbon. A peine a-t-elle disparu dans la brume, qu'une pompe à vapeur débouche, écarlate et cuivrée, de la rue de Bellechasse. Une grappe de pompiers aux casques rutilants tressaute sur les sièges. Les deux gros chevaux gris pommelé entrent dans le courant jusqu'au poitrail, et l'équipage s'éloigne avec fracas, cornant, tintinnabulant et craquant, parmi des gerbes d'eau sale. Là aussi, à l'extrême limite de la terre ferme, des passants se rassemblent et chuchotent. Un homme traverse le boulevard, monté sur des échasses. Il s'arrête pour qu'un Anglais le photographie. Vissarion remarque le nombre inhabituel de chiens qui rôdent dans les parages, s'immobilisent, une patte suspendue, reniflent cette odeur de boue, et repartent en trottant, la queue basse : chiens perdus sans doute, chiens de blanchisseurs, de mariniers, de pauvres gens sans abri... A quelques encâblures, un rat flotte, le ventre en l'air.

— Ça va amener des épidémies ! dit quelqu'un dans le groupe.

Vissarion réprime un frisson et applique un mouchoir sur sa bouche. Une petite pluie d'aiguilles glacées pique la peau de son visage. Et soudain la colère le prend, comme si cette inondation était dirigée contre lui. Il se faisait une telle joie d'aller chercher la baignoire de Mlle de Crécy ; le bougnat du coin lui avait promis sa charrette à bras pour le lendemain ; tout était prévu, l'heure, l'itinéraire, les points de halte !... Et voilà ! Il lui semble que, depuis dix minutes, l'eau a déjà gagné une rangée de pavés. C'est injuste !... Combien de temps Paris restera-t-il immergé ? A Saint-Pétersbourg, les crues de la Néva pouvaient durer des semaines. Mais tout est plus grand en Russie ! Les catastrophes comme les joies. Parmi les badauds, on échange des propos inquiétants : « Jamais vu ça !... Deux mètres de plus qu'en 76... Faudra bien compter dix jours, allez, avec les pieds dans l'eau !... Moi, je dis quinze !... » Le crépuscule descend. Il fait de plus en plus froid. De rares becs de gaz s'allument, boulevard Raspail. Mais, dans le bas du boulevard Saint-Germain, noyé et sale, les réverbères demeurent éteints. Sur le ciel assombri, les toits glacés de neige se détachent blancs, tranchants, géométriques. Çà et là, brille la pâle lueur d'une fenêtre. L'eau avance, chargée de vase et de nuit. Vissarion y trempe le bout de sa canne. Il a envie de pleurer. Il serre les dents.

— Rentrons, Vissarion Vassiliévitch, dit Klim.

A la maison, ils trouvent un Stiopa d'humeur délicieuse, gribouillant sur des papiers épars. Pour lui, l'inondation n'existe pas. Ou plutôt, il en semble ravi comme d'un tour joué à son vieux camarade. Dressant la tête vers Vissarion, il récite avec emphase les vers fameux du *Cavalier de bronze* (1) :

« Trésors du prévoyant négoce,

« Hardes du pâle mendiant,

« Ponts arrachés par l'eau, cercueils

« Du cimetière submergé,

« Tout cela flotte dans les rues... »

— Pour un homme soucieux de justice sociale, tu me parais bien indifférent au malheur du peuple ! réplique Vissarion rudement.

— Ne devons-nous pas souhaiter le malheur du peuple, afin que, poussé à bout, il se soulève ?

— C'est bon pour la Russie !...

— Ce qui est bon pour la Russie l'est aussi pour la France.

— Ne discute pas, tu me fatigues, dit Vissarion en jetant sa canne dans un coin.

Et il va s'allonger, selon son habitude, avant le dîner. A peine est-il étendu sur son lit, que Stiopa, soulevant le rideau de grosse toile, apparaît, le nez fouineur, l'œil en vrille :

— Il m'est venu une idée, Vissarion. Pourquoi n'irais-tu pas chercher ta baignoire quand même ?

— Comment reviendrais-je ?

— En ramant ! dit Stiopa.

Et il pouffe d'un rire si bête, si cruel, que Vissarion a envie de lui sauter à la gorge.

(1) Poème de Pouchkine, relatant l'inondation de Saint-Pétersbourg en 1824.

9

Au bas de la rue Royale, Vissarion vérifie l'arrimage de la baignoire. Couverte d'une bâche et fixée aux ridelles de la charrette par des cordes entrecroisées, elle n'a pas bougé. Jusque-là, Klim a profité de la légère pente. Maintenant il aborde le plat. Après avoir repris sa respiration, il crache dans ses mains et empoigne de nouveau les brancards. Un harnais de chanvre passe sur sa poitrine. Il tend le cou.

— En route, dit Vissarion.

Klim tire la charge, les épaules bandées, la tête en avant, comme un batelier de la Volga halant une barge. Ses pieds glissent sur les pavés gras. La Seine, en se retirant, a laissé dans les rues une mince pellicule de vase. Bien que les services de nettoiement aient balayé les détritus, raclé la chaussée, débouché les égouts, la ville se souvient encore d'avoir été inondée. Toutes les pierres sont humides. Un âcre relent de cave monte du sol imbibé. Les maisons, salies à la base, ont rouvert portes et fenêtres pour s'assainir. L'air est doux et moite, gorgé de vapeur. On respire mal. Vissarion marche à côté de la charrette et la pousse symboliquement d'une main. L'émail de la baignoire luit par les fentes de la bâche. Ils contournent la place de la Concorde. Lancées dans une course folle autour de l'obélisque, toutes sortes de voitures les frôlent et les dépassent. Tantôt c'est un fiacre qui les enveloppe d'un bruit de sabots et de gourmettes, d'un parfum de crottin et de cheval chaud, tantôt c'est une automobile pétaradante qui les corne et leur pousse au visage son odeur d'essence brûlée. Au débouché de l'avenue des Champs-Elysées, Vissarion craint que le flot des véhicules déferlant de l'Etoile ne les prenne à revers et ne les emporte. Des cochers tirent sur leurs guides et crient du haut de leur siège :

— Attention ! eh ! andouille !

— De quel trou sort-il, celui-là ?

— Tu te grouilles, pépé ?

Vissarion chuchote en russe, avec irritation :

— Qu'est-ce que tu attends, Klim ? Tu vois bien que tu bloques tout !...

Klim tend le jarret et accélère l'allure. Pendant une minute il va si vite, que Vissarion a de la peine à le suivre. La traversée du pont de la Concorde s'opère d'un seul élan. Boulevard Saint-Germain, Klim doit s'arrêter pour reprendre son souffle. Vissarion en profite pour s'asseoir sur un banc. Pourvu que Klim tienne jusqu'à la rue de l'Estrapade ! La montée vers le Panthéon sera dure. Mais les moujiks sont infatigables. Ce qu'une bête de somme ne ferait pas, ils l'accomplissent avec le sourire. Pour l'instant, c'est lui, Vissarion, qui est harassé. Les épaules appuyées au dossier du banc, il prend son pouls. Un marchand de journaux passe en criant : « *La Patrie ! La Presse !*... » D'autres journaux palpitent à la devanture d'un kiosque. Toutes les affiches, lavées et arrachées par la crue, ont déjà été remplacées sur la palissade d'un immeuble en construction. Machinalement Vissarion absorbe des réclames aux couleurs criardes pour la « Bière du Lion », le « Chocolat Menier » ou les triporteurs « Blotto frères ». « Ce soir, je prendrai un bain », songe-t-il avec volupté. Et il se remet sur ses jambes.

— On y va ? demande Klim.

Ils repartent. Klim tire, arc-bouté, de toutes ses forces, et Vissarion, derrière lui, appuie des deux mains sur une ridelle. Ils longent le trottoir pour ne pas gêner l'évolution rapide des équipages. Des passants les regardent avec curiosité. Klim a ôté son chapeau. Ses cheveux gris lui pendent sur la figure.

— Tu veux t'arrêter encore ? dit Vissarion.

De la tête, Klim fait signe que non. Un inconnu, que Vissarion a déjà remarqué plusieurs fois au Quartier latin, marche depuis un moment à leur hauteur. Il est court sur pattes, avec un nez cassé, une moustache en brosse et un chapeau melon enfoncé sur les oreilles. Comme ils arrivent au croisement du boulevard Saint-Germain et du boulevard Raspail, il leur coupe la route, tire de sa poche un carton grisâtre, et dit à voix basse :

— Police. Que transportez-vous là-dedans ?

Frappé de terreur, Vissarion s'adosse à la charrette. Son menton vibre. Ses mollets s'en vont. Tout recommence comme à Moscou, comme à Saint-Pétersbourg. Il a envie de répondre en russe. Avec effort, il dit en français :

— Une baignoire.

— Montrez.

Sur un ordre de Vissarion, Klim dénoue les cordes et retire la bâche. L'homme jette un regard à l'intérieur de la baignoire, contourne la charrette, se baisse pour inspecter le dessous du plateau.

— Vos pièces d'identité, dit-il ensuite.

Vissarion lui tend son passeport et celui de Klim, ainsi que les récépissés de la Préfecture de police. Le regard de l'homme s'appesantit sur les papiers, il les tourne, les retourne, note quelque chose dans son calepin.

— Bon, dit-il en rendant les passeports et les récépissés, vous pouvez aller.

Klim s'attelle, avec une ardeur redoublée, dans les brancards. Vissarion lui emboîte le pas. Au bout d'une trentaine de mètres, il ne peut tenir et se retourne. Le policier ne les a pas suivis. Alors un soulagement se fait en Vissarion, si brutal qu'il se retrouve assis sur un banc, une main glissée dans son gilet, la bouche ouverte.

— Ça ne va pas, Vissarion Vassiliévitch ? demande Klim en s'arrêtant.

— Si, si, au contraire ! dit Vissarion.

Et une joie orgueilleuse l'envahit. Comme si ce policier lui avait, en le soupçonnant, rendu sa jeunesse.

— Qu'est-ce qu'il nous voulait, cet homme ? demande Klim.

— C'est un mouchard. Je l'avais repéré depuis quelque temps !

— Il y a donc aussi des mouchards en France ?

— Evidemment ! La police est partout la même. Tout étranger est suspect à ses yeux. Les mouchards français nous surveillent à la demande du gouvernement russe. Mais ils ne peuvent rien contre nous, tant que nous ne troublons pas l'ordre public. Ah ! si nous avions transporté de la dynamite dans la baignoire, les choses ne se seraient pas terminées ainsi !...

Klim rit en s'essuyant le visage avec sa manche :

— Qui est-ce qui transporterait de la dynamite à travers Paris ?

— Cela se fait ! Et plus que tu ne le crois. Des camarades préparent à Paris, à Genève, à Zurich, à Berlin, les bombes que d'autres camarades jettent en Russie...

— Quand Stépan Alexandrovitch saura que nous avons été interrogés par un policier... !

— Ne t'avise pas de le lui dire, idiot ! Il serait trop content de nous reprocher notre imprudence !

La suite du boulevard Saint-Germain se laisse avaler par petites étapes. Les vraies difficultés ne commencent qu'en tournant dans le boulevard Saint-Michel. La côte, à cet endroit, se raidit sensiblement. Déjà fatigué par une longue marche, Klim tire, à rudes saccades, sur les brancards. La charrette roule mal, tangue et grince. Vissarion est obligé de pousser ferme par-derrière. La bâche a glissé, découvrant les flancs luisants de la baignoire. A chaque arrêt, il faut caler les roues avec des bouts de bois. Klim halète, les yeux saillants, les veines du cou gonflées. La sueur ruisselle dans les plis de son visage. Et s'il ne pouvait plus repartir ? Vissarion s'affole à l'idée de rester en plan avec sa baignoire. Mais cette fois encore, Klim arrache la charge avec un han ! de toute la poitrine. Les roues tressautent, la caisse craque. Vissarion observe Klim avec une inquiétude croissante. En arrivant à la hauteur de la rue Racine, ils sont rejoints par un groupe d'étudiants français hilares :

— Eh ! les gars, les Burgraves déménagent !

Entouré d'exclamations rieuses et de folles grimaces, Vissarion ne sait plus quelle contenance prendre : se fâcher, feindre de goûter la plaisanterie, demander un coup de main ? Klim gesticule et grogne des injures en russe contre ces jeunes diables sautillants. L'un d'eux demande :

— Où allez-vous comme ça ?

— Rue de l'Estrapade, dit Vissarion.

— On va vous aider !

Bousculant Klim, deux gaillards se saisissent des brancards, trois autres poussent sur les ridelles, et les voici partis au trot, dans la côte. Tout en courant, ils font des cabrioles pour amuser les passants. La baignoire bondit sur les pavés inégaux. Les cordes vont lâcher. Ce sera la glissade, la chute, l'écrasement, la fin d'un rêve.

— Pas si vite ! Pas si vite ! crie Vissarion.

Mais on ne l'écoute pas. Klim se rue, à petits pas fléchissants, derrière les forcenés. Vissarion les suit, à distance. En passant devant le café « d'Harcourt », il craint que des Russes, attablés à l'intérieur, ne le voient pourchassant sa baignoire au milieu des voitures. La peur du ridicule le ramène sur le trottoir. Déjà les étudiants attaquent la montée de la rue Soufflot. En cours de route, ils racolent des camarades. Klim ne peut plus rien contre cette cohorte toujours grossie, qui l'empêche d'approcher de la charrette. Encore un peu, et la procession se transformera en monôme. Découragé, Vissarion ralentit le pas. Quand il débouche enfin rue de l'Estrapade, les étudiants ont disparu ; la charrette est arrêtée le long du trottoir ; et Klim détache les cordes qui maintenaient la baignoire à poste.

— Ils ont été très gentils, dit-il. Mais je ne comprends pas pourquoi ils riaient tout le temps ! Qu'est-ce que ça a de drôle, une baignoire sur une charrette ? C'est vrai qu'ils sont jeunes...

— Ils sont surtout français, dit Vissarion. Tu aurais dû les retenir pour nous aider à monter la baignoire au quatrième !

— Dieu sait comment ils l'auraient fait, ces sauvages ! On pourrait demander aux Brioussoff.

C'est aussi l'opinion de Vissarion. Par chance, les Brioussof sont chez eux ; Marc peint toujours ses couvercles de boîtes. Zina tricote des chaussons. Elle est au dernier mois de sa grossesse. Impossible de compter sur elle pour un effort. Mais son mari est solide. Il tourne autour de la baignoire, la soupèse d'un regard clinique, et décide d'appeler le concierge à la rescousse. M. Dubuc reconnaît, lui aussi, que c'est « une belle pièce ». Mais passera-t-elle dans l'escalier ? On mesure. Tout juste ! Marc retire sa veste. La concierge dit :

— Faudrait peut-être des cordes !

— Non, tranche M. Dubuc. T'occupe pas... A la main, comme ça...

Il roule des épaules. Sa force lui gonfle les narines.

— Vous êtes prêt, Klim ? demande Marc. Oh ! hisse !

A trois, ils soulèvent la baignoire. Les genoux

126

de Klim faiblissent. Il s'appuie d'une main au mur.

— Reposez ça, Klim, dit Marc. C'est trop lourd pour vous. Nous allons demander au fils des Tomachevsky...

Une expression d'offense et de tristesse marque le visage de Klim. Il ne lâche pas la baignoire. Sa mâchoire se durcit, son front descend en gros replis sur ses yeux clairs. Vissarion l'observe un instant et reporte son regard sur Marc avec une souveraine ironie. Que va-t-il se figurer, ce jeunet ? Klim fatigué ? Klim atteint de vieillesse ? C'est bon pour les intellectuels de céder à l'usure du temps !

— Vous ne voulez pas ? demande Marc.

— Non, dit Klim. Elle n'est pas si lourde que ça, quand on sait la prendre !

— Alors passez devant.

— Si vous préférez...

Klim se hisse, marche après marche, serrant à deux mains le rebord de la cuve blanche. Derrière lui, Marc et M. Dubuc supportent le poids de la baignoire sur leurs épaules et la maintiennent en équilibre de leurs quatre bras crispés. Montant l'escalier sur leurs talons, Vissarion regrette de n'être pas plutôt passé en tête. Si jamais l'un d'eux fait un faux pas ou lâche prise, c'est lui qui recevra la baignoire en pleine poitrine. Sa crainte augmente à mesure que les porteurs donnent des signes d'épuisement. Il les encourage à mi-voix en français et en russe :

— Très bien !... Là !... Le plus difficile est fait !... Ripez à droite !... A gauche maintenant !...

Leurs piétinements et leurs ahanements attirent des locataires sur le pas de leur porte. Sans doute est-ce la première fois qu'un pareil événement se produit dans l'immeuble. D'un étage à l'autre, Vissarion donne des explications sur un ton d'excuse :

— C'est une occasion que j'ai eue... Mais oui, pour rien... Autrement vous pensez bien que jamais, jamais...

M. Morskoï grogne :

— Toujours les mêmes qui perturbent l'ordre de la maison !

Il rentre chez lui et claque la porte.

Mme Tomachevsky, en peignoir vieux rose, soupire avec admiration :

— Ils vont se tuer !

En levant les yeux, Vissarion distingue Stiopa, qui penche par-dessus la rampe un visage de fureur silencieuse. On dirait un guerrier du Moyen Age, juché au sommet de son château fort et prêt à repousser du pied l'échelle des assaillants. A mesure que le groupe se rapproche du but, Vissarion mesure mieux la folie de son entreprise. Plus que quelques marches. Stiopa ne bronche toujours pas.

— Et voilà ! dit Vissarion en accédant au palier derrière Klim, Marc et M. Dubuc. Tu vois, Stiopa, qu'on y est arrivé tout de même !

— Ridicule ! marmonne Stiopa.

Vissarion fait mine de ne pas entendre et, précédant les trois porteurs dans l'appartement, dégage le chemin jusqu'au cabinet de toilette :

— Par ici !... Attention au coin de la table !... Un peu plus à gauche !... Ne la cognez pas, mon Dieu !...

La démolition de la caisse à charbon a laissé,

dans l'angle du cabinet de toilette, une large tache noire, de forme rectangulaire, que plusieurs lessivages n'ont réussi qu'à atténuer. Quant à la place libérée par l'enlèvement des planches, elle est si mesurée qu'une extrémité de la baignoire s'encastre sous le lavabo, alors que l'autre extrémité s'insère, au millimètre près, sous un placard en saillie. Mais même mal casé et d'un accès difficile, le meuble a grande allure, avec son joli rebord incurvé, ses flancs blancs émaillés et ses pattes griffues. Un sentiment de luxe et de triomphe dilate la poitrine de Vissarion. Il s'adosse au mur, plisse les yeux et admire.

La nuque appuyée au bord supérieur du lavabo, les pieds au bord opposé de la baignoire, Vissarion ouvre les jambes, les referme et s'amuse des vaguelettes que ce mouvement provoque autour de ses genoux. La baignoire n'est remplie qu'à moitié ; il a fallu près d'une heure pour chauffer l'eau et la transporter ; il faudra aussi longtemps, chaque fois, pour écoper, tant que le système de vidange n'aura pas été installé par le beau-frère de M. Dubuc ; pourtant, même sous cette forme primitive, la possibilité de prendre un bain enchante Vissarion. Ses muscles se détendent dans la tiédeur fluide qui le caresse de toutes parts. La vapeur qui ternit le miroir pénètre aussi ses idées. Il regarde le plafond craquelé où perlent des gouttes, le coin du mur où se voient encore des traces de charbon, et sa richesse le comble. Sans nouvelles de Dimitri, il n'en attend pas moins son arrivée pour un prochain jour. Cette conviction, qui ne se fonde sur rien, couronne son plaisir. Tout s'arrange dans sa vie avec une onctuosité savonneuse. Il essaie de se rappeler le visage de Dimitri, mais c'est si loin, les lignes se chevauchent, un œil flotte dans un lacis de traits mouvants, une voix enrouée sort du passé avec un bruit de chaînes, deux grandes mains hâlées tripotent des cartes sales : « Choisis une carte, remets-la dans le paquet, pense très fort à la couleur... Je bats les cartes... » Sur le point de s'assoupir, Vissarion se redresse. Les bains prolongés sont mauvais pour la santé. Surtout à son âge. Mais il n'a pas d'âge ! Il est Vissarion, l'immuable, l'irremplaçable, l'indestructible Vissarion. L'eau refroidit. Il en sort, frissonnant, les reins inquiets, les genoux raides. Comme il est maigre ! Des os saillants. Quelques taches brunes sur les avant-bras. Trois poils gris au creux de la poitrine. Il jette une serviette pelucheuse sur ses épaules, se sèche entièrement, mouille d'eau de Cologne sa calvitie et songe à appeler Klim pour un massage. Mais ce serait trop. Une autre fois. Pour l'instant, il a hâte de voir la tête de Stiopa. Rhabillé en un clin d'œil, il rentre dans la salle à manger.

— Que la vapeur du bain te soit légère, lui dit Klim en posant un parapluie qu'il vient d'acheter.

Stiopa tient un journal, déplié avec ostentation, devant son visage. Les feuilles ne bougent même pas.

— Tu peux aller vider la baignoire, Klim, dit Vissarion. Et tu essuieras par terre. Je crois que la bonde laisse passer un peu d'eau. En tout cas, c'était merveilleux !

Il fait exprès de donner ces détails pour électriser l'atmosphère. Son vis-à-vis lui lance un regard de haine par-dessus le journal, puis reprend sa lecture. Et Vissarion comprend que le véritable plaisir du bain, ce sera toujours, pour lui, la colère muette de Stiopa.

DEUXIÈME PARTIE

1

« La libération définitive, il était trop tôt pour y rêver ; mais nous espérions tous la libération conditionnelle, avec envoi en colonie pénitentiaire. Là, les prisonniers pouvaient, disait-on, s'installer, avec femmes et enfants, hors de la prison, dans des habitations qui leur étaient désignées. Ils continuaient à répondre à l'appel et à exécuter différents travaux commandés par l'administration. Ainsi ils étaient presque des hommes normaux. Condamnés pour vingt ans, nous devions, d'après nos calculs, faire sept ans de prison effective. Mais, les sept ans passés, on nous a laissés à Akounaï, à cause du manque de place dans les colonies pénitentiaires. Enfin, le 7 septembre 1891, le capitaine Touzoff nous a annoncé, au bartchouk, à Stépan Alexandrovitch et à moi, que nous figurions sur la liste des libérés conditionnels et que nous serions expédiés dans la localité de Nijniaïa-Kara. Je m'étais tellement habitué à la prison, qu'en la quittant j'ai eu de la tristesse et même de la peur. Que serait cette demi-liberté au milieu de gens qui nous étaient inconnus ?

« J'avais tort de m'inquiéter. Au bout de notre

route, nous sommes tombés sur une bourgade accueillante. Les maisonnettes des libérés conditionnels se trouvaient non loin de la grande prison. De simples bicoques, où l'on s'installait en famille ou par groupes d'amis. Celle qui nous était réservée, à Vissarion Vassiliévitch, à Stépan Alexandrovitch et à moi, était en bois si vermoulu que les clous ne tenaient pas dans les planches. Nous l'avons rafistolée, tant bien que mal. Une seule pièce, et le four au milieu. Des bat-flanc. Une table. Une lampe à pétrole. Le paradis ! Nous étions chez nous. Plus de gardiens pour nous enfermer le soir et nous surveiller par le trou de la serrure. Plus de chambrée bruyante, où il est impossible de s'isoler pour prier ou pour lire. Plus de chaînes, plus de crânes rasés. Nous avions le droit de nous habiller comme nous voulions, nous pouvions recevoir des livres, des lettres, écrire nous-mêmes. Matin et soir, un surveillant de la prison passait dans toutes les maisons, et les libérés conditionnels signaient le registre de présence. Un bataillon de cosaques à pied et un escadron de cosaques à cheval tenaient garnison à Nijniaïa-Kara pour assurer l'ordre. Il était interdit de s'éloigner à plus de dix verstes de la localité. On nous employait, selon les saisons, soit à des travaux de terrassement, soit à la fenaison, soit à la coupe du bois, en forêt. La nuit, quand nous refermions la porte, je n'étais pas tranquille, car je pensais à tous les voleurs, à tous les assassins qui habitaient autour de nous. Mais nous n'avons jamais été inquiétés par eux. Je me rappelle notre voisin de cabane, un nommé Pavlenko, qui avait saigné et dévalisé toute une famille de marchands nomades. « Et moi, si tu me trouvais dans un endroit écarté, me saignerais-tu aussi ? » lui ai-je demandé. Il m'a répondu en riant : « Si je savais que tu as de l'argent sur toi, oui ! Mais il ne faut jamais tuer sans raison sérieuse ! Autrement, Dieu n'est pas content. » Ce Pavlenko faisait, à l'époque, un trafic dangereux. Il achetait de « l'or volé » et le revendait à des passeurs qui le transportaient en Chine. Il faut dire que, dans la région, nombreux étaient les paysans et les anciens prisonniers qui allaient sur les bords de la Kara avec une pelle et un cuveau en bois pour le lavage de l'or. L'eau charriait tant de paillettes, qu'avec de la chance on pouvait se faire un ou deux roubles de poudre d'or par jour. Cette pratique était rigoureusement interdite puisque l'or appartenait à l'Etat. Mais les fonctionnaires fermaient les yeux. D'après le bartchouk, ils y trouvaient eux-mêmes leur intérêt.

« Un jour, le bruit se répandit que Alexandre III allait publier un manifeste à l'occasion du voyage en Sibérie de l'héritier du trône. Ce manifeste, disait-on, accorderait la grâce à de nombreux condamnés. Mais les semaines passaient, la nouvelle ne se confirmait pas, et Vissarion Vassiliévitch et Stépan Alexandrovitch perdaient confiance. Ils parlaient souvent entre eux de ce tsar au caractère despotique, qui avait réduit les révolutionnaires au silence. Moi, je pensais dans ma tête : c'est drôle que Alexandre III, qui est contre toutes les réformes, poursuive son règne tranquillement, alors que son père, Alexandre II, le libérateur des serfs, a été traqué sa vie durant par les terroristes et est mort déchiqueté par une bombe. Est-ce que le peuple russe ne comprendrait que le bâton ?

« Quand l'héritier du trône est enfin arrivé en

Sibérie, les fonctionnaires ont eu si peur pour sa vie, qu'ils ont remis en prison, pour un temps, tous les détenus des colonies. Nous avons donc été enfermés, nous aussi, pendant que le grand-duc Nicolas Alexandrovitch et sa suite parcouraient en voiture la route sibérienne. Deux jours après son passage, on nous a relâchés. Et nous avons recommencé à attendre le manifeste. Plus d'un an s'est écoulé. Enfin le directeur de la prison de Nijniaïa-Kara nous a fait savoir que, d'après les dispositions impériales, une moitié des détenus seulement bénéficieraient de légères réductions de peine. Nous faisions partie de l'autre moitié. La désillusion a été dure pour le bartchouk et pour Stépan Alexandrovitch. Ils avaient déjà oublié la joie que nous avions eue en nous installant dans la colonie pénitentiaire. Maintenant, ici aussi, la vie leur paraissait monotone et inutile. Ils discutaient de nouveau politique ; ils disaient que la cause avait « subi une éclipse », mais que, tôt ou tard, le combat reprendrait.

« Au début du mois de novembre 1894, nous avons appris la mort du tsar Alexandre III, et, aussitôt après, deux manifestes ont été publiés : l'un pour le mariage du tsar Nicolas II, l'autre pour son couronnement. Par le premier manifeste, la durée totale de notre peine était réduite d'un tiers. Le second manifeste ramenait à cinq ans le délai pour passer de l'état de banni à celui de simple paysan. Aucune de ces mesures ne satisfaisait Vissarion Vassiliévitch et Stépan Alexandrovitch. Plus on améliorait leur sort, plus ils avaient envie d'être « des citoyens libres dans un pays libre ».

« En décembre 1896, le maire de Nijniaïa-Kara est venu nous demander de participer aux opérations de recensement qui devaient avoir lieu dans toute la Sibérie. On manquait de « volontaires qualifiés » pour cette campagne. Le président du district, ayant entendu parler de nous comme les seuls gens instruits de la colonie pénitentiaire, avait eu l'idée de nous embaucher. Vissarion Vassiliévitch et Stépan Alexandrovitch ont accepté, le directeur de la prison a donné son accord et, du jour au lendemain, nous trois, anciens criminels politiques, sommes devenus des fonctionnaires allant de village en village pour compter les habitants. Notre travail a été apprécié par les autorités locales. Ça m'a fait plaisir qu'on reconnaisse nos mérites. Je me suis dit que si, au lieu d'imprimer des tracts et de jeter des bombes, nous avions travaillé dans l'administration nous serions peut-être riches et considérés. Mais il est facile de critiquer après coup, lorsque toutes les cartes sont sur la table. Si Dieu nous laissait moins de choix, sans doute ferions-nous moins de bêtises. Quand trop de routes partent d'un même carrefour, bien malin celui qui ne se trompe pas ! C'est pourquoi on peut dire que la condition de serf avait, malgré tout, du bon. »

2

— Combien avais-tu dans ton porte-monnaie ? demande Stiopa.

— Tout ce que m'avait donné M. Collot, dit Vissarion.

— Quoi ? Les vingt francs... les vingt francs de la commande ?

— Oui. Quatre pièces de cinq francs. Plus quelques sous...

— Mais comment as-tu pu... ?

— Je suis sûr que j'avais encore mon porte-monnaie dans l'autobus, puisque je l'ai sorti pour payer ma place... Ce doit être en descendant au Palais-Royal, ou un peu plus tard, en marchant dans la rue...

Stiopa se laisse tomber sur une chaise, comme si deux mains invisibles pesaient sur ses épaules. Klim se tourne vers la cuisine et trace un signe de croix en regardant l'icône. Il y a un silence pétrifiant, où l'idée de la catastrophe s'installe. Puis Vissarion retourne la poche droite de son pantalon et en montre la déchirure.

— C'est à cause de ce trou, dit-il. Tu aurais tout de même pu faire attention, Klim !

— Oui, oui, bien sûr ! s'exclame Klim avec

empressement. Je n'ai pas vérifié en brossant tes vêtements, ce matin ! J'aurais dû...

— Tais-toi ! dit Stiopa. Il faut toujours que tu rampes devant Vissarion !

— Je ne rampe pas, Stépan Alexandrovitch. Je raisonne sans colère. Perdre un porte-monnaie, ça aurait pu t'arriver tout comme à lui...

— Non, vocifère Stiopa, parce que moi, je connais la valeur de l'argent ! Je n'aurais pas fourré mon porte-monnaie dans une poche percée ! Je l'aurais tenu serré dans mon poing jusqu'à mon arrivée ici ! J'aurais préféré crever plutôt que de me présenter à mes camarades les mains vides !

Accablé, Vissarion baisse la tête et soupire :

— Je suis impardonnable ! Je voudrais me pendre !...

— Si seulement tu pouvais le faire ! crie Stiopa avec hargne. Nous serions débarrassés d'un incapable !

Il s'arrête une seconde, paraît frappé d'une illumination et rectifie :

— Non, pas d'un incapable : d'un gâteux !

Vissarion sursaute et sa bouche se met à trembler. Il regarde alternativement Klim et Stiopa, comme s'il était le témoin navré et impuissant de la bataille qui se livre en son nom.

— Christ te pardonne, Stépan Alexandrovitch ! dit Klim. Comment peux-tu dire... ?

— Je le dis parce que c'est la vérité ! Vissarion est un poids mort dans notre association ! Il nous coûte cher quand il ne fait rien, et encore plus cher quand il se mêle de nous rendre service !...

Un rugissement l'interrompt. Les deux poings

levés au-dessus de sa tête, Vissarion trépigne et hurle d'une voix hystérique :

— Je te tuerai ! Je te tuerai !

Klim se rassure : il n'est plus question de porte-monnaie perdu ; les griefs généraux résurgissent à point nommé ; on retrouve le ton des disputes habituelles. Après avoir crié, Vissarion s'effondre sur une chaise et cache son visage dans ses mains.

— Monstre ! Vampire ! gémit-il. Toute ma vie... tu as gâché toute ma vie !...

La tête inclinée, un sourire sarcastique aux lèvres, Stiopa tourne le bras dans le vide, comme s'il actionnait la manivelle d'un orgue de Barbarie. Exaspéré par cette mimique insolente, qu'il observe entre ses doigts, Vissarion se découvre soudain, hausse le ton, cherche le mot qui blesse :

— Ricane !... Ricane tant que tu veux, mais les faits sont là !... Personne, à part moi, ne pourrait te supporter !... Ta sœur Ida était une sainte !... Mais elle-même se plaignait de toi !... Tu l'as torturée !...

Stiopa ne rit plus. Il a saisi un parapluie à demi terminé et marche, livide, sur Vissarion.

— Tu l'as empêchée de s'épanouir ! poursuit Vissarion d'une voix mal assurée. Tu l'as poussée au désespoir !...

De toutes ses forces, Stiopa tape avec le parapluie sur le coin de la table. Le parapluie se casse en deux dans sa main. Arrachant les panneaux de soie, les baleines, il brandit le tronçon de manche.

— Ah ! c'est comme ça ! dit-il. Ah ! c'est comme ça !...

Et il fait encore un pas en avant. Klim se précipite et le ceinture. Stiopa se laisse désarmer et s'adosse au mur, les bras ballants. Toujours affalé sur sa chaise, Vissarion se prend le pouls entre deux doigts. Il halète en comptant à voix basse. Klim va chercher un verre d'eau à la cuisine.

— Veux-tu de la valériane ? demande-t-il.

— Non, dit Vissarion. Ça va mieux.

Il boit à longs traits. Le tonnerre s'éloigne. Dans le calme revenu, Stiopa dit d'une voix sourde :

— Et il a fallu que ça t'arrive au moment où nous avons le plus besoin de notre argent ! Que Dimitri Tarkhanoff débarque demain, et nous aurons à peine de quoi le nourrir !

— Il ne débarquera pas demain, dit Vissarion. Il ne débarquera jamais. Depuis un an que nous nous desséchons à l'attendre...

— Tu dis ça parce que ça t'arrange !

— Ce serait plutôt toi que ça arrangerait ! En fait, tu n'as jamais réellement souhaité l'arrivée de Dimitri. Qui a eu l'idée de le faire venir, toi ou moi ?

— La question n'est pas là !

— Si, Stiopa, justement !... Toi, tu as peur qu'en s'installant ici il ne te porte ombrage, qu'il ne te supplante !...

Pressentant une reprise de la querelle, Klim intervient :

— Sais-tu à quoi je pense, Vissarion Vassiliévitch ? Ce porte-monnaie qui a glissé de ta poche, il traîne peut-être encore quelque part. Nous devrions refaire le chemin en sens inverse, regarder partout...

Vissarion paraît interloqué par cette suggestion. Il ajuste ses lunettes sur son nez et murmure :

— S'il est tombé dans la rue, quelqu'un l'a déjà ramassé.

— Et s'il est tombé à un endroit peu passant, au pied d'un banc, par exemple, ou dans un caniveau... ?

— Ton cher Vissarion est trop paresseux, dit Stiopa. Il préfère sacrifier vingt francs plutôt que de se fatiguer à retourner sur ses pas !

— Viens, Klim ! dit Vissarion en se levant brusquement.

Klim descend l'escalier derrière lui. Dans la rue, Vissarion avance lentement, le regard au sol, et marmonne :

— Voyons, je suis bien passé par là... Je marchais au bord du trottoir... J'ai traversé à cet endroit... Oui, oui...

En fait, il est moins attentif à la configuration du trottoir qu'à cette petite douleur dans la plante de ses pieds. Il ne se doutait pas qu'il aurait à ressortir, lorsqu'il a glissé l'argent au fond de ses bottines. Les pièces de monnaie s'impriment à chaque pas — oh ! très légèrement — dans sa chair. Parfois l'une d'elles se déplace, glisse vers le talon ou vers la naissance des orteils. Il boitille. Klim demande :

— Tu as mal à ta hanche, Vissarion Vassiliévitch ?

— Non, non, ça va, dit Vissarion en s'appuyant lourdement sur sa canne.

Un peu plus loin, il s'assied sur un banc et bouge ses pieds, par brèves secousses, pour essayer de replacer les pièces sous la voûte plantaire, où il les sent moins. En même temps, il pense que, dans l'ensemble, les choses ont marché rondement. Certes, il déplore d'en être réduit à un pareil expédient. Mais tout est de la faute de M. Collot, qui a refusé d'attendre plus long-temps pour le remboursement de son prêt. Depuis un an, Vissarion ne lui a rendu que deux francs cinquante sur les dix francs empruntés pour l'achat de la baignoire. Les Français sont près de leurs intérêts. Celui-ci a exigé de retenir les derniers sept francs cinquante sur la somme due pour les parapluies. Une seule solution pour masquer ce trou dans les comptes : la perte simulée de l'argent. Pour donner plus de vraisemblance à l'histoire, il a fallu aussi se débarrasser du porte-monnaie. Vissarion l'a jeté dans une bouche d'égout : il ne va pas regretter cette vieille pochette de cuir au fermoir cassé ! Avec un soupir, il se remet debout et reprend sa marche. Klim, à côté de lui, chasse avec sérieux, tel un chien flairant une piste. Son regard balaie l'asphalte par bandes parallèles. Soudain il s'écrie :

— Là, sous le banc !

Vissarion feint l'étonnement et se précipite : ce n'est qu'un torchon graisseux, roulé en boule. Il se désole avec une sincérité instantanée comme s'il s'attendait réellement à retrouver son bien. Dans les jardins du Louvre, il s'écrie à son tour :

— Regarde !... Près du socle de la statue !...

— Non, dit Klim en retournant du pied un petit moule pour pâtés de sable.

Vissarion s'assied de nouveau sur un banc pour reposer ses pieds. Cette fois, il a très mal. Il remue ses orteils au-dessus de sa richesse. Sa conscience est si claire, qu'après cinq minutes de répit il repart gaillardement pour la dernière étape. Place du Palais-Royal, Klim se rend à l'évidence : le porte-monnaie est introuvable. Les deux hommes rebroussent chemin sans plus échanger un mot.

A la maison, Stiopa les accueille derrière un journal déployé. Le dîner est sinistre. Pour inaugurer l'ère de l'austérité, Klim a préparé des macaronis à l'eau. Stiopa les avale en les aspirant ; ils se tortillent comme des vers blancs avant de disparaître dans sa bouche. Son regard est opacifié par une épaisse rancune. La plaque d'eczéma s'est élargie aux commissures de ses lèvres. Un de ces jours, pense Vissarion, elle se craquellera, elle saignera, ce sera horrible !

La table desservie, Stiopa se rend aux cabinets, clefs en main et journal sous le bras. Vissarion en profite pour se réfugier dans sa chambre et vider ses bottines. Il sait déjà où il cachera l'argent. La partie inférieure de sa table de nuit comporte un panneau de bois à demi pourri, que l'on a recouvert d'une planchette neuve, afin de recevoir le pot de chambre. Entre ces deux planchettes, s'ouvre un interstice juste assez grand pour y glisser les pièces de monnaie. Vissarion les pousse une à une, tout au fond, s'accroupit et regarde : impossible de rien voir dans cette fente étroite. Il respire un vague relent d'urine et se relève satisfait. Douze francs cinquante. Une fortune. De quoi se payer des montagnes de babas au rhum, dix repas dans un restaurant russe bon marché, une loge à l'Opéra... Il sourit à ces festivités clandestines et retire ses chaussettes. De larges taches roses marquent la plante de ses pieds. Mais il n'y a pas d'écorchure. Il se masse les orteils, la voûte plantaire, le talon, à pleins doigts, soupire d'aise, chausse ses pantoufles et passe dans le cabinet de toilette pour se laver les mains.

★

La commande est urgente : à trois ils iront plus vite. Pendant que Klim fixe une virole à un manche, Vissarion et Stiopa, penchés sur d'autres parapluies, renforcent les articulations des branches avec des pastilles de tissu. Au vrai, ce travail très simple paraît encore au-dessus de leurs forces. De temps à autre, Klim leur jette un regard inquiet. Stiopa se tirerait d'affaire, à la rigueur, bien qu'il avance lentement. Mais Vissarion, le nez dans la membrure, coud rageusement, irrégulièrement, embrouille son fil, le noue, le casse, grogne que l'aiguille est trop fine, la perd, la cherche à ses pieds, doit la renfiler, ajuste ses lunettes, se tortille en visant le chas. Tant de maladresse émeut Klim comme la rançon d'une haute culture.

— Tu fais un travail de cochon, Vissarion ! dit Stépan Alexandrovitch.

— Tu n'as pas regardé le tien ! réplique Vissarion Vassiliévitch.

L'échange de piques se poursuit entre les deux hommes, sans troubler la quiétude de la maison. Par extraordinaire, la perte du porte-monnaie n'a pas donné lieu à d'autres scènes violentes. Après une protestation de pure forme, Stépan Alexandrovitch a accepté les restrictions imposées par le mauvais état des finances du groupe. Tout au plus lui arrive-t-il de pester, à l'heure des repas : « Encore des pâtes à l'eau ! Remercions Vissarion ! » Ou : « Combien de temps devrons-nous encore nous serrer la ceinture pour réparer la bévue de notre estimable camarade ? » Dans ces cas-là, Vissarion Vassiliévitch penche la tête avec un air de douleur impuissante qui fait peine à voir. Klim calcule qu'il leur faudra encore une quinzaine de jours pour se remettre à flot. En vérité, même maintenant leur trio ne lui semble pas tellement à plaindre. Quand il pense à l'ordinaire du bagne... ! Il sourit en contemplant Vissarion Vassiliévitch et Stépan Alexandrovitch crispés sur leur petite besogne de couture. Curieusement, il se sent plus âgé qu'eux, et plus sage. Il serait presque tenté de les juger. Il tressaille, conscient d'avoir franchi une ligne interdite. Et, aussitôt, il bat en retraite, il rentre dans le creux de sa condition. Mais Vissarion Vassiliévitch le provoque :

— Viens voir, Klim ! Ça va comme ça ?

Klim s'approche, regarde, hoche la tête. Le voici en terrain de compétence. Parmi les parapluies, il est roi. Il tranche. On l'écoute :

— Non, Vissarion Vassiliévitch, excuse-moi, ce n'est pas net. M. Collot ne serait pas content...

— Qu'est-ce que je te disais ? triomphe Stiopa.

— Toi non plus, Stépan Alexandrovitch, ce n'est pas net, dit Klim. Vous devriez me laisser faire, tous les deux. J'ai l'habitude !

— Tu n'auras jamais fini pour demain !

— Mais si, mais si !

Ils posent l'aiguille, comme à regret. Vissarion ouvre un journal ; Stiopa va chercher son manuscrit. Il se relit, la plume à la main, avec une satisfaction évidente. De temps à autre, il lève les yeux au plafond. Il réfléchit, il rêve, il reconstruit le monde. Vissarion le scrute d'un regard méprisant. Klim, qui a regagné sa place, en face d'eux, à l'autre bout de la table, se dit qu'il travaillera mieux maintenant qu'il n'a plus à les surveiller.

— Nous devrions tout de même redemander à Kostyleff, pour Dimitri..., dit Vissarion.

— Tu penses bien qu'il ne sait rien de plus ! dit Stiopa. Autrement il nous aurait prévenus...

— C'est anormal... Depuis si longtemps !... L'affaire a peut-être raté...

— Non, ça, je me refuse à le croire...

— S'il ne pouvait pas s'évader de Sibérie, ce serait... ce serait terrible ! soupire Vissarion.

— Terrible ! répète Stiopa.

Ils se regardent, saisis du même désarroi. Le silence s'installe entre les murs tapissés de papier jaune sale à rayures blanches. Dans chaque rayure, s'inscrit un rang de petites perles. Ce devait être très joli, quand c'était neuf. Maintenant les petites perles ont l'air d'une maladie de peau. Des taches d'humidité apparaissent sous le plafond. Autour de la porte, le papier s'est décollé. Pourtant Klim n'échangerait cette pièce contre aucune autre. Ici, on est en Russie. Aussi isolé du reste de l'univers que dans la mine d'Akounaï. Tout à coup il se rappelle le son léger des marteaux frappant la roche. La flamme d'une chandelle vacille dans l'air humide du souterrain. Un wagonnet arrive en grinçant. Combien d'années encore avant la libération conditionnelle ?

Au moment de commander un second baba au rhum, Vissarion est pris d'un délicieux remords. Tout à l'heure, en rentrant à la maison, il devra feindre le manque d'appétit devant le misérable déjeuner préparé par Klim. A l'idée de ses deux compagnons penchés sur quelque pâle ragoût, il n'en apprécie que mieux sa chance frauduleuse. Son regard se tourne, par intervalles, vers la porte, comme s'il craignait d'être surpris en flagrant délit de double vie. Le cœur battant vite, il tend la main et murmure :

— Encore un, mademoiselle.

3

Après un regard au tableau des arrivées, Stiopa et Kostyleff traversent le hall en direction du quai. Vissarion les suit péniblement dans la cohue. Sous l'immense verrière, stagne un faux crépuscule, fait de vapeur, de poussière et de suie. Un chariot chargé de bagages s'insère en sonnaillant dans la foule qui résiste. Passé la grille de l'embarcadère, c'est le vide, l'absence. Un trottoir désert s'allonge à perte de vue, avec les rails luisants couchés à côté, dans le creux.

— Toi qui avais peur d'arriver en retard !... ricane Stiopa en se tournant vers Vissarion.

Un train s'annonce, à l'autre bout de la gare, en sifflant. Le sol tremble.

— Combien avons-nous à attendre ? demande Kostyleff.

— Trente-trois minutes exactement, dit Stiopa. Remerciez Vissarion d'avoir pressé le mouvement ! Si on m'avait écouté...

— Quand il s'agit d'accueillir un camarade que je n'ai pas vu depuis vingt-cinq ans, je préfère courir le risque léger d'arriver en avance plutôt que celui — impardonnable ! — d'arriver en retard, dit Vissarion d'un ton sec.

— Bravo ! crie Stiopa. Comme il parle bien !
On devrait l'envoyer siéger à la Douma !

Vissarion hausse les épaules et s'assied sur un
chariot à bagages vide. Stiopa tire de sa poche
un quignon de pain, le fourre en bouche et le
mâche nerveusement. Ses lèvres remuent, ses
joues se bossellent, sa pomme d'Adam monte et
descend. Vissarion détourne la tête afin de ne
plus voir cette figure de caoutchouc. Pour se
tranquilliser, il se dit qu'avec Dimitri Tarkhanoff il aura un allié de poids dans la maison. En
Sibérie, Dimitri était presque toujours de son
côté dans les disputes. Il désarmait Stiopa par
son rire. Un rire jeune, large, franc comme une
entaille au couteau dans le pain. C'est miracle
que Kostyleff ait pu organiser cette évasion de
Russie. Alors que Vissarion avait abandonné tout
espoir, la Croix-Rouge politique de Paris a reçu
un télégramme chiffré des camarades de Berlin.
La date, l'heure d'arrivée, tout y était prévu. Et
cependant, Vissarion doute encore. Tant qu'il
n'aura pas vu la tête rude et rieuse de Dimitri
dominant la foule, il ne sera pas convaincu. Le
vacarme augmente. La lumière baisse. Peu à peu,
le quai se garnit de monde. Un cheminot traverse
la voie, torchon et pot de graisse à la main. Des
facteurs poussent leurs chariots sur le trottoir
encombré. Cette agitation annonce l'arrivée du
train plus sûrement que l'aiguille de la grande
horloge suspendue. Le cœur de Vissarion se met
à battre précipitamment. Il palpe la pomme de
terre dans sa poche. Pour lui, elle n'est pas seulement un remède contre les rhumatismes, mais
une défense contre le mauvais sort. Il déteste le
calme, l'indifférence de Stiopa, qui mastique toujours ses croûtons.

— Etes-vous sûrs de le reconnaître ? demande Kostyleff.

Un bruit de fer battu emporte la réponse de Vissarion. Sifflant et soufflant, une locomotive entre dans la gare. Des wagons défilent de plus en plus lentement. Le train s'arrête, lâchant par en dessous des jets de vapeur blanche. D'une extrémité à l'autre du convoi, les portières s'ouvrent sous la poussée des voyageurs. C'est comme un boyau qui se vide. En un clin d'œil, le quai disparaît sous un flot de têtes. Dressé sur la pointe des pieds, Vissarion interroge ce fleuve humain fait de mille visages. Le déferlement des nez, des bouches, des yeux, se divise autour de lui. Soudain, parmi la cohue, il remarque un balluchon qui s'en va au bout d'un bras très long. Un vrai balluchon russe, à la panse rebondie et aux coins fortement noués. Pas de doute possible sur la nationalité de son propriétaire. Vissarion, qui a laissé passer l'homme par inadvertance, le rattrape, le contourne, le regarde. Ce n'est ni celui qu'il attend ni un autre. Un fantôme de Dimitri, une sorte de Don Quichotte à la face maigre, parcheminée, au regard bleu flottant et à la barbe de filasse. Un feutre coiffe ses longs cheveux incolores.

— Dimitri ! hurle Vissarion, avec une brusque certitude où se mêlent joie et douleur.

Et il tombe dans les bras du nouveau venu. On s'embrasse par trois fois. Stiopa et Kostyleff arrivent à leur tour. Les accolades recommencent. Enfin on s'écarte, on s'observe. Vissarion s'efforce de cacher sa déception. Où sont les larges épaules de Dimitri, son teint hâlé, son rire éclatant ? Le bagne, la fatigue, l'âge semblent l'avoir usé jusqu'à la transparence. Il sourit par habitude et découvre sa bouche où deux dents manquent sur le devant.

— Et voilà ! dit-il. Et voilà !

Des larmes tremblent au bord de ses grosses paupières fanées. « Il a l'air aussi vieux que nous », pense Vissarion. Cette constatation qui devrait le navrer, puisqu'il comptait sur le robuste optimisme de Dimitri pour relever le moral des troupes, lui procure un secret plaisir.

— Vous n'avez pas tellement changé, tous les deux ! dit Dimitri.

— Un peu moins de cheveux tout de même, dit Vissarion, et un peu plus de rides !

— Et Klim ? Qu'est devenu Klim ?

Cette question surprend Vissarion. Que Dimitri se souvienne de Klim après tant d'années et s'enquière même de lui en premier, a quelque chose de choquant.

— Il vit avec nous, dit Stiopa. Tu le verras tout à l'heure, à la maison.

— Ah ! je suis bien content ! dit Dimitri.

Vissarion lui prend des mains une valise en carton bouilli entourée de ficelles, mais ne peut le décider à se séparer de son balluchon. Ils se dirigent vers la sortie. La visite de la douane est une simple formalité. Entre-temps, les becs de gaz ont été allumés sur tout le pourtour de la place. Au-delà des grilles, s'étale un univers d'ombre, ponctué de globes jaunes, et sillonné par des voitures dont les vitres lancent des éclats. Le bruit et le grouillement des abords de la gare paraissent effrayer Dimitri, qui se rapproche de Stiopa et de Vissarion. Kostyleff hèle un fiacre à roues caoutchoutées. Cela reviendra un peu plus cher que l'autobus mais, à quatre, on s'y retrouvera. Les voilà partis, au trot, dans le miroitement et le tintamarre des rues, où la nuit lutte avec mille lumières en cage.

— Je rêve ! dit Dimitri en portant les deux mains à ses tempes.

Vissarion cède à un sentiment d'orgueil, comme si toutes ces merveilles — magasins, fiacres, automobiles, becs de gaz, arbres en rang d'oignons — lui appartenaient en propre. De temps à autre, il nomme une rue, un monument, d'un ton de négligence royale. Il se donne même les gants de critiquer l'itinéraire suivi par le cocher.

— Par où passe-t-il, celui-là ? Il devrait prendre à gauche... Ah ! oui, il préfère descendre le boulevard... Ça se défend !...

— Entends-moi ce Parisien pur-sang, Dimitri ! grogne Stiopa. Encore un peu, et il se prétendra né à Montmartre !

— Klim aussi se débrouille bien à Paris ? demande Dimitri. « Encore Klim ! » pense Vissarion. Et il répond :

— A condition de ne pas dépasser le coin de notre rue !

— A-t-il appris le français ?

— Non, ce sont les Français qui ont appris le russe ! dit Stiopa dans un éclat de rire.

Dimitri, lui, ne rit pas. On pourrait croire qu'il a désappris l'usage de la plaisanterie.

— Bien entendu, vous restez dîner avec nous, Vladimir Pétrovitch, dit Vissarion.

Mais Kostyleff s'excuse : il doit assister à une importante réunion de la Croix-Rouge politique, ce soir. Vissarion feint le désappointement, par politesse, alors que ce refus l'arrange. Puis, comme Dimitri ne dit mot, il prie Vladimir Pétrovitch de remercier chaleureusement les camarades du comité, dont l'action généreuse a permis le transfert du camarade Tarkhanoff sur la « libre terre de France ».

Dimitri est toujours aussi peu loquace. A peine peut-on lui arracher quelques détails sur sa rencontre avec l'émissaire du comité, sa traversée de la Sibérie et son embarquement, muni de faux papiers, à Fusan, sur un navire allemand... Tout cela, il en parle d'un ton indifférent, presque ennuyé, comme s'il s'agissait d'un voyage banal, comme si l'essentiel était ailleurs. Au reste, note Vissarion, les expressions de son visage jouent à contretemps avec les discours qu'il tient. Ainsi, quand il décrit un événement heureux, son regard est chargé de tristesse, mais s'il évoque la souffrance, la fatigue, la désillusion, la mort, il accompagne ses propos d'un indéfinissable sourire. Ce sourire s'accentue lorsqu'il pose les yeux sur Klim. On dirait qu'il aime contempler cette face simple et ouverte de moujik. Souvent il achève une phrase par : « Tu entends ça, Klim ? » ou bien : « Eh oui, mon bon Klim, c'est ainsi ! » Tant d'attention dédiée à Klim agace Vissarion. De toute évidence, Dimitri, ayant longtemps vécu en Sibérie parmi des gens de basse condition, éprouve quelque difficulté à se replonger dans un milieu intellectuel. Inconsciemment, il prend appui sur des êtres rudimentaires pour avancer dans le monde qui sera désormais le sien. Il faut lui laisser le temps de s'acclimater. Il a refusé la vodka, il ne boit que de l'eau, et, comme il a de mauvaises dents, il préfère les aliments mous. De tout le repas, c'est le gruau de sarrasin qui lui a le mieux convenu. Deux pleines assiettes, avec un morceau de beurre. Maintenant il fume une cigarette française : du scaferlati.

— C'est fort, dit-il en toussant.

— Tu trouves ? dit Vissarion. Aurais-tu oublié l'herbe infecte que nous fumions à Akounaï ?

— Oui, oui, à cette époque, j'aurais donné ma chemise pour une pincée de tabac !...

— Tu n'avais pas besoin de ça, coupe Stiopa. Tu gagnais tout ce que tu voulais avec tes tours de cartes ! Rappelle-toi, même les gardiens t'en demandaient...

— En effet... Il y a si longtemps !...

— Tiens ! dit Vissarion en poussant un jeu de cartes vers Dimitri. Si tu veux t'essayer de nouveau...

Dimitri prend le paquet, le bat, mais ses doigts tremblent. Une carte tombe par terre. Il la ramasse et murmure :

— Non, c'est fini. Je n'ai plus la main.

— Ça reviendra, ça reviendra ! dit Vissarion avec une fausse gaieté.

Les yeux de Dimitri papillotent. La fatigue le prend. Vissarion lui-même, gagné par la somnolence, est enchanté de n'avoir pas à veiller plus longtemps. N'en déplaise à Stiopa, qui est un « couche-tard », les grandes conversations seront pour demain. Klim débarrasse la table et prépare une paillasse dans la salle à manger. Vissarion fait à Dimitri les honneurs du cabinet de toilette. On lui réservera un coin de l'étagère pour ses objets personnels. Et, au cas où il voudrait prendre un bain, rien de plus facile : on sortira les parapluies de la baignoire, on fera chauffer de l'eau... Heureusement il refuse. S'il avait accepté, quel remue-ménage ! Stiopa ironise, à son habitude, sur les goûts de luxe de son compagnon :

— Figure-toi qu'il a voulu absolument une baignoire ! On a mis la maison sens dessus dessous pour la caser ! Et maintenant, comme c'est toute une histoire pour la remplir et pour la vider, elle nous sert de débarras, de caisse à outils, de fourre-tout !...

— Un jour, je ferai installer dessus la vidange et l'eau chaude, dit Vissarion.

— Avec quel argent ?

— C'est mon affaire !

— Pardon ! Pardon ! s'écrie Stiopa. Nous sommes de compte à demi dans tout, et je te défends...

Vissarion se hérisse. Brusquement il lui paraît inadmissible que Stiopa, qui ne saurait pas monter correctement un parapluie, le contrecarre dans ses projets. C'est Klim qui, à lui seul, abat les trois quarts de la besogne. Or, grâce à qui Klim est-il entré dans l'association ? Grâce à Stiopa ? Non ! Grâce à Vissarion, dont il a été autrefois le serf. Donc c'est lui, Vissarion, qui devrait diriger les affaires de la maison. Et, pour la moindre décision, il lui faut ruser, discuter, batailler, comme s'il était un élément secondaire de la communauté. Sur le point d'éclater, il regarde Dimitri et se calme, par égard pour le nouveau venu.

On se sépare. Mais, une fois dans sa chambre, Vissarion se rappelle qu'il n'a pas demandé à Dimitri s'il avait assez d'une couverture pour la nuit. Il rentre dans la salle à manger et s'arrête, médusé, sur le seuil. Agenouillé à côté de sa paillasse, Dimitri prie, tête basse, mains jointes. Ses paupières sont closes. Ses lèvres remuent. Autrefois, en Sibérie, il ne montrait pas le moindre intérêt pour la religion. Il se moquait même des popes, il raillait les superstitions populaires. Et subitement cette prosternation honteuse, ces larges signes de croix. Tout comme Klim. Lui, un révolutionnaire, un matérialiste, un athée... Que s'est-il passé ? La première idée de Vissarion est d'avertir Stiopa. Pourtant il se retient : il ne peut s'agir que d'une crise. Sans être un mystique, il est permis, un soir d'émotion extrême, de remercier Dieu pour quelque bienfait. Demain, Dimitri n'y pensera plus. Tandis que Dimitri continue à prier sans le voir, Vissarion se retire et referme la porte.

4

— Le parti, tu le sais, Dimitri, traverse une crise, dit Stiopa en vidant son bol de thé.

Dimitri, la bouche pleine, acquiesce de la tête. Vissarion a allumé une cigarette : l'importance du débat justifie à ses yeux cette exception à la règle. Mais il s'est fixé une limite : six bouffées au plus, pour éviter d'irriter sa gorge. Il a toussé ce matin, au réveil, malgré les jujubes.

— Je croyais qu'on avait changé le comité central, dit Dimitri.

— On a changé le comité central, en effet, mais l'inquiétude est restée, réplique Stiopa. Méfiance, manque d'enthousiasme, paresse intellectuelle et morale. Nous assistons à une éclosion de sectes, de sous-sectes, de groupements, de sous-groupements. Tout cela fait le jeu de la police tsariste. Et aussi des bolchéviks qui nous détestent ! Lénine et ses amis se moquent de nos divergences. Il faut réagir. Des hommes tels que toi peuvent nous aider à reprendre la situation en main...

Dimitri repousse son assiette et passe ses longs doigts osseux dans sa barbe de chanvre. Au milieu du silence revenu, la machine à coudre de Klim s'emballe. Il s'est remis au travail sans attendre que les autres aient fini leur petit déjeuner.

— Arrête ! dit Vissarion. C'est assommant ! On ne s'entend plus !...

Klim cesse de pédaler :

— Voilà !... Voilà !... Je voulais juste coudre les deux derniers panneaux...

Et il revient s'asseoir à un bout de la table, en tenant à la main cette sorte de drapeau funèbre ; à l'autre bout, les bols, la théière, la bouilloire, les assiettes sont rassemblés dans un espace restreint devant les trois convives. Vissarion fait glisser deux doigts subrepticement sur le bord du pot de confiture et se lèche l'extrémité des phalanges.

— Des hommes tels que moi ? dit Dimitri. Qu'entends-tu par là ?

— Des hommes dans la force de l'âge, actifs, résolus, dit Vissarion.

Dimitri secoue la tête :

— Vous ne m'avez pas regardé pour me parler ainsi !

— Tu as à peine cinquante ans ! dit Stiopa.

— De corps, oui, peut-être. Mais d'âme je suis plus âgé que vous !

— Une fois que tu te seras reposé, dit Stiopa, une fois que tu auras remis de l'ordre dans tes idées...

— Est-il possible que vous m'ayez fait venir pour cela ?

— Pour cela et pour bien autre chose, dit Vissarion.

— Quand les intérêts de la politique se conjuguent avec ceux de l'amitié, il s'en dégage une force capable de soulever les montagnes, renchérit Stiopa.

— Les intérêts de la politique, ça m'est bien égal, murmure Dimitri avec un sourire. Mais ceux de l'amitié... L'amitié, ah ! oui. L'homme d'abord. Au-dessus de tout. La société procède de l'homme, comme le Saint-Esprit procède du Père.

Cette formule aux résonances mystiques fait dresser l'oreille à Vissarion. Oubliant qu'il a déjà fumé une cigarette, il en allume une autre nerveusement.

— Qu'est-ce que tu chantes là ? dit-il. Ne serais-tu plus sincèrement et entièrement socialiste ?

— Si, dit Dimitri. Plus que jamais. A ma façon. Je suis partisan d'une société sans classes, mais je demeure convaincu que, dans cette société sans classes, chacun est tenu de conserver sa personnalité propre pour résister au pouvoir d'absorption de la fourmilière. Plus les inégalités de classes diminuent, plus il faudrait que les inégalités individuelles s'accusent. En réduisant l'homme à n'être qu'un élément du processus économique, en le subordonnant à la société, les socialistes lui enlèvent toute valeur morale, toute signification autonome. Pour eux, l'homme doit servir d'instrument à une société neuve, alors que, pour moi, cette société neuve doit servir d'instrument à l'homme. Et cette supériorité lumineuse de l'homme sur la masse, ce caractère irremplaçable et sacré de chaque homme, quelqu'un l'a compris et l'a dit, depuis des siècles, à la face du monde. Quelqu'un dont nous avons tous oublié la parole !

Vissarion et Stiopa se regardent, inquiets. Klim s'est arrêté de coudre et demeure attentif derrière un parapluie ouvert, aux ailes membraneuses de chauve-souris.

— Tu es en train, mon cher, de faire le jeu du plus ignoble des capitalismes, siffle Stiopa. Le capitalisme chrétien ! Celui qui n'ose pas dire son nom !

— Je suis contre le capitalisme chrétien et contre le socialisme marxiste, dit Dimitri d'une voix calme. A mes yeux, ils se valent. Parce que l'un comme l'autre n'ont en vue que la poursuite du bien-être matériel. Ayant industrialisé le monde et soumis l'homme aux puissances de l'économie et de l'argent, les défenseurs du capital ne sont nullement qualifiés pour rappeler à leurs adversaires socialistes que le pain n'est pas l'unique raison d'être de l'homme. La question du pain, pour moi, est une question importante, mais pas essentielle. On vit de pain, mais il ne faut pas vivre pour le pain. Or, capitalistes et socialistes vivent pour le pain... Rappelez-vous, en Sibérie, nous croyions vivre pour le pain, mais il y avait en nous quelque chose de plus. Un espoir, une folie, l'idée d'un bonheur universel possible, d'une fraternité totale... C'est cela que le christianisme peut ajouter au socialisme. Et, ce que le socialisme, lui, peut ajouter au christianisme, c'est la notion des besoins terrestres, quotidiens, de la grande foule des hommes. Les chrétiens devraient, au contact des socialistes, apprendre à se pencher sur les misères matérielles de l'humanité au lieu de les juger du haut de leur spiritualité superbe. Et les socialistes devraient, au contact des chrétiens, apprendre à ne pas résister à la violence par la violence, à respecter en chacun de nous, qu'il soit notre ami ou notre ennemi, l'étincelle divine qui le fait irremplaçable, à convaincre au lieu de combattre, à prêcher d'exemple au lieu d'injurier et de frapper, à préserver l'individu enfin contre la société dévorante...

— Et l'Eglise, dans tout ça ? lance Vissarion. L'Eglise asservie au tsar, qu'en fais-tu ?

— Cette Eglise-là, je la récuse. Mais une autre naîtra, un jour prochain, sur les décombres dorés de celle que nous connaissons. Pour l'instant elle est encore enfouie en chacun de nous.

— C'est du tolstoïsme !

— Pas exactement... Tolstoï a été un velléitaire, un brouillon, mais il avait du cœur... J'ai pleuré à sa mort, l'année dernière... Il a détruit plus qu'il n'a construit... Pourtant quelle flamme, quel talent !... Je crois... je suis sûr que le socialisme marxiste mène à la déshumanisation de l'individu, comme le christianisme officiel mène à son asservissement aux puissances de l'argent et de la politique. La vérité est dans l'union de ces deux principes. Je l'ai compris un jour, là-bas, en Sibérie... Je l'ai compris en lisant la vie de nos saints. Un pope défroqué m'avait prêté le livre. Un bouquin aux pages à demi déchirées. Il sentait encore vaguement l'encens. Je me suis courbé dessus comme un assoiffé sur une source. Savez-vous que dans saint Basile le Grand et dans saint Jean Chrysostome l'injustice sociale, créée par la mauvaise répartition des richesses, est critiquée avec une âpreté qui ferait pâlir Proudhon et Karl Marx ? Bien avant ces deux-là, les anciens Docteurs de l'Eglise ont déclaré que la propriété c'est le vol. Seulement, voilà, le temps a tout gâché. De détestables habitudes se sont installées chez les prêtres et les princes. Le christianisme défiguré est devenu un instrument social au service des classes régnantes. Il faut revenir à la foi rude et primitive, née d'un peuple pauvre et destinée à un peuple pauvre. Elle nous rapprochera en même temps du Dieu vrai et de l'homme vrai. Mais pas par la force. Surtout pas par la force ! Les explosions ne mènent à rien. Ce n'est pas à la flamme des explosions que tout un peuple peut s'éclairer, se chauffer et faire cuire ses repas...

— Au fond, tu es contre le terrorisme, dit Stiopa froidement. Contre ce terrorisme qui a tant fait pour préparer le terrain de la prochaine révolution !

— Il y a d'autres méthodes pour préparer la prochaine révolution que les soulèvements de masse et les assassinats ! s'écrie Dimitri. Il importe de changer l'homme avant de prétendre changer la société. Restituer à l'homme le goût de la charité, de la fraternité, de l'humilité, le rapprocher de Dieu... Songe, Stiopa, qu'une fois supprimée l'idée théologique ou métaphysique, comme tu veux, de la valeur absolue de la personne, il ne reste plus en l'homme que la bête, dont l'activité est caractérisée par la violence. Et si la révolution se sert de la violence comme d'un moyen d'affirmer la vérité nouvelle, cette vérité est à jamais dégradée. Car employer la violence pour affirmer la vérité, c'est reconnaître que cette vérité n'est pas assez puissante pour triompher par elle-même. Qu'est-ce, dis-moi, qu'un principe qui, pour s'imposer à la raison et au cœur de l'humanité, a besoin des bombes ? C'est pire que le tsarisme !

Il a parlé si vite et avec tant de fougue, qu'un peu de rougeur irrite ses joues à la peau sèche comme des fanes de maïs. Il sourit :

— Tu dois me juger bien utopique...

— Je te juge dangereux, dit Stopia. Dangereux, parce que avec des propos en apparence inspirés par le seul amour du peuple, tu désarmerais ce peuple face à un pouvoir qui, lui, ne se paie pas de mots. Puisque tu aimes tant les références bibliques, rappelle-toi que même David s'est servi d'une fronde pour abattre Goliath !

— Peut-être a-t-il eu tort, soupire Dimitri. Et, de toute façon, cela se passait avant le Christ. Il y a la même différence entre ta révolution et la mienne qu'entre l'Ancien Testament et le Nouveau. Tu devrais lire davantage les textes saints, Stiopa. Tu y trouverais, à ta grande surprise, une réponse simple à bien des problèmes qui te tourmentent. Le livre que m'avait prêté ce pope, je donnerais cher pour le ravoir aujourd'hui... Toi, je suis sûr que tu me comprends, Klim !... Tu vas à l'église !

Klim tressaille, regarde Vissarion, Stopia, et marmonne comme pris en faute :

— Oui, le dimanche... quelquefois...

— Il y a donc une église orthodoxe, à Paris ?

— L'église Alexandre Nevsky, rue Daru.

— Tu m'y emmèneras, dimanche prochain.

Klim rayonne :

— Bien sûr !

Et, piquant son aiguille dans une pelote, il se lève pour débarrasser la table. Dans la pause qui suit, Vissarion prend la mesure de sa déception. Le compagnon de lutte, plein de feu et d'invention, dont il espérait la venue, s'est révélé un apôtre bêlant. C'est l'aventure de la baignoire qui recommence : on échafaude un plan de campagne, on compte les jours, on suppute les joies

164

de la réussite, et on se retrouve dégrisé, avec, sur les bras, un objet inutilisable.

— Tu as réellement beaucoup changé en vingt-cinq ans, Dimitri, dit Stopia d'une voix ma

— Pas tant que ça ! réplique Dimitri. Tout ce que je vous ai expliqué, je le pressentais déjà lorsque nous vivions ensemble. Mais confusément, inconsciemment. Avec le temps, les choses se sont précisées dans mon esprit ! Regrettez-vous, après ce que j'ai dit, de m'avoir fait venir ?

— Tu es fou ! s'écrie Vissarion. Même si tu ne partageais plus du tout nos idées, je serais heureux de te revoir !

— Moi pas, dit Stiopa sèchement.

Il y a un silence gêné.

— Je t'ai choqué, Stiopa, dit Dimitri. Veux-tu que je m'en aille ?

Stiopa prend le temps de la réflexion. Vissarion observe avec anxiété ce visage triangulaire et hostile. Tout en réprouvant personnellement l'attitude spiritualiste de Dimitri, il ne peut se résoudre à le condamner, à le répudier. Il aura beau faire, toujours l'homme comptera plus pour lui que la théorie.

— Non, dit Stiopa au bout d'un long moment, reste. Car même avec tes idées absurdes tu peux servir la cause. Dans toute entreprise révolutionnaire, il y a les porteurs de flambeaux, dans ton genre, et les techniciens, dans mon genre à moi. Les porteurs de flambeaux sont là pour éclairer les injustices dont souffre l'humanité, les techniciens pour y remédier à leur façon. Tant que les porteurs de flambeaux ne se mêlent pas d'agir, je les respecte. Donc, ne te mêle pas d'agir, brandis ta lumière, indigne-toi, gémis, verse des larmes, tiens des discours en plein vent, nous te dirons : bravo ! Surtout si, ce faisant, tu ne regardes pas trop du côté de l'Eglise. Crois-moi, c'est en tournant constamment la tête vers l'Eglise qu'on attrape le torticolis des bourgeois !

Il rit et Dimitri lui fait écho, mais d'un ton assourdi et triste. Vissarion, soulagé, allume une troisième cigarette.

5

Chaque fois que Dimitri s'agenouille, son veston gris, trop court, se tend à craquer sur ses omoplates pointues. Hors de son faux col émerge un cou tendineux qui tourne à l'aise dans le cercle. Sa longue main sèche trace le signe de la croix avec élégance entre son front, son thorax creux et ses deux épaules. Une de ses chaussettes a glissé, découvrant un coin de caleçon blanc. Au-dessous, dans la chair des chevilles, la marque des fers doit être encore visible, pense Klim. Il observe son voisin avec une telle intensité, qu'il en perd, par instants, le fil de la prière : ascète tressé de paille et de ficelle, avec un regard bleu d'enfant. L'église de la rue Daru bourdonne, pleine de monde. L'encens pénètre les âmes. Un diacre à la basse de jugement dernier psalmodie du côté de l'iconostase. Rien que des Russes. Mais les uns en visite à Paris — passeports en règle, pomponnés, riches, insouciants —, les autres, proscrits, haillonneux, la rage au ventre. Le chœur se met à chanter. Dimitri l'accompagne du bout des lèvres. En voilà un qui réconcilierait Klim avec le socialisme ! Il est la preuve vivante qu'on peut vouloir à la fois la victoire du peuple et celle du Christ. Tout ce qu'il a expliqué, l'autre jour, à Vissarion Vassiliévitch et à Stépan Alexandrovitch, Klim l'a compris. Alors qu'il ne comprend pas toujours ce que Vissarion Vassiliévitch et Stépan Alexandrovitch veulent dire lorsqu'ils parlent de la révolution et de la société future. D'ailleurs, depuis près d'un mois que Dimitri habite chez eux, on ne se dispute presque plus. Dimitri aide à confectionner les parapluies. Mais il est très maladroit. Il lit beaucoup, lui aussi. Plus même, peut-être, que le bartchouk. Souvent ils vont ensemble à la bibliothèque Tour-guénieff. Ils ne doivent pas mettre le nez dans les mêmes livres. Dimitri dit qu'il « fait son miel avec les fleurs du Christ comme avec celles de Marx ». Cette expression a le don d'exaspérer Stépan Alexandrovitch. Klim voudrait la retenir comme une devise de sa propre vie. Depuis un moment, il a oublié qu'il se trouvait dans une église. Comme pour rattraper le temps perdu, il marmonne rapidement trois « Notre Père » à la suite. Où en est-on de l'office ? Mon Dieu ! déjà l'Elévation ! Et il n'a pas eu le loisir de prier. Le chœur chante de plus en plus fort, avec une conviction angélique. Les têtes s'inclinent devant une mitre dorée, coiffant une chevelure léonine. Et brusquement, c'est la fin. La masse des fidèles se met en mouvement. Chacun, à tour de rôle, va baiser le crucifix que tend la main blanche du prêtre.

En se retrouvant sur le parvis, Klim aspire avec volupté l'air pluvieux du petit jardin. Dimitri le rejoint et dit :

— Peux-tu m'attendre cinq minutes ? J'ai à faire par là !

Et il disparaît dans la maisonnette blanche du

presbytère. La foule qui sort de l'église tourne un moment sur elle-même, dans le square, avant de s'écouler vers la rue Daru, où attendent les équipages. On papote, on fume, on s'observe... Dans tous les coins, chante la langue russe. Quel dommage que Vissarion Vassiliévitch et Stépan Alexandrovitch ne viennent jamais ici !

Dimitri reste longtemps au presbytère. Une robe noire passe derrière une fenêtre du rez-de-chaussée. Deux nonnes quêteuses se dandinent à la porte de l'église. Il fait frais. De fines gouttes tombent sur le jardin aux arbres nus. Puis le ciel se dégage, la pluie s'arrête. Dimitri ressort :

— Excuse-moi de t'avoir fait attendre.

Il enfonce son chapeau sur ses longs cheveux ternes. Et, nez au vent, mains dans les poches, il marche vers la grille en ouvrant sec le compas de ses grandes jambes. Klim se règle sur son pas. Trois fois déjà, ils sont allés ensemble à l'église ! Cela crée entre eux une sorte de complicité. S'il osait, il proposerait à son compagnon d'entrer dans un café, ou simplement de s'asseoir sur un banc pour échanger leurs impressions. Mais Dimitri a l'air pressé.

Comme il ne parle pas un mot de français, c'est Klim qui le pilote dans la rue. On arrive place de l'Etoile. Devant le guichet du métro, Klim dit, avec un rien d'appréhension : « Deux deuxièmes ». Et — surprise et fierté ! — il constate que, une fois de plus, malgré son accent, il s'est bien fait comprendre.

Il n'aime pas le métropolitain. Le vacarme électrique, le manque d'air, la bousculade souterraine l'effraient. C'est comme une préfiguration de l'enfer. Cependant rien ne va plus vite que ce train des ténèbres. Et justement il y a deux places assises, face à face, dans le wagon où ils sont montés. Un même tressautement les emporte. Au début, le bruit vous ôte de la bouche l'envie de parler. Puis on s'y habitue. A la première station, Klim dit :

— C'était une belle messe !

Des gens grimpent, en jouant des coudes, à l'intérieur.

— Oui, dit Dimitri. Mais il est évident que, pour beaucoup de Russes, cette église est davantage un lieu de réunion nationale qu'un temple dédié à la gloire de Dieu. On y vient aux nouvelles plus qu'à la prière...

Le convoi repart. Des murs sombres glissent derrière les vitres du wagon. Dimitri se referme, s'isole, lèvres closes, paupières baissées, et Klim se retient de lui parler par crainte de le déranger dans sa méditation.

Pendant que Klim met le couvert pour le déjeuner, Vissarion et Stiopa lisent ostensiblement le journal. Ni l'un ni l'autre n'ont posé la moindre question à Dimitri sur l'office dominical auquel il vient d'assister. Sans doute veulent-ils ignorer, comme une pratique honteuse, ces visites de leur camarade à l'église. Ils se taisent par amitié, par charité. Mais Klim devine qu'il leur en coûte. On passe à table. Pour commencer, des harengs dessalés, baignés dans le lait et garnis de rondelles d'oignon. L'un des plats préférés de Vissarion Vassiliévitch. Klim, assis au bas bout, parmi ses outils, se sert en dernier. A peine a-t-il rempli son assiette, que Stépan Alexandro-vitch dit d'un ton détaché :

— Alors, cette messe ? Beaucoup de monde ?

— Oui, dit Dimitri.

— Tu n'as pas vu, par hasard, notre voisine du premier étage, Zina Brioussoff ?

— Non.

— Elle, en tout cas, t'a vu. Je l'ai rencontrée dans la rue comme elle rentrait de l'église. C'est une habituée, une croqueuse de pain bénit... Il paraît que, dans ton zèle mystique, tu es allé faire une visite à je ne sais qui, au presbytère...

— Au père Porphyre, oui.

— Qu'est-ce que c'est que cet oiseau-là ?

— Un prêtre âgé, d'une haute valeur spirituelle. J'en avais déjà entendu parler à Voronej, autre-fois. Oui, il est originaire, comme moi, de cette ville. Il connaît ma famille. Il se souvient de moi, enfant...

— Comme c'est touchant ! Et c'est pour parler de ton enfance que tu es allé le voir ?

— Non.

— Et de quoi ?

— De tout et de rien... Tu ne comprendrais pas... D'ailleurs cela n'a aucun intérêt... Cela ne regarde personne...

Stiopa tressaille. Toute la peau de son visage se plisse autour d'un regard aigu. Vissarion inter-vient à son tour :

— Si ! cela nous regarde, Dimitri. Quand nous t'avons fait venir, nous nous sommes portés ga-rants, devant le comité, de ta bonne conduite !

— Je ne vois pas en quoi ma conduite pour-rait inquiéter le comité !...

— Ah ! tu ne vois pas ? s'écrie Stiopa. Dis plutôt que ça t'arrange de ne pas voir ! Nous sommes entourés d'agents doubles, de traîtres, d'espions. Des dizaines de camarades paient, en Russie, pour les indiscrétions que certains d'entre nous commettent ici. Et tu vas, dès ton arrivée, te jeter dans la gueule du loup !

— Le père Porphyre n'a rien à voir avec la police.

— Le pope Gapone n'avait, lui non plus, soi-disant rien à voir avec la police. Et on a fini par découvrir qu'il était grassement appointé par elle. Un saint homme, avec sa croix pectorale, sa barbiche, son amour du peuple et son geste bénisseur !... Résultat, des centaines de morts, un certain dimanche de janvier 1905. Est-ce là ce que tu cherches ? Le clergé est vendu au tsar. Tous les prêtres sont, plus ou moins, des agents de renseignement à la solde de l'Okhrana. Je n'avais guère apprécié d'abord tes divagations mystico-politiques, mais je me disais qu'il s'agis-sait pour toi d'une affaire de conscience, que tu te tiendrais, en tout état de cause, à l'écart de l'Eglise. A présent que tu pactises avec les popes, que tu hantes les presbytères, mon devoir est de te dire : halte ! Il faut choisir : être avec nous du côté de la révolution, ou avec les prêtres du côté de la répression.

— Oui, dit Vissarion. Si tu veux rester ici, tu dois te soumettre à la règle. Nous ne pouvons continuer à héberger quelqu'un dont les rela-tions nous paraissent suspectes.

— Cela tombe bien, dit Dimitri. J'avais juste-ment l'intention de vous annoncer mon prochain départ.

Stupéfait, Klim ne comprend pas que Vissarion Vassiliévitch et Stépan Alexandrovitch conservent leur calme devant une déclaration de cette importance. Sans doute feignent-ils le sang-froid, alors qu'en eux tout bouillonne. Ils mangent, boivent, laissent passer un long temps. Puis Stépan Alexandrovitch dit :

— Pour où pars-tu ?

— Pour les environs de Paris, répond Dimitri. Il y a, près de Meudon, une sorte de confrérie, un phalanstère orthodoxe, où une dizaine d'émigrés russes, profondément croyants, vivent en communauté, cultivent la terre et s'efforcent de suivre à la lettre les préceptes du Christ. Le père Porphyre, qui les connaît bien, m'a promis sa recommandation. Je sens que, parmi eux, je serai tout à fait à ma place...

— Oui, oui, sans doute, dit Stiopa.

Et soudain il crie :

— Te figures-tu que nous t'avons fait venir de Sibérie pour que tu entres dans un phalanstère orthodoxe ?

La veine fourchue de son front se gonfle si fort que Klim a peur de la voir éclater.

— Je n'ai rien demandé, moi ! dit Dimitri. C'est vous qui m'avez fait chercher là-bas...

— Tu pouvais refuser ! Tu as accepté ! Donc tu étais d'accord par avance...

— Avec quoi ?

— Avec notre conception de l'action révolutionnaire ! Tu la connaissais, cette conception ! Tu avais combattu pour elle, autrefois ! Et maintenant tu la renies ! Ou plutôt tu triches avec elle ! En vérité, tu t'es servi de nous pour fuir la Russie ! Et, une fois en France, c'est nous que tu veux fuir ! Comment appellerais-tu cela ? Trahison dans le pire des cas ! Et, dans le meilleur — ingratitude !

— Je ne suis ni un traître ni un ingrat, dit

Dimitri. Simplement vous vous êtes trompés sur mon compte. Et vous m'en voulez de votre erreur. Vous refusez d'admettre qu'un homme puisse évoluer en vingt-cinq ans.

— Est-ce que nous avons évolué, nous ? dit Vissarion.

— Pas beaucoup : et c'est ce que je vous reproche, dit Dimitri avec une douce ironie.

— Je m'enorgueillis, pour ma part, d'être resté fidèle à mes idées !

— Il y a deux sortes de fidélité, réplique Dimitri : celle de l'homme qui refuse de regarder à droite et à gauche par crainte de perdre confiance, et celle de l'homme qui conserve sa confiance parce que ayant regardé à droite et à gauche il s'est convaincu que son choix était le meilleur. Je crains fort que votre fidélité, à vous, ne soit du premier genre.

— Et la tienne serait du second ! s'exclame Vissarion. Je me demande ce qui t'autorise à dire que...

— Laisse ! dit Stiopa. Nous n'allons pas perdre notre temps à discuter avec lui. Nous ne pouvons, non plus, le retenir de force. Mais il est de notre devoir de signaler son cas au comité.

— Kostyleff va en faire une tête !... dit Vissarion.

Klim change les assiettes et apporte un plat de riz au jus de viande. Mais personne n'y touche. Comme il a faim, Klim se sert lui-même et avale quelques bouchées en évitant de faire du bruit.

— Mes amis, dit Dimitri, je conçois que ma décision vous surprenne et vous heurte. Mais il faut me comprendre. Le devoir de tout homme est de réaliser ce qu'il a de plus profond en lui.

174

Vous le faites à votre manière. Laissez-moi le faire à la mienne. Et surtout sachez que, quoi qu'il advienne, je ne vous trahirai jamais. D'ailleurs le voudrais-je que je ne le pourrais pas. Je viens d'arriver, je ne sais rien de l'organisation du parti à l'étranger, je n'ai eu de contact avec personne...

Klim lui donne raison, à part soi, et continue de manger, le dos rond. Mais Stiopa redresse la tête, plante son regard dans les yeux de Dimitri et dit avec une lenteur menaçante :

— Tais-toi ! Tu as de la chance que nous soyons en France et que j'aie vieilli. Il y a trente ans, en Russie, après une conversation pareille, je t'aurais abattu comme un chien !

Et en effet, sur ce vieux masque couturé de rides, Klim retrouve l'expression froide, cruelle et résolue qu'il avait vue à Stiopa le soir de l'assassinat de Boulyjnikoff. Mais ce qui était effrayant alors devient pitoyable aujourd'hui. La bouche édentée tremble sur de faibles injures. La main noueuse se referme spasmodiquement sur le manche d'un couteau de table.

— Salaud ! poursuit Stiopa. Faux frère ! Tu seras porté sur la liste des suspects ! Et, au moindre écart, on ne te ratera pas ! Maintenant fais vite ta valise !...

— Mais je n'avais pas l'intention de partir tout de suite, balbutie Dimitri.

— Et moi, je n'ai pas l'intention de te garder une minute de plus ! Cette maison n'est plus la tienne !

Klim est consterné : peut-on renvoyer un homme sans lui laisser finir ce qu'il a dans son assiette ? Surtout un homme comme celui-ci, doux, pondéré, intelligent et pieux. Vissarion Vassiliévitch, par sa mine grave, semble entièrement acquis à l'opinion de Stépan Alexandrovitch. Il se passe plusieurs fois la main sur la calvitie, ce qui est chez lui un signe de grande détermination. Repoussant sa chaise, Dimitri se lève, sans un mot, et va à sa paillasse. Il range ses affaires dans sa valise, renoue son balluchon. Tout à coup le voici tel qu'il était quelques semaines plus tôt, à la gare : chargé de bagages, l'air las et le sourire aux lèvres.

— Au revoir, mes amis, dit-il. Je vous remercie de votre hospitalité.

Nul ne lui répond. Il tend la main. Stiopa ne la prend pas. Vissarion non plus. Klim hésite. Et soudain, n'y tenant plus, il dit :

— Je vais vous aider à descendre ça !

Il empoigne la valise et précède Dimitri dans l'escalier. Ce faisant, il a conscience de mécontenter Vissarion Vassiliévitch et Stépan Alexandrovitch. Mais il ne saurait agir autrement. Que n'a-t-il le cœur plus sec ! Vraiment il regrette de ne pouvoir rester indifférent au destin de cet homme humilié et chassé. Dans la rue, il dit :

— Que comptez-vous faire ?

— Aller au presbytère d'abord, dit Dimitri. Là, le père Porphyre me conseillera...

— Vous ne saurez pas y aller tout seul !

— Mais si, je me débrouillerai.

— Non, dit Klim, je vous accompagne.

Ils marchent sans se parler. A mesure qu'ils s'éloignent de la maison, Klim sent grandir, derrière son dos, le courroux de Vissarion Vassiliévitch et de Stépan Alexandrovitch. Au bas du boulevard Saint-Michel, Dimitri ralentit son allure. Des gouttes de sueur perlent à son front. On s'arrête, on souffle, on se remet en route. Sur le point de prendre le métro, Klim s'aperçoit qu'il n'a plus que deux sous dans son porte-monnaie. Force leur sera de continuer à pied. Il connaît le chemin pour l'avoir fait en se promenant, un jour d'été : la Concorde, les Champs-Elysées, l'Etoile... Pas moyen de se tromper. Mais c'est loin, surtout avec des bagages. Dimitri jure qu'il n'est pas du tout fatigué. En disant cela il a le même sourire qu'en Sibérie, lorsqu'ils travaillaient côte à côte, la pioche en main. Une bouffée de bonheur réchauffe Klim. Ils vont d'un bon pas, sous les arcades de la rue de Rivoli. La place de la Concorde les oblige à un grand détour. Au-delà, s'ouvre le domaine des arbres maigres et des feuilles mortes. On monte vers l'Arc de Triomphe à travers tous les ors de l'automne. Un banc. Halte providentielle.

— Quelle belle promenade ! dit Dimitri.

Pas un mot de regret, de rancune, d'inquiétude. C'est ainsi qu'il faut être, songe Klim, lorsque l'on croit en Dieu. Pourquoi craindrait-il les reproches de Vissarion Vassiliévitch, alors que Dimitri, qui a toutes les raisons d'être malheureux, ne se plaint même pas de son sort ? Ce qui se passera tout à l'heure, à la maison, n'a aucune importance en comparaison de ce qui se passe maintenant, sur le chemin de l'église. Le ciel est d'un gris pommelé. Des enfants défilent, assis gravement sur des ânes.

— On repart ? demande Dimitri gaiement.

Il a l'air un peu fou, la barbe déviée, les yeux piquetés de lumière. Le bas de son pantalon est tout crotté. Son balluchon cogne à chaque pas contre sa jambe. Klim le suivrait au bout du monde. Cette marche régulière l'empêche de penser. Son engourdissement est doux comme une croyance d'enfant. Tout à coup il se réveille, ébranlé, devant la grille de l'église russe.

— Merci de m'avoir ramené ici, dit Dimitri. Que Dieu te bénisse !

Et il embrasse Klim par trois fois. Ses yeux sont pleins de larmes. Il sent un peu le hareng.

— Vous serez bien à Meudon, dit Klim la gorge serrée.

— Sûrement... sûrement... Va-t'en vite... Ils doivent t'attendre à la maison...

Mais Klim ne bouge pas. Il regarde son compagnon de route rentrer dans le presbytère. Quand la porte retombe, il éprouve une grande tristesse. Reverra-t-il jamais Dimitri Tarkhanoff ? Appauvri, démuni, il se demande si, tout compte fait, Meudon n'est pas plus loin que la Sibérie.

★

— Excuse-moi, Vissarion Vassiliévitch, dit Klim, mais, ce que j'ai fait, je devais le faire. Dimitri Savélitch ne connaît pas la ville, il ne parle pas le français, il n'a pas d'argent...

— Si nous mettons quelqu'un à la porte, ce n'est pas pour que tu le raccompagnes ! gronde Stiopa.

— En agissant ainsi, tu nous as désavoués, tu t'es désolidarisé de nous ! renchérit Vissarion en haussant le ton par degrés.

Klim s'étonne de n'être pas davantage affecté par cette colère. Pour la première fois de sa vie peut-être, les reproches du bartchouk ne suffisent pas à le convaincre de sa faute. Comment lui, un ancien moujik, ose-t-il s'obstiner dans son idée, face à des hommes qui lui sont tellement supérieurs ? Il a même envie de discuter avec eux.

— L'important, pour vous, c'est que Dimitri Savélitch soit parti, dit-il. Avec qui il est parti ? Pour où il est parti ? Ça ne compte pas.

— Si, ça compte ! crie Vissarion. Et plus que tu ne l'imagines ! Pourquoi es-tu ici, avec nous ? Réponds ! Parce que tu as été jadis mon domestique ou parce que tu partages nos convictions ?

Interloqué, Klim balbutie :

— Pour... pour les deux...

— Ah ! oui ? s'exclame Stiopa. Autrement dit, si Vissarion ne t'avait pas eu comme serf autrefois, nous ne t'aurions pas comme compagnon aujourd'hui ? Tu ne nous as pas suivis par amitié, mais par obéissance ?

— Attends ! Attends ! dit Klim. J'ai suivi Vissarion Vassiliévitch par obéissance, oui, pour commencer. Mais ce n'est pas une honte, l'obéissance. J'avais promis à son père, feu Vassili Pétrovitch... Il y a ainsi des paroles qui lient plus fortement que des chaînes de fer. Et puis j'ai compris... j'ai compris pourquoi vous vous battiez. Et alors il y a eu cela..., toutes ces belles pensées sur la liberté et le reste. Tu me demandes pourquoi je suis ici, Vissarion Vassiliévitch... Je suis ici parce que tu y es. Et tu y es parce que tu as certaines idées. Et par conséquent, moi aussi, j'ai ces idées. A travers toi... A cause de toi... Comme tu veux... L'obéissance est devenue amitié... Mais pour ce qui est de Dimitri Savélitch Tarkhanoff, c'est autre chose. Reproche-lui tout ce qu'il te plaira, mais ne le traite pas en ennemi. Il a un rayon sur le visage. Il pense comme toi, comme vous, mais avec la lumière de Dieu en plus. Les filles de Znamenskoïé disaient qu'un bouquet n'est pas beau quand toutes les fleurs sont pareilles. Pourquoi veux-tu, toi, que toutes les âmes se ressemblent ? Les hommes de conscience peuvent être unis en une seule gerbe et tourner la tête, chacun à sa façon, vers le soleil...

— Je vois que, toi aussi, tu es tombé dans la manche des popes, dit Vissarion. Tu récites leurs leçons. Et tu crois que nous sommes dupes. En tout cas, je te préviens, c'est la dernière fois que tu vas à l'église !

La brutalité de cette interdiction, loin d'inquiéter Klim, augmente sa tranquillité d'esprit. Comme si, en passant la mesure, Vissarion Vassiliévitch perdait tout pouvoir sur lui. Il se sent libre, léger, assuré, invulnérable, indulgent et lucide. Une force inconnue le soutient aux épaules. Il dit doucement :

— Tu ne peux pas m'empêcher d'aller à l'église, Vissarion Vassiliévitch. Crie-moi dessus, tape-moi dessus, mais j'irai. J'irai et je prierai pour toi.

Tout en parlant, il ne quitte pas du regard les yeux de Vissarion où l'orage se concentre. Et ce visage, vu de près, lui semble laid subitement. Un masque bestial, au crâne long et déplumé, aux prunelles globuleuses, à la bouche ravagée de molle fureur :

— Quoi ? Quoi ? Tu oses... ?

— Laisse-le, dit Stiopa négligemment. Si ça l'amuse d'écouter la messe une fois par semaine...

— C'est une habitude qui peut mener loin ! Regarde Dimitri...

— Klim n'est pas Dimitri. Que savons-nous de Dimitri, depuis vingt-cinq ans ? Sa pensée nous échappe. Il est devenu un étranger pour nous. Donc un suspect. Avec Klim, il n'y a rien à craindre. Il est, malgré tout, des nôtres. Il ne nous trahirait pas...

— Volontairement, non, dit Vissarion, mais par bêtise...

— Klim n'est pas bête ! N'est-ce pas, Klim, que tu n'es pas bête ?

— Si, Stépan Alexandrovitch, dit Klim. Je suis bête. Que Dieu me pardonne ! Mes idées vont de travers. Mais, ce que l'esprit laisse filer, le cœur parfois le rattrape...

Vissarion fait, avec la main, le geste d'écarter une branche. Sans doute veut-il dire que la conversation a assez duré. Klim en éprouve un soulagement mêlé de remords. N'a-t-il pas causé trop de peine au bartchouk en lui tenant tête ? Il plaint son ancien maître de s'être exposé à l'humiliation d'un refus partant de si bas. Et pourtant il ne reviendrait pas sur ses paroles, fût-ce pour dérider ce visage furieux. On peut condamner un être tout en l'aimant ; on peut lui donner tort tout en souhaitant mourir à son service. Klim retourne à sa chaise et prend en main une carcasse de parapluie. Vissarion Vassiliévitch s'assied dans son fauteuil de velours vert à demi défoncé et ouvre un journal. Stépan Alexandrovitch va chercher des croûtons de pain à la cuisine. Dans le calme revenu, Klim se dit que, s'il devait raconter cette scène dans son cahier, il ne le saurait pas. Il coud à points serrés les panneaux de soie noire sur les branches flexibles et laisse sa pensée glisser dans les plis de l'étoffe.

« Avec la construction du chemin de fer transsibérien, la vie dans les pénitenciers a beaucoup changé. Il fallait de plus en plus d'ouvriers pour poser les voies, alors l'administration prenait des hommes valides dans les prisons et dans les colonies. Notre village de Nijniaïa-Kara se dépeuplait à vue d'œil. Les gardiens, des cosaques, et même certains fonctionnaires partaient pour suivre les condamnés. Je voyais déjà le moment où nous resterions seuls, avec quelques paysans sibériens, parmi toutes ces cabanes vides. Comme la surveillance s'était relâchée, nous nous sommes décidés, nous aussi, à laver de l'or et à le vendre en fraude. Cela marchait bien, nous mettions chaque jour quelques roubles de côté, mais à quoi sert de s'enrichir, me disais-je, dans un coin perdu comme Nijniaïa-Kara ? Vissarion Vassiliévitch me répondait avec sagesse qu'un proscrit peut avoir besoin d'argent, à tout instant, pour se tirer d'un mauvais pas. Notre commerce illicite a continué pendant plus d'un an et demi, sans anicroche. Puis le gouverneur de la province s'est brusquement souvenu du bon travail que nous avions fait pendant le recensement. Les hommes sachant rédiger un rapport et tenir un registre étaient rares dans la région. Le 2 septembre 1898, par ordre supérieur, nous avons été dirigés sur Srétensk, où l'on manquait d'employés dans les bureaux du transsibérien.

« Srétensk, à cent verstes de Kara, sur les bords de la Chilka, est une bourgade très prospère et très animée. La construction du chemin de fer avait attiré là des entrepreneurs, des ouvriers, des bureaucrates, des marchands, des cosaques, et tous ces gens étaient pressés de s'emplir les poches. Au bureau, il y avait beaucoup à faire pour nous. La paperasse affluait. Vissarion Vassiliévitch et Stépan Alexandrovitch rédigeaient des rapports, des circulaires ; moi, je recopiais les pièces importantes, je classais les doubles ; les ingénieurs étaient contents de nous ; déjà nous nous faisions des amis dans la société ; je me disais que, peut-être, nous finirions nos jours à Srétensk. Mais Dieu en a décidé autrement. Au printemps 1901, est arrivé chez nous Pavel Pavlovitch Maïkoff, exilé par mesure administrative. C'était la première fois qu'il nous était donné de voir un social-révolutionnaire récemment débarqué de Russie. Le travail terminé, nous l'avons entraîné dans la cabane que nous habitions, près du bâtiment de la direction, et nous avons causé presque toute la nuit. Il nous a raconté que, malgré les persécutions policières, les idées socialistes se répandaient de plus en plus parmi les paysans, les ouvriers et les étudiants des universités, que, de tous côtés, se formaient des équipes de combat et de propagande, que des grèves éclataient souvent dans les usines, et que des chefs révolutionnaires, réfugiés en France, en Angleterre, en Suisse, en Allemagne, dirigeaient, de là-bas, le mouvement. Vissarion Vassiliévitch et Stépan Alexandrovitch écoutaient ses récits avec une telle joie que j'en avais peur. Ils lui ont dit combien ils souffraient de leur exil. Alors il leur a parlé d'une possibilité de fuir la Sibérie par Vladivostok. Il leur a donné des noms d'amis sûrs, à Khabarovsk. Mais il n'a pas caché que, de toute façon, c'était une entreprise risquée. Peu de jours après, il a été changé d'affectation. Je crois qu'on l'a envoyé à Verkhné-Oudinsk. Sa visite avait décidément marqué le bartchouk et Stépan Alexandrovitch. Plus rien ne leur plaisait à Srétensk, ni le travail, ni le pays, ni les habitants. Ils ne voyaient partout que grossièreté, tromperie et ignorance. C'est vrai que les gens qui nous entouraient n'étaient pas des anges. C'est vrai que les fonctionnaires vendaient leur appui au plus offrant. C'est vrai que, pour se distraire, il n'y avait que la vodka et les cartes. N'empêche que nous menions là une existence calme, sans responsabilités, sans soucis, avec des heures de travail régulières, et que Dieu se lasse si on lui en demande trop. Au bagne, oui, le bartchouk et Stépan Alexandrovitch étaient à plaindre. A cause de la promiscuité, comme ils disaient, et des privations. Mais pas à Srétensk. Au contraire ! « Oui, mais la liberté, la liberté !... » répétait le bartchouk avec un air d'homme qui a soif. Je me disais, moi, que cette liberté dont il avait tant envie, c'était une illusion qui lui avait déjà coûté cher. On court après, on s'essouffle, on l'attrape enfin, et c'est du vent. Où que nous allions, il faudrait travailler pour vivre, obéir à quelqu'un, marcher droit, craindre le gendarme, alors à quoi bon changer ? Je l'ai expliqué, un soir, à Vissarion Vassiliévitch et à Stépan Alexandrovitch. Ils m'ont traité de soliveau. Et voilà, ils ont fait tant et si bien que nous avons été affectés aux bureaux de Khabarovsk. C'est une belle ville, bâtie sur une hauteur, au confluent de l'Amour et de l'Oussouri. Le gouverneur général de la province y a sa résidence. Dans la rue, on voit beaucoup de militaires. Cela aurait dû nous engager à nous tenir tranquilles. Mais Vissarion Vassiliévitch et Stépan Alexandrovitch avaient leur idée : passer à l'étranger. J'avais beau leur dire que c'était une folie, que nous nous ferions prendre et que, du reste, un Russe ne peut vivre ailleurs qu'en Russie, ils ne m'écoutaient pas. L'argent que nous avions gagné en lavant le sable de la Chilka allait enfin servir à quelque chose. Ils se sont rendus chez l'un de ces « amis sûrs » dont leur avait parlé Pavel Pavlovitch Maïkoff. Et ils ont tout manigancé avec lui. De faux passeports pour nous trois et une liste d'adresses. Quel serait notre itinéraire ? Ils ne me le disaient pas. Je savais seulement que nous devions commencer par le Japon. Les préparatifs ont duré longtemps. J'espérais toujours qu'ils changeraient d'avis. Un beau matin, nous sommes partis pour Vladivostok. D'après nos papiers, nous étions des géologues chargés de mission. Mais personne ne nous a rien demandé. Vladivostok est une grande ville, avec un port pittoresque plein de bateaux de toutes les nationalités. Là, nous avons vécu quinze jours chez un professeur, qui se dévouait pour aider les condamnés politiques à fuir la Sibérie. C'est lui qui a arrangé notre passage sur un cargo anglais en partance pour Nagasaki. Nous avons embarqué de nuit, clandestinement. Jusqu'à la minute du départ, j'ai craint une inspection. Je nous voyais déjà découverts, arrêtés, renvoyés quelque part dans la glaciale contrée des Yakoutes. Vissarion Vassiliévitch et Stépan Alexandrovitch avaient la même angoisse sur le visage. Cachés dans la cale, derrière des tonneaux de goudron, nous ne parlions pas. Enfin le bateau a levé l'ancre. Plus de danger. J'en ai ressenti du soulagement et de la tristesse. Je me disais que nous quittions le pays de l'exil, oui, mais que ce pays était notre patrie. Reverrions-nous un jour la terre russe ? Valait-il pas mieux être esclave chez soi que libre chez les autres ? Il pleuvait. La mer était forte. Le cargo roulait. Nous avons tous été très malades pendant la traversée. Je voulais porter secours au pauvre Vissarion Vassiliévitch et je n'avais même pas la force de bouger. Comment ne sommes-nous pas morts, avec tout ce que nous avons vomi ? Encore maintenant, j'ai peur en pensant à ces énormes vagues vertes. Le bateau longeait les côtes de la Corée. Il a fallu faire relâche dans de petits ports. Le 18 juin 1902, après douze jours de navigation, nous sommes entrés dans la baie de Nagasaki. »

6

Assis sur un banc, place de la Madeleine, Vissarion savoure la première bouchée du baba au rhum. Il a changé de pâtisserie, par curiosité. Et bien lui en a pris. Ce baba est deux fois plus moelleux, plus imbibé, plus aromatisé que ceux qu'il achetait dans la pâtisserie du boulevard Saint-Michel. Il mâche longuement, en connaisseur, et se laisse envahir par un sentiment d'harmonie universelle. Sa vie lui apparaît sucrée et sans problèmes. Il avait beaucoup redouté la réaction de Kostyleff et des membres du comité à la suite de l'incroyable défection de Dimitri. Mais ces messieurs ne regrettent pas outre mesure d'avoir fait évader de Sibérie un homme perdu pour la cause. En tout cas, ils ne tiennent pas rigueur à Vissarion et à Stiopa du revirement de leur protégé. De tels désagréments ne sont, aux dires de Kostyleff, que de minimes incidents de parcours. Ils figureront à la rubrique pertes et profits dans les comptes d'ensemble de la révolution. Cette révolution, Vissarion y pense avec ferveur, par habitude, en regardant, droit devant lui, de l'autre côté de la chaussée, la façade des établissements Porcher. Chaque fois qu'il revient de chez M. Collot, il donne un coup d'œil à la vaste vitrine d'angle, pleine de baignoires, de lavabos et de bains de siège. Une femme entre dans le magasin, mince, élégante, en tailleur beige, avec des plumes sur son chapeau. Sa silhouette passe et repasse dans le royaume d'émail et de nickel des appareils sanitaires. Peu après, elle ressort et Vissarion la suit des yeux, ému par sa démarche ondulante.

Tout à coup, sans savoir comment, le voici lui-même dans le magasin. Face au vendeur qui s'avance, il se sent instantanément revêtu de la dignité de client. Le vendeur, un jeunet à moustache frisée, se répand en explications et en sourires. Il y a des modèles de baignoires à partir de cent vingt francs, en « deuxième grandeur », « catégorie B ». Vissarion songe qu'il a payé la sienne dix francs, et une musique de triomphe monte en lui. Et les chauffe-bains ? Il faut compter dans les deux cent trente francs pour un appareil en cuivre poli. Chiffre considérable, qui devrait chasser Vissarion de la boutique. Pourtant il reste et calcule rapidement qu'il suffirait d'augmenter d'un franc cinquante le prix du travail par parapluie pour couvrir, en deux ou trois ans, une telle dépense. M. Collot n'aurait pas la mesquinerie de s'opposer à une si petite majoration. Et Stiopa, s'il avait l'esprit plus ouvert aux choses de l'hygiène, ne refuserait pas de consacrer ce supplément de revenu à l'achat d'un chauffe-bain à gaz. Est-il vraiment impossible de le convaincre ? En lui expliquant qu'il ne leur en coûterait rien, en lui représentant tout le plaisir qu'apporte l'eau chaude, en le prenant à la fois par la raison et par le sentiment... Il faudrait l'attaquer de front. Dès ce soir. Pourquoi pas ?

Tandis que Vissarion se prépare à cette négociation délicate, le vendeur continue de lui décrire, avec lyrisme, les avantages des différents types de chauffe-bains. Vissarion arrête son choix mentalement sur un ustensile trapu, en cuivre rouge, à tiroir pivotant. Ce tiroir, une fois ouvert, laisse apparaître une couronne de brûleurs, serrés autour d'une veilleuse-reine. Le vendeur veut absolument faire admirer l'appareil en fonctionnement. A peine a-t-il tourné le robinet d'un lavabo de démonstration, que le foyer s'allume avec une détonation bourrue, mais point du tout alarmante. Une sorte d'éternuement bourgeois. Les flammes bleues du gaz dansent dans leur prison. Et l'eau tiède, puis bouillante, s'écoule sur la main de Vissarion qui apprécie. S'il osait, il resterait quelques minutes à se baigner les doigts dans la chaleur. Le vendeur pérore :

— Eau chaude instantanée et illimitée... Aucun risque d'explosion... Système de ventilation perfectionné... Economie...

Vissarion hoche la tête, d'un air pénétré, sans quitter du regard le coffret de métal grillagé où brille un enfer en miniature.

— Et l'installation coûterait cher ? demande-t-il enfin.

— Pas du tout ! Vous avez le gaz à domicile ? Eh bien ! n'importe quel plombier...

Paroles exaltantes, annonciatrices de radieux lendemains. Vissarion quitte le magasin en promettant de réfléchir. Rendu à la rue, il continue sur sa lancée de bonheur. Même en arrivant devant la maison, il est dans une humeur de fête : Stiopa ne peut dire non. Dans sa hâte de grimper l'escalier, il oublie de faire du bruit sur le palier des menchéviks. Le temps de reprendre sa respiration au quatrième étage afin de paraître aussi peu essoufflé que possible, et il pousse la porte. Une exclamation lui éclate en pleine figure.

— Vissarion Vassiliévitch ! Enfin ! gémit Klim. Viens vite ! Un grand malheur !...

Vissarion se dit, il ne sait pourquoi, avec panique : « Il est arrivé quelque chose à la baignoire. » Et, suivant Klim, il traverse la salle à manger en automate. Tout à coup il se retrouve devant le lit de Stiopa. Un Stiopa squelettique, couché sur le dos, le nez pointé vers le plafond, les pommettes saillantes, les paupières closes, la bouche ouverte sur une denture ébréchée.

— Qu'est-ce qu'il a ? chuchote Vissarion.

Assis au chevet de Stiopa, Marc Brioussoff se retourne et dit :

— Une crise cardiaque.

Le fait que Marc Brioussoff, un étudiant en médecine, ait immédiatement pris l'affaire en main, rassure Vissarion.

— Mais il va mieux maintenant ? demande-t-il.

— Comment ça ? dit Marc Brioussoff. Vous n'avez pas compris ? Il est mort.

— Ah ! fait Vissarion.

Stupéfait, il regarde mieux, en se penchant. C'est vrai : plus rien ne respire au-dessous de lui. Stiopa est devenu un paysage. Les yeux écarquillés, Vissarion attend la montée d'un chagrin convenable. En vain. Une sorte d'étonnement enfantin, mêlé de curiosité scientifique, habite seul son esprit. « Comment est-ce possible ?... D'une minute à l'autre... Quand je l'ai quitté, ce matin, il avait l'air en parfaite santé, il raisonnait, il parlait, il était quelqu'un... Maintenant il est quelque chose... Son corps occupe la même

190

place que naguère, mais ce n'est plus qu'une question d'encombrement. Où est le reste ? Enfin, je veux dire où est l'âme ? Détruite, évaporée, sublimée, debout à côté du lit ?... Une seule certitude : il n'y a plus de Stiopa. Le monde continuera sans Stiopa. J'ai perdu Stiopa... » Cette idée aide Vissarion à faire mousser sa peine. Il s'exhorte à un grand désespoir fraternel, soupire, bat des paupières et devient encore plus lucide et plus détaché. Auprès de lui, Klim renifle comme s'il avait perdu sa mère. Le long de son nez, coulent de grosses larmes de moujik. Encore un peu et il entonnera les lamentations des pleureuses de village.

— Comment est-ce arrivé ? demande Vissarion.

Et il écoute à peine la réponse entrecoupée de Klim :

— Comme la foudre frappe un arbre, Vissarion Vassiliévitch... Il était en train d'écrire, bien tranquillement... Moi, j'étais à ma machine à coudre... Tout à coup il dit d'une drôle de voix : « La fenêtre... ouvre la fenêtre... » Le temps que je me mette debout, et le voilà qui tombe, le nez le premier, sur la table. Je me précipite. Je le soulève. Il est tout lourd, il ne souffle plus. Immédiatement je suis descendu chez Marc Séraphimovitch. Heureusement il était là... Il est venu... Mais c'était déjà fini... Ah ! quel malheur !...

— Ce qu'on peut se dire, pour la consolation, marmonne Brioussoff, c'est qu'il n'a même pas eu le temps de se rendre compte...

— Oui..., c'est... c'est une grande chance, dit Vissarion, une grande chance... Chacun pourrait souhaiter pour lui-même...

Il s'arrête, éventé par un froid de caveau. La fin de Stiopa n'est-elle pas la préfiguration de sa propre fin ? Un jour ou l'autre... Les pieds au bord du gouffre, il oscille d'avant en arrière. Au milieu de son vertige, des voix l'atteignent, telles des flèches égarées.

— Je vais prévenir un médecin, dit Brioussoff.

— Pour quoi faire ? dit Klim. Il n'a pas besoin de médecin, à présent, le pauvre !

— Si, Klim. Pour le permis d'inhumer... Et les pompes funèbres...

L'idée de la dépense cingle Vissarion et le fait tourner en toupie. Des obsèques, ça doit coûter cher à Paris. Comment les paiera-t-on ? Sans doute n'est-ce guère le moment de soulever la question. Et pourtant... Il s'affole ; un renvoi de baba au rhum lui gonfle la bouche ; il lance un regard oblique à Brioussoff et murmure :

— Les pompes funèbres... Bien sûr... Mais ces gens-là vont demander à être réglés immédiatement... Nous n'avons pas le sou...

Brioussoff le rassure : il va prévenir Kostyleff. La Croix-Rouge politique prendra certainement la dépense à sa charge, comme il est d'usage en pareil cas. Vissarion instantanément se calme. Ses soucis envolés le laissent dans un état de légèreté et d'aisance presque agréable.

— Il faudrait aussi appeler un prêtre, dit Klim.

Du coup, Vissarion se cabre :

— Un prêtre ? Pour Stiopa ? Il ne manquerait plus que ça !

Brioussoff l'approuve. Klim se le tient pour dit. La suite s'enchaîne d'une manière à la fois absurde et tragique. Zina Brioussoff surgit, épuisée, éplorée et efficace. Elle a confié son bébé à la concierge. On discute pour savoir comment on habillera le cadavre. Vissarion, drapé dans une méditation philosophique supérieure, décide que son deuil le dispense de ces basses besognes. Réfugié dans la salle à manger, il demeure immobile, la tête dans les mains. Zina et Klim l'appellent « quand tout est prêt ».

En pénétrant dans la chambre de Stiopa, il se croit dans un décor de théâtre. Trois petits cierges, fichés dans des coquetiers, éclairent de façon insolite un mannequin couché à plat sur le lit, chaussures aux pieds et cravate au col. Dieu sait pourquoi ils ont tendu un drap sur le mur, derrière le chevet. Le défunt reçoit plus cérémonieusement que ne l'aurait fait le vivant. Costume et éclairage, tout est conçu, pense Vissarion, pour augmenter l'impression de mystère. Une sinistre comédie. Klim prie, tête basse, près de la porte. Le médecin — un Français — est venu entretemps et a reconnu Stiopa bon pour la fosse. Après-demain, ce sera chose faite. Klim n'a pas déposé d'icône sur la poitrine du cadavre. Tout de même, il lui a joint les mains. A présent, il fourrage du côté de la table de chevet. Il ouvre la cassette de Stiopa et en tire un paquet de feuilles cousues ensemble.

— Qu'est-ce que tu fais là ? demande Vissarion.

— Stépan Alexandrovitch m'avait dit que, s'il lui arrivait quelque chose, il voulait être enterré avec son manuscrit, chuchote Klim.

— C'est ridicule ! Passe-moi ça !

— Je n'ai pas le droit, Vissarion Vassiliévitch ! J'ai promis !

— Tu me désobéis, maintenant ! gronde Vissarion en tendant le bras.

— Ce ne serait pas chrétien, Vissarion Vassiliévitch ! La volonté d'un mort est sacrée !

Vissarion arrache le manuscrit des mains de Klim et l'emporte dans la salle à manger. Brious-

soff et sa femme l'ont regardé faire sans inter-
venir. Ils sont, l'un et l'autre, des esprits trop
évolués pour partager les craintes superstitieuses
de Klim. Sûr de son bon droit, Vissarion s'assied
et ajuste ses lunettes. L'idée de prendre enfin
connaissance des travaux secrets de son ami
l'exalte : il y voit une victoire personnelle.
L'agressif, l'infatigable, le ricaneur Stiopa a suc-
combé, alors que lui, Vissarion, dont il raillait
naguère encore l'essoufflement, survit et s'étale.
Il se sent même incroyablement bien, le cœur
régulier, l'estomac puissant, les poumons larges.
Comme si la vigueur de Stiopa disparu s'était
ajoutée à la sienne. A soixante-quinze ans ! Il
mouille son doigt de salive et tourne les pages.
Mais quoi ? Il rêve ! Le fameux traité de la révolution n'est qu'une resucée de leurs anciens discours à tous deux, avec, çà et là, quelques cita-
tions empruntées à de grands écrivains socialistes. Marx, Engels, Mikhaïlovsky, Tchernichev-
sky, Plekhanoff, débités en morceaux et reliés par
de courtes phrases explicatives. Une mosaïque
d'opinions. Un délayage de lieux communs mal
digérés. Et, depuis des années, c'est par cette
pitoyable besogne que Stiopa s'est donné l'illusion de produire. Un rire intérieur secoue Vissarion. Il regrette simplement de prendre sa revanche alors que Stiopa n'est plus là pour ressen-
tir le coup. Il voudrait appeler le monde entier
à constater le dégonflement de cette baudruche.
« Mon œuvre ! »... disait Stiopa.

Pendant qu'il lit, Klim rentre dans la salle à
manger et se plante devant lui, le visage gris et
lourd.

— Ça suffit, Vissarion Vassiliévitch ! dit-il.
— Je n'ai pas fini.

— Tu n'as pas besoin de finir. Rends-moi le manuscrit.

— Vas-tu me ficher la paix ? crie Vissarion.

— Comment n'as-tu pas honte de crier dans la maison d'un mort ? Allons, donne...

— Non.

— Donne !

La voix de Klim est menaçante. Vissarion lève les yeux sur lui et s'étonne de son air résolu. Un ancien moujik !... A qui se fier ?... Klim avance la main vers les pages ouvertes, une crainte frôle Vissarion, vive comme une anguille. Il n'ose protester. Le cœur mou, la voix tremblante, il marmonne :

— Eh bien ! prends-le, ce manuscrit ! Si tu savais ce qu'il y a dedans ! Un tissu de banalités ! Zéro, zéro !... Ça ne me surprend pas d'ailleurs !...

Sans un mot, Klim ramasse la brochure et l'emporte. Il la tient devant lui, précautionneusement, comme une relique. Une fois dans la chambre, il soulève les mains froides du mort et glisse le manuscrit dessous.

Zina Brioussoff a dû prévenir les autres locataires. Bientôt les visites commencent. Visages consternés, mains tendues, accolades. Même les menchéviks du troisième étage se sont dérangés. Devant chacun, Klim explique les circonstances de cette mort subite. A force de répéter son récit, il l'enjolive. Vissarion ne veut pas s'en mêler. Mais cette importance donnée au défunt l'irrite. Les gens vont jeter un regard sur « la dépouille », reviennent, soupirent, chuchotent de fades condoléances :

— C'est affreux pour celui qui reste !... Tant de souvenirs communs !... Une si longue amitié !...

Vissarion approuve, avec le sentiment affreux

d'être une veuve feignant un chagrin dispropor-
tionné. Kostyleff et sa femme arrivent à leur tour.
Klim les conduit dans la chambre mortuaire.
Debout derrière la porte, Vissarion ronge son
frein. Il n'est pas entré avec les autres, parce
que la contemplation de ce corps raide et mal
éclairé lui est pénible. La dernière fois qu'il l'a
vu, Stiopa avait l'air d'un perdreau desséché. Un
perdreau révolutionnaire. Que c'est long ! Ils n'en
finissent pas de regarder. Vont-ils, en ressortant,
parler de la dépense ? Il serait temps !... Enfin
les voici. Natalia Fédorovna se mouche discrète-
ment. Kostyleff prend Vissarion par le bras et
murmure :

— Bien entendu, la dépense sera pour nous...
J'ai déjà prévenu le comité...

— Merci, merci, balbutie Vissarion. J'avoue
que, dans notre situation... Je vous demande
d'être mon interprète auprès de...

Des larmes lui piquent les yeux. Natalia Fédorovna l'embrasse sur les deux joues. D'autres
gens surviennent. Klim laisse la porte de l'appartement ouverte. Vers le soir, les visites s'arrêtent.
Vissarion commence à avoir faim. L'heure du
dîner est depuis longtemps passée et Klim ne
met toujours pas la table. Il ne pense qu'au
mort. A 9 heures, Vissarion le rappelle à
l'ordre.

— Tout de suite ! Tout de suite, Vissarion Vassiliévitch ! Mais je n'ai pas grand-chose. Du riz
et des harengs. Est-ce que ça suffira ?

— Il faut bien, dit Vissarion avec humeur.

Ils mangent face à face, en silence. De temps
à autre, Klim se lève, d'un air fautif, et retourne
dans la chambre de Stiopa, pour une minute.

— Qu'est-ce que tu fiches ? grogne Vissarion. Tu as peur qu'il ne s'ennuie ?

Klim se rassied :

— C'est l'usage, Vissarion Vassiliévitch. On doit veiller le dernier sommeil d'un chrétien.

— Stiopa n'est pas un chrétien !

— Oui, oui, je sais... Et il sera enseveli sans prêtre, comme Tolstoï... Quel péché, mon Dieu, quel péché !

Vissarion hausse les épaules : décidément, Klim, en vieilllissant, tombe de plus en plus bas dans le radotage et la bigoterie. Encore un renvoi. Vissarion porte la main en cornet à sa bouche. Les événements l'ont secoué. Et puis il a trop mangé de harengs. Toute la nuit, il aura soif. Les Brioussoff reviennent proposer leurs services pour la veillée.

— Il n'y aura pas de veillée, dit Vissarion.

— Pourquoi ? dit Brioussoff.

— Stiopa, en véritable matérialiste, ne l'aurait pas toléré !

— La veillée n'est pas forcément un acte religieux, dit Brioussoff. Je la considère, moi, comme une sorte de tribut payé par l'amitié, une dernière réflexion devant un être qui a compté dans votre vie.

— Comme vous voulez ! dit Vissarion. Mais, je vous préviens, je... je me désolidarise... D'ailleurs je suis fatigué...

— Moi je le veillerai, dit Klim. Nous nous relaierons avec Marc Séraphimovitch.

Vissarion passe dans le cabinet de toilette pour se rafraîchir, contemple tristement la baignoire pleine de coupons d'étoffe et de manches de parapluie, rêve au chauffe-bain de cuivre à tiroir pivotant et s'étonne de la brusque accélération

de sa vie, naguère si calme, maintenant préci-
pitée en cataracte. Cinq minutes plus tard, il est
dans son lit, couché sur le dos, les mains croisées. Inconsciemment il a pris la même pose
que Stiopa, de l'autre côté de la paroi de carton.
Vite il se plie en chien de fusil, comme pour
échapper au danger d'une imitation trop fidèle.
En remuant les pieds, il fait refluer jusqu'à ses
narines l'odeur de son corps vivant. Une odeur
chaude, animale, qui rappelle vaguement celle de
la résine et du lait caillé. Là-bas, chez le mort,
une chaise craque. En fait, Vissarion n'est pas
mécontent que quelqu'un demeure assis, la nuit
entière, au chevet de Stiopa. On ne sait jamais
avec les cadavres... Certains se réveillent jusque
dans leur cercueil... Un frisson hérisse la peau
de Vissarion. Il se tourne sous ses couvertures.
D'après le rythme de la respiration, lente et rauque, qu'il perçoit à travers la cloison, c'est Klim
qui a commencé la veillée. Rassuré, il enfonce
sa joue dans l'oreiller et enveloppe d'un regard
amical la pomme de terre desséchée qu'il a posée
sur la table de nuit, avec la boîte de jujubes, la
pelote de ficelle et le porte-monnaie. A présent
il faudrait éteindre la lampe. Il hésite par crainte
de l'obscurité. Comment faire pour ne plus réfléchir à rien ?

Au milieu de la nuit, il s'éveille. Sur sa table
de chevet, la lampe brûle toujours. Le silence de
la maison est énorme. On n'entend même plus
remuer, respirer dans la chambre voisine. Pourtant Klim doit être à son poste. A moins que ce
ne soit Brioussoff. Se serait-il assoupi à côté du

cadavre ? Vissarion n'ose aller voir. Le nez contre la cloison, il retient son souffle, il écoute. Enfin, le crissement d'une semelle sur le plancher, une toux contenue. C'est Klim. Un bonheur de gratitude et de repos pénètre Vissarion. Il referme les yeux. Il a dix ans, douze ans. Il n'a pas appris sa leçon pour le lendemain. Pourvu qu'il ne se fasse pas attraper par son père ! Non, tout se passera bien. La leçon, l'enterrement, le chauffe-bain... Un chien noir, ébouriffé, court en aboyant sur une route neigeuse.

Le cercueil touche le fond du trou ; les cordes
remontent, libres, en se tortillant ; Klim fait le
signe de la croix ; des douze personnes réunies
autour de la fosse, seule Zina Brioussoff l'imite.

— Mes amis, dit Kostyleff à voix haute, je vous
demande de fixer votre pensée sur celui que nous
venons de conduire à sa dernière demeure...

Vissarion se crispe de la nuque aux orteils.
Kostyleff l'a prévenu, à l'entrée du cimetière,
qu'il comptait « prononcer quelques mots ». Le
moyen de l'en empêcher ! D'autant que l'actualité
politique lui donne l'occasion d'élargir sa haran-
gue. Quel choc, hier matin, en ouvrant le journal ! Toutes les feuilles de Paris relataient avec
indignation l'attentat commis la veille, dans la
soirée, au grand théâtre de Kiev. Peu de détails
encore : deux balles dans la poitrine ; presque
à bout portant ; Stolypine est au plus mal, paraît-
il ; son assassin, un certain Bogroff, arrêté sur-le-
champ, se dit social-révolutionnaire... Mais est-ce
vrai ? Dans sa position, Kostyleff doit en savoir
davantage. Vissarion n'a pas eu le temps de lui
parler avant la levée du corps. Et, derrière le

corbillard, ce n'était guère commode. Toutes les personnes présentes se sont abordées, ce matin, en chuchotant : « Vous avez lu ?... Un coup de maître !... Depuis le temps qu'on le visait, celui-là !... Oui, mais n'est-ce pas trop tard ?... Une erreur de tactique !,... Le comité n'approuvera sûrement pas !... » Vissarion lui-même ne sait que penser. Le président du Conseil des ministres de Russie a été abattu en plein théâtre, par un homme courageux, actuellement sous les verrous, et c'est sur le sort de Stiopa que les sociaux-révolutionnaires de Paris sont conviés à verser une larme ! Stiopa qui n'a jamais été qu'un théoricien aigri et fumeux, un raté de la révolution !

Une tiédeur moite stagne sous le ciel gris. Des fleurs fanées dorment sur les tombes voisines. Toutes ces croix, à perte de vue. On dirait des signes plus, remarque Vissarion. Et, au-dessous, les pierres tombales forment des signes moins. Le passage de vie à trépas, c'est le remplacement du plus par un moins dans une équation. A côté du trou fraîchement creusé, contre la levée de terre, s'appuie une couronne de perles violettes, blanches et noires. Un ruban rouge à inscription dorée en atteste la provenance : « Les camarades du parti social-révolutionnaire. » Au nom de ce même parti, Kostyleff pérore toujours, le ventre proéminent, le regard olympien. Entre sa chevelure et sa barbe, également abondantes, son visage a quelque chose d'automnal et de somptueux. Sa bouche s'ouvre dans de la fourrure. Il improvise, une main sur le cœur. Et en avant pour « le vaillant combattant de la liberté », « le pur levain révolutionnaire », « cette sorte de dévouement qui consiste à être plus sensible aux souffrances du peuple qu'aux plaies de sa propre chair »... Est-ce bien de Stiopa qu'il s'agit, de Stiopa avec ses éclats de haine, son eczéma, ses pieds sales ou d'un héros de l'Antiquité éclairé par le soleil couchant ?

Décidément inspiré, Kostyleff évoque maintenant les temps de la « lutte ardente », « ces folles années de 1871 à 1881, au cours desquelles des êtres exceptionnels, comme celui que nous pleurons aujourd'hui, ont risqué leur vie pour avancer de quelques jours l'instant de la vraie libération ». Zina froisse un mouchoir devant sa bouche. A-t-elle réellement du chagrin ? Vissarion songe à Stiopa dans son cercueil, avec son manuscrit posé sur le ventre, et soudain une source de pitié s'ouvre en lui et bouillonne. Il se répète : « Pauvre Stiopa ! Pauvre vieux ! » Mais c'est surtout à lui qu'il pense. Kostyleff hausse la voix pour la péroraison :

— L'attentat d'avant-hier nous prouve qu'en dépit du renforcement de l'appareil policier les plus hauts serviteurs du régime ne sont pas à l'abri des coups. Quels que soient les commentaires que suscitera cet acte isolé dans les milieux révolutionnaires, il démontre le puissant ressort de notre organisation. Je regrette que notre camarade Plastounoff nous ait quittés trop tôt pour avoir eu connaissance des événements de Kiev. Oui, Stiopa, nous aurions tous aimé en parler avec toi, te demander ton avis !... Dommage ! Dommage !...

Kostyleff incline lourdement la tête, et sa barbe se plie sur sa poitrine. L'assemblée, autour de lui, garde le silence. Au bout d'une minute, il ramasse une poignée de terre et la jette sur le cercueil. Vissarion lui succède. En sentant dans le creux de sa main cette motte de glaise froide, il a un frisson. Derrière son épaule, Klim soupire :

— De la terre française... C'est tout ce qu'il aura...

Vissarion ouvre les doigts et la motte tombe de haut sur le cercueil qui résonne. Le petit groupe s'éloigne dans l'allée centrale, laissant les fossoyeurs achever leur ouvrage.

Le cimetière Montparnasse est immense, divisé comme un gâteau. Des arbres alignent, çà et là, leurs feuillages déjà fatigués par l'automne. Les tombeaux se suivent, pompeux ou modestes, élevés ou à ras de terre, aussi différents d'aspect que des êtres humains. Vissarion marche devant, avec Kostyleff. Maintenant que la cérémonie est terminée, il éprouve une sorte de désœuvrement. Il est difficile, sortant d'un événement capital, de rentrer dans le train-train quotidien. Timidement il demande :

— N'auriez-vous pas quelques minutes à m'accorder, Vladimir Pétrovitch ?

— Mais si, mon ami, dit Kostyleff en lui serrant le coude. Vous pensez bien...

Sans doute se figure-t-il que Vissarion cherche en lui un consolateur. Ils prennent congé des autres à la grille du cimetière et se dirigent, par le boulevard Raspail, vers le Lion de Belfort. Klim traîne sur leurs talons.

Fatigué par la longue marche entre les tombes, Vissarion avise un banc dans le square Denfert-Rochereau et propose :

— Arrêtons-nous là.

Ils s'asseyent. Klim prend place à côté d'eux. D'abord Kostyleff se croit obligé de remettre la mort de Stiopa sur le tapis. Puis, comme Vissarion réagit mollement, il se tait, le regard fiché en terre.

— Que pensez-vous du meurtre de Stolypine ? demande Vissarion tout à coup.

— Franchement, dit Kostyleff, je crains que ce ne soit une erreur.

La netteté de la réponse surprend Vissarion et l'excite. On va pouvoir de nouveau discuter !

— Pourtant, dit-il, l'homme était exécrable !

— Il l'est encore, dit Kostyleff. Bogroff ne l'a que blessé !

— Un abominable réactionnaire qui se donne des airs de grand libéral ! renchérit Vissarion. Un dictateur qui traque les révolutionnaires en se prétendant l'ami du peuple !...

— Soit, mais n'oubliez pas que Stolypine est tout aussi détesté de la droite que de la gauche. La hardiesse de ses réformes rebute la bureaucratie impériale ; la façon cavalière dont il a traité le Conseil d'Empire et la Douma pour faire passer sa loi sur les zemstvos lui a valu la haine des puissants ; l'impératrice, conseillée par Raspoutine, a juré sa perte ; toute la clique des courtisans conspire contre lui. Sa disparition ne changera rien au cours de l'Histoire. Tôt ou tard, il aurait cédé la place. Ajoutez à cela que Bogroff était vendu à la police...

— C'est ce qu'on raconte, mais...

— Pour une fois, ce qu'on raconte est vrai. Bogroff était bel et bien en rapport avec l'Okhrana ; nous étions au courant ; et c'est pour se racheter à nos yeux que, de son propre chef, il a organisé cet attentat. L'affaire Azeff avait déjà ébranlé le moral de nos troupes. Quand les camarades sauront avec certitude que l'assassin de Stolypine est, lui aussi, un agent double, l'effet sera désastreux ! Enfin cet acte de violence risque de nuire à l'effort de nos représentants à la Douma, qui tentent d'endormir la méfiance de la clientèle intellectuelle bourgeoise en nous faisant passer pour des amis de la légalité.

— On n'aurait plus le droit, selon vous, de tuer un représentant du régime ! s'écrie Vissarion.

— Si, à condition de frapper juste et au bon moment. Avec Stolypine, on s'est trompé d'homme et d'époque.

— Je ne puis souscrire à cette opinion, dit Vissarion. Ce qui est important, ce n'est pas la personnalité de la victime ni celle de l'exécuteur, c'est l'impression d'insécurité qu'un pareil attentat laisse dans l'esprit du public. Quand une société ne se sent pas protégée par sa police, elle est toute prête à se chercher de nouveaux maîtres.

— Vous parlez de société, de nouveaux maîtres, mais à mon avis, ni elle ni eux ne sont encore mûrs pour un changement radical.

— Pourtant depuis 1905...

— En 1905, il y a eu une émeute, non une révolution. La foule s'est soulevée, non le peuple.

— C'est là une distinction bien spécieuse, Vladimir Pétrovitch !

— Pas du tout ! Pas du tout ! La foule et le peuple sont deux phénomènes très différents, dit Kostyleff. La foule a ses propres héros, qu'elle élève et abat selon ses caprices. Et ces héros, entre parenthèses, sont rarement des intellectuels ! Les intellectuels peuvent être les dirigeants d'un peuple, non les héros d'une foule. Du reste, il serait mauvais que le peuple ne fût rien d'autre qu'une foule élargie. Cela voudrait dire que le peuple n'est pas encore assez évolué pour se soustraire au mouvement instinctif, convulsif de la foule. Avant que la foule ne se décompose et ne se recompose en un peuple, il s'écoulera beaucoup de temps, et beaucoup de larmes, et beaucoup de sang... Cette naissance du peuple se fera, sans doute, à la suite de pressions économiques, de famines, de banqueroutes, de guerres... Comment savoir... ? Les eaux rongent lentement, insensiblement le rivage. Et tout à coup, tiens ! mais voici un promontoire effacé !

— Vous voulez dire que le changement s'accomplira sans notre intervention... sans... sans la terreur... ?

— Il faut de la terreur, et des scandales, et de mauvaises récoltes, et des conflits internationaux... Le terrorisme fait partie de notre arsenal. Il ne constitue pas tout notre arsenal.

— Eh bien ! moi, dit Vissarion, je suis convaincu que les coups portés par notre organisation de combat viennent à point nommé. La machine impériale est fortement ébranlée. La faiblesse de Nicolas II, les intrigues de cour, ce Raspoutine qui subjugue les milieux proches du trône, les grands éclats oratoires de la gauche, à la Douma...

— Sans doute, sans doute... Cependant cela ne suffit pas. Regardez la France. Ici aussi, il y a des scandales, des grèves, des combats politiques à la Chambre des députés, de grandes campagnes menées dans les journaux contre le gouvernement, et pourtant la république bourgeoise continue son petit bonhomme de chemin. La pourriture, chez nous comme chez les Français, n'est encore que superficielle. Et, ce qui est curieux, c'est que ces deux pays pourris se recherchent et comptent l'un sur l'autre pour soutenir leur santé chancelante. Les Russes tablent sur l'or français pour sauver leurs finances, et les Français tablent sur le soldat russe pour reconquérir l'Alsace-Lorraine. D'un côté, le fameux « bas de laine », de l'autre, les « réserves humaines inépuisables ». Comique, non ? Qui des deux sera déçu le premier ? Cette mutuelle confiance est tellement extraordinaire, que même l'assassinat de Stolypine n'a pas fait fléchir l'emprunt russe à la Bourse de Paris. Tenez, regardez...

Kostyleff tire de sa poche *Le Figaro*, ouvert à la page financière, et le tend à Vissarion qui chausse ses lunettes et lit : « Les fonds russes ont été relativement bien tenus, malgré l'émotion causée par l'attentat contre M. Stolypine. Le *consolidé* 4 % a perdu 25 centimes et le 4 1/2 % 35 centimes... »

A la première page du même journal, il y a un long article sur l'assassinat du ministre.

— Vous permettez, dit Vissarion. Je voudrais voir comment ils présentent la chose.

Il parcourt le texte des yeux. Rien de nouveau. Le théâtre ; la foule chamarrée de l'entracte ; un inconnu qui passe entre les fauteuils, s'approche du ministre et tire ; des cris, la panique ; Stolypine effondré levant le bras, dans un dernier effort, pour tracer le signe de croix en direction de la loge impériale, tandis que les policiers maîtrisent l'assassin. « Le tsar, très pâle, mais avec un sang-froid qui a été unanimement admiré, s'était avancé au bord de sa loge et aussitôt le public poussait une énorme acclamation et entonnait l'hymne impérial... »

— Tu me raconteras, Vissarion Vassiliévitch, dit Klim.

— Oui, oui, grogne Vissarion.

Et, rendant le journal à Kostyleff, il ajoute :

— Il n'en réchappera pas !

— S'il meurt, un autre le remplacera. Plus dur sans doute.

— Eh bien ! nous aurons l'autre comme nous avons eu celui-ci !

Klim dodeline de la tête et se demande soudain de quoi parlerait Vissarion Vassiliévitch si la révolution avait déjà eu lieu et que, par conséquent, il n'y eût plus de travail pour les révolutionnaires ? Sans sujet de discussion, il périrait d'oisiveté et d'ennui. Ce qui le fait vivre, c'est la colère de n'avoir pas encore atteint son but, comme ce qui faisait vivre les serfs, autrefois, c'était la perspective merveilleuse d'être un jour émancipés par le tsar ; et, lorsqu'ils ont été émancipés, ils ont compris qu'en gagnant la liberté ils avaient perdu quelque chose de plus important : l'espoir. Tout cela, Klim se le dit, tête basse, une fesse posée sur le dossier du banc qu'occupent le bartchouk et Vladimir Pétrovitch. Ils discutent toujours à propos de Stolypine, de la Douma, de Poincaré, de l'alliance franco-russe et de l'affaire d'Agadir, qui prouverait, s'il en était besoin, « les intentions belliqueuses de l'Allemagne »... Le pauvre Stépan Alexandrovitch est bien oublié dans sa fosse. Le vent fraîchit. Vissarion Vassiliévitch est habillé trop légèrement pour la saison. Il faudrait rentrer. Mais on ne peut interrompre Vissarion Vassiliévitch lorsqu'il est lancé ! Enfin Vladimir Pétrovitch regarde sa montre, on se lève et on reprend le chemin de la maison. En passant devant un café, Kostyleff dit :

— Tiens ! Regardez donc qui est là !

Klim tourne la tête et distingue, derrière la vitre, un groupe d'hommes attablés.

— Lénine ! murmure Vissarion. Je le croyais en Suisse !

— Il va, il vient, dit Kostyleff. Mais son agitation est de plus en plus vaine. Théoricien forcené, il finira dans la solitude et le dédain de tous.

— Lequel est-ce ? demande Klim.

— Le deuxième à gauche.

Klim arrête son regard sur un petit homme propret, au faux-col blanc, au front bombé et à la courte barbiche. On dirait un fonctionnaire. Il boit un bock de bière blonde. Ses yeux sont obliques, plissés. Il repose son bock, il parle...

— Eh bien, Klim ! qu'as-tu à rester planté là ? dit Vissarion.

La nuit a été bonne. Pas une fois Vissarion n'a rêvé de Stiopa. Assis dans son lit, il tend l'oreille : Klim est déjà penché sur sa machine à coudre. Ce martèlement monotone est, somme toute, réconfortant. On dirait le battement de cœur de la maison. Tant que le cadavre se trouvait dans la chambre, il semblait impossible de concevoir son départ. Son poids, son silence encombraient l'appartement et empêchaient les vivants de retourner à leurs habitudes. Mais les hommes en noir connaissent leur métier. En dix minutes, Stiopa a été mis en boîte et enlevé. A présent tout est rentré dans l'ordre. Place nette. Le logis paraît plus grand et plus propre. Vissarion passe dans la salle à manger, en bâillant, décroche la clef, descend sur le palier intermédiaire et s'enferme dans les cabinets. Nul désormais ne pourra lui reprocher de s'y attarder. Il a emporté *L'Humanité* de la veille et lit le journal en entier, assis sur le siège, dont le bois est fendu par-devant. L'attentat contre Stolypine, surnommé « le Pendeur », est commenté par l'éditorialiste avec virulence : « Quoi qu'il advienne, et si opposés que nous soyons à la peine de mort et à toute effusion de sang, il ne nous est pas possible de trouver la moindre parole de sympathie pour le misérable exécuteur des hautes œuvres impériales que vient d'atteindre le revolver d'un jeune militant terroriste. » Ce mâle langage réjouit Vissarion, dont les propos réticents de Kostyleff avaient quelque peu troublé la conviction. Ragaillardi, il remonte dans l'appartement et se rend droit au cabinet de toilette.

Les objets personnels de Stiopa occupent une moitié de l'étagère. Vissarion les ôte un à un, et place en évidence son blaireau, son savon, son rasoir, sa brosse à dents, son flacon d'eau de Cologne, son verre, ses ciseaux. Il se lave et se rase en rêvant au chauffe-bain, dont l'installation lui apparaît de plus en plus probable. En effet, qu'on le veuille ou non, il y a maintenant une bouche de moins à nourrir. Cela représente une diminution d'un tiers sur les frais de table, cependant que le revenu, lui, ne changera pas. Au besoin, on travaillera davantage, on essaiera de se faire augmenter par M. Collot...

En rentrant dans la salle à manger, Vissarion est tout frétillant d'optimisme. Il avale son thé et ses tartines avec appétit. Le visage attristé de Klim l'exaspère. Comme si c'était lui et non Vissarion qui avait perdu un ami. Encore une tasse de thé. Et une tartine pour finir le beurre. Bien entendu les vêtements de Stiopa — trop petits pour Vissarion ou pour Klim — seront à distribuer dans la maison. Mais peut-être serait-il plus opportun de les donner à Kostyleff pour la Croix-Rouge politique qui a payé les obsèques ?

— Oui, oui, c'est ce que je ferai, dit Vissarion.

Il réfléchit tout haut et goûte le plaisir neuf de n'avoir pas à surveiller ses paroles. Quelle liberté soudain ! Le couvercle a sauté au-dessus de sa tête. Il n'y a plus de censeur dans sa maison. Personne pour le contrecarrer, le railler, s'opposer à ses volontés les plus raisonnables ou le forcer à convenir de ses erreurs. Personne pour éplucher ses dépenses et lire dans ses pensées. Personne pour l'empêcher d'être lui-même et d'aller où il veut. Après des années de partage, il est enfin le seul maître à bord. Ainsi peut-il même introduire Klim dans la confidence de son projet, touchant le chauffe-bain. Klim s'étonne. Il ne connaît pas cette mécanique. Amusé, Vissarion promet de l'emmener, un jour, chez M. Collot et de lui montrer, en passant, la devanture des établissements Porcher.

— Tu verras, dit-il, c'est extraordinaire, un chauffe-bain !... Le complément nécessaire d'une baignoire !... Je ne pouvais pas en parler devant Stiopa, il n'aurait pas compris !... Il était fermé à certaines idées de progrès, d'hygiène... En retard sur son temps, quoi !

Puis il sort acheter des journaux. C'est dimanche. Les rues s'éveillent paresseusement. En première page du *Matin*, des nouvelles de Stolypine : toujours entre la vie et la mort. Quant à son assassin, il est, dit-on, un révolutionnaire se faisant passer pour un policier, alors qu'Azeff était un policier se faisant passer pour un révolutionnaire (1). Le journaliste précise que Bogroff étant d'origine juive, des pogroms risquent de se produire à Kiev. « Déjà les juifs quittent la ville en grand nombre, prenant d'assaut les gares et les trains... » Vissarion va s'asseoir sur un banc pour continuer sa lecture : l'agitation révolutionnaire en Espagne, le Congo français et les ambitions allemandes, l'accident mortel de l'intrépide aviateur Nieuport. Le boulevard Saint-Michel gronde doucement autour de lui. Détachant les yeux du texte imprimé, il se laisse baigner par la vie des autres, si bien qu'il ne sait plus si c'est le soleil d'automne ou la jeunesse des passants qui lui procure cette sensation de bien-être.

Quand il rentre, Klim est prêt à partir pour l'église de la rue Daru. Habitude idiote, dont des années de remontrances n'ont pu le faire démordre. A l'idée de rester seul, Vissarion s'inquiète. Il ne peut tout de même pas accompagner Klim à la messe ! Brusquement il décide de descendre voir Brioussoff : Zina, elle aussi, doit s'apprêter pour l'office dominical. Non, elle est déjà partie ! Brioussoff, entouré de livres de médecine, prépare un examen. Il offre à Vissarion de s'asseoir dans un coin pendant qu'il étudie. Vissarion accepte et se transforme en spectateur. Le dos rond de Brioussoff courbé sur ses bouquins, une mouche au plafond, le bébé qui gigote dans son berceau. Vissarion n'a jamais éprouvé de tendresse pour les enfants en bas âge. Celui-ci, rose, joufflu et baveux, lui répugne plutôt. Néanmoins, par politesse, il se croit obligé de dire :

(1) Stolypine devait succomber à ses blessures le 5 septembre 1911. Son assassin, l'agent double Bogroff, fut condamné à mort et pendu, après avoir affirmé qu'il était un social-révolutionnaire.

— C'est étonnant à quel point il vous ressemble !

Pour toute réponse, Brioussoff émet un grognement porcin. Des minutes passent, puis Vissarion demande :

— Avez-vous lu les journaux, ce matin, au sujet de Stolypine ?

— Non, dit Brioussoff, sans lever le nez.

— On parle de Kokovtzoff pour le remplacer.

— Ah !

— Qu'est-ce que vous en pensez ?

Pas de réponse. Vissarion sait bien qu'en parlant il empêche Brioussoff de travailler, et cependant il ne peut se taire.

— Kokovtzoff, dit-il, n'est ni un Witte ni un Stolypine...

— Excusez-moi, dit Brioussoff excédé, mais il faut que j'étudie. J'ai une interrogation demain.

— Très bien, très bien... Ce n'est pas moi qui... Ah ! là là !... A une autre époque, peut-être, Kokovtzoff aurait été un remplaçant capable... Aujourd'hui, non... Le type accompli du fonctionnaire moderne... Intègre, consciencieux, réfractaire à toute intrigue, mais sans caractère, sans poigne... Une demi-mesure, en mal comme en bien... Le tsar ne pourra s'en contenter...

— Oui, oui, grogne Brioussoff.

Et il se bouche ostensiblement les oreilles avec ses deux mains. Vissarion a honte de s'imposer. A demi ennuyé, à demi vexé, il fait un mouvement vers la porte. Brioussoff ne le retient pas.

« Plus tard, je continuerai, dans ce cahier, le récit de notre voyage. Pour l'instant, je ne peux penser qu'à cette chose terrible, incroyable : Stépan Alexandrovitch est mort. Subitement. Comme d'une chiquenaude de Dieu. J'ai eu peur, d'abord, que Vissarion Vassiliévitch ne tombe malade de chagrin. Mais il a courageusement supporté le coup. Il domine sa peine. Et même il la cache. Par dignité. Cependant je suis bien sûr qu'au fond de lui il est, comme moi, très malheureux. Quand on a si longtemps partagé la vie d'un homme, on ne peut le voir partir sans être soi-même à demi emporté. Moi, il me semble qu'on vient de me couper un membre. L'enterrement a été affreux. Un chien qu'on fourre dans un trou. Et pas une croix pour attirer l'attention de Dieu. Il est vrai que Dieu ne va pas aux seuls enterrements où il est invité. Il a toutes sortes de déguisements, Dieu, pour n'être pas reconnu. Parfois tu crois serrer la main d'un socialiste, d'un athée, et c'est la main de Dieu que tu serres... J'aurais aimé parler de tout cela avec Dimitri Savélitch Tarkhanoff. Mais ils l'ont renvoyé. Parce qu'il n'avait pas les mêmes idées qu'eux. Quel mal les hommes se font à cause des idées ! »

8

Le riz est si mou, si fade, que Vissarion a l'impression de mâcher de la pâte à papier. En face de lui, Klim, son unique commensal depuis trois mois et demi, mange avec une voracité tranquille. Comme tous les paysans, il ne sait pas limiter les mouvements de son visage au strict nécessaire. Toute sa peau participe à l'ouverture et à la fermeture des mâchoires. Ce spectacle familier agit sur les nerfs de Vissarion. Et aussi le silence qui règne dans la maison depuis la disparition de Stiopa. Certes, Stiopa n'élevait la voix que pour railler à tort et à travers, mais cette crécelle de haine valait encore mieux que l'absence de tout échange intellectuel à quoi Vissarion est condamné depuis le jour de l'enterrement. Après un long temps de réflexion et de mastication, Klim pose sa fourchette et marmonne :

— Tu te rappelles comme Stépan Alexandrovitch se fâchait quand je faisais du riz ?

— Oui, il ne l'aimait pas, dit Vissarion sombrement.

— Un jour il m'a menacé de m'envoyer le plat à travers la gueule...

— Les menaces de Stiopa !...

— Il l'aurait fait ! Il l'aurait fait ! dit Klim en riant. Et la fois où...

D'autres souvenirs arrivent. Ils sont trop nombreux. Et d'une telle banalité ! Vissarion étouffe sous ce bombardement de boules de coton. Sa gorge se contracte. Il voudrait crier à Klim de se taire. Demain il fera démolir la cloison de carton qui sépare sa cellule de celle qu'occupait Stiopa. Depuis longtemps, il remettait cette décision à plus tard. La chambre agrandie, il prendra ses aises. En vérité, s'il n'a pas encore retrouvé son assiette dans l'existence, c'est que l'appartement est resté tel quel après les obsèques. Stupidement, il a continué à vivre comme s'il partageait sa maison avec le défunt. Or, aucun bonheur n'est possible quand les choses ne suivent pas l'évolution des êtres. Cette cloison abattue sera le symbole du renouveau. Le lit prendra place au milieu du grand panneau, une table de nuit de chaque côté ; une carpette à gauche, une à droite... Vissarion plane dans l'immensité du ciel bleu. Et soudain quelque chose le fascine, loin au-dessous de lui. Il vise, il tombe, il rase les vagues, telle une mouette aux ailes tranchantes, saisit une idée à la surface de l'eau et remonte, ivre de joie, au zénith. Comment n'y a-t-il pas pensé plus tôt ? Il ne faut rien changer, laisser la chambre de Stiopa en état et la louer à un étudiant russe. Il y en a tellement qui sont à la recherche d'un gîte ! On pourrait demander dix francs par mois. Peut-être davantage. Ainsi, en deux ans à peine, il économiserait assez d'argent pour payer le chauffe-bain. Autrement dit, vers le printemps 1914. Est-ce possible ? Il a peur de se réjouir à la légère. D'ailleurs, même abstraction faite du chauffe-bain, la solution est séduisante. Quel agrément pour la vie quotidienne que la présence d'un jeune homme dans la maison ! Un garçon intelligent, ardent, fort, ouvert, imbu d'idées progressistes, qui vous respecte, sollicite vos conseils et vous interroge, le soir, sur le passé, en fumant une cigarette. Il ne manque pas de ces révolutionnaires en herbe dans l'émigration. Le fils qu'il n'a jamais eu. Un confident. Un disciple. Kostyleff lui trouvera ça. Brusquement requinqué, Vissarion se penche sur son assiette et finit le riz refroidi. Un rêve de paternité l'habite. Il sourit dans le vague, tandis que Klim continue à lui parler de Stiopa.

— Weinstaub ? murmure Vissarion. Quel Weinstaub ?

— Simon Moïsséïévitch, dit Kostyleff. Vous l'avez rencontré chez moi.

— Ah ! oui..., le petit juif roux...

— Ça vous gêne qu'il soit juif ? demande Kostyleff sévèrement.

— Pas du tout ! Pas du tout ! balbutie Vissarion.

Et il cache sa déception derrière un sourire. En vérité, il n'a rien contre les juifs. Il a toujours combattu pour l'égalité des races devant la loi. A chaque pogrom, il s'est hérissé d'indignation. Serait-il plus facile de plaindre des millions de juifs que d'en accueillir un seul sous son toit ? Comme les traditions familiales sont enracinées en chacun de nous ! Tout à coup Vissarion entend son père : « Ouvrir ta porte à un juif, c'est ouvrir ton porte-monnaie au vent... » En même temps il revoit le visage raviné, la moustache bourrue, le regard rond, terrible, sous la touffe poivre et sel des sourcils, et se sent redevenir enfant. C'est bon, c'est doux, on tremble, on espère, on n'a qu'à obéir, la vie coule de repas en repas, de leçon en leçon, de sommeil en sommeil... Dire qu'il est plus vieux aujourd'hui que ne l'était son père au jour de sa mort ! Pris de vertige, il boit le thé qui reste au fond de son verre. Kostyleff le ressert et dit :

— Pour le prix — dix francs par mois — c'est d'accord. Et vous n'aurez pas de soucis à vous faire en ce qui concerne le règlement. Les parents de Weinstaub sont bijoutiers à Kiev. Ils lui envoient de l'argent régulièrement...

Assis à la table ronde, sous la suspension à gaz, Vissarion abandonne ses reins au dossier de la chaise, allonge ses jambes engourdies, et constate qu'il est toujours agréable de passer quelques minutes chez les Kostyleff, entre les malles couvertes de plaids et les murs décorés de vieilles photographies. Tout ici respire la bonhomie et la confiance. Les meubles ni les cœurs n'ont de serrure.

— Je l'aurais bien logé chez moi, reprend Kostyleff, mais il n'aurait pas un coin pour travailler. Il prépare son droit. Il lui faut un minimum de confort.

— Oui, oui, dit Vissarion. Chez moi, il sera mieux.

— Quand pourra-t-il emménager ?

— Ce soir, dit Vissarion.

Et la crainte le reprend de se fourvoyer en acceptant ce jeune juif dans sa maison.

— Le bruit de la machine à coudre ne vous gêne pas ? demande Vissarion en écartant la portière de grosse toile.

— Nullement ! dit Simon Weinstaub.

Et il se soulève à demi sur sa chaise. Il a enveloppé ses jambes dans une couverture, à cause du froid. Une écharpe en laine, vert épinard, nouée autour de son cou, sert de socle à son visage, qui est mollet, blondasse, avec un long nez, des cils incolores, un regard rosâtre et des cheveux roux. Quand il se rassied, la chaise craque.

— Si je vous demande ça, dit Vissarion, c'est que les premiers temps, il m'était difficile de travailler ou même de lire pendant que Klim pédalait sur son engin. Je croyais devenir fou en l'entendant. Et pourtant on ne peut exiger qu'il s'arrête. Les commandes n'attendent pas !

— Je comprends très bien.

— De toute façon, il n'en a plus pour longtemps sur la machine...

Simon feuillette machinalement un livre. Il y en a quatre d'ouverts sur la petite table qui lui sert de bureau. Rien que des ouvrages de droit.

— Il est gentil, Klim, dit-il.

— Très gentil. Vous savez qu'il a été mon serf, autrefois. C'est à peine croyable ! Mon serf ! Puis mon domestique. Puis un compagnon de combat. Et maintenant un ami... Ah ! cher Simon Moïsséïévitch, vous êtes trop jeune ! Vous ne pouvez pas vous rendre compte ! En l'espace d'une vie d'homme, la Russie est passée du Moyen Age à l'ère moderne !...

— Elle n'y est pas encore tout à fait arrivée, dit Simon en souriant.

— Non, certes ! Nous sommes là pour l'aider à franchir les derniers pas ! Quand avez-vous quitté la Russie ?

— Il y a un an et demi. Je voulais entrer à la faculté de droit de Kiev. Mais, à la dernière minute, le contingent de juifs admissibles a été purement et simplement réduit à zéro. On comptait déjà, paraît-il, trop d'étudiants juifs à l'Université. J'étais désespéré. Mes parents ont décidé de m'envoyer finir mes études à Paris. C'est une chance qu'ils en aient eu les moyens. Seulement je ne parle pas assez bien le français. Les cours que d'autres assimilent vite, je les comprends difficilement, je dois les relire cent fois...

— Vous ne vous en souviendrez que mieux, dit Vissarion, brusquement ému par la détresse de Simon Weinstaub.

La laideur même du garçon lui est sympathique. Il s'assied sur le bord du lit et murmure :

— Et bien sûr, vos parents vous manquent !

— Oui, dit Simon. En plus, j'ai peur pour eux. Après l'assassinat de Stolypine, je n'ai pas dormi de trois nuits. Heureusement, une lettre de mon père m'a rassuré. C'est qu'il a une situation en vue. Tout le monde connaît la bijouterie Weinstaub, à Kiev. Deux fois, nous avons été pillés et ruinés.

— Ah, mon pauvre ami !

— Vous savez comment cela se passe, un pogrom ! D'abord s'avance une procession portant des bannières saintes, des portraits du tsar, et escortée de soldats et de policiers au visage pacifique. Aussitôt, les juifs détalent ou se barricadent car, pour eux, c'est le signal ! Suivant le cortège officiel, à deux minutes d'intervalle, arrivent immanquablement les voyous, les pilleurs, les tueurs, toute la pègre des bas quartiers. « Rosse les juifs ! Sauve la Russie ! » C'est le mot d'ordre. Un jour — j'avais douze ans — je traînais dans la rue, quand la foule des émeutiers a tourné le coin. Au lieu de me tenir tranquille, je me suis mis à courir. On me lance des pierres, on me siffle, j'entends : « Regarde, regarde le petit youpin qui cavale ! » Ce cri, je l'ai encore dans les oreilles ! J'avais de bonnes jambes. Ils ne m'ont pas rattrapé...

— Et vos parents ?

— Mes parents, cette fois-là, n'ont pas été inquiétés non plus. Parce que nous habitions dans la haute ville. Mais des cousins à nous, qui logeaient dans la ville basse, au bord du fleuve, ont été massacrés. C'est affreux ! On étudie la loi, on compare le droit civil et le droit romain, on analyse l'évolution des institutions judiciaires, et de telles horreurs continuent à se passer dans le monde !

— C'est pour éviter leur répétition que nous travaillons à la chute du tsarisme.

— Vous croyez donc sincèrement que le tsarisme est cause de tout ?

— Bien sûr ! s'écrie Vissarion.

— J'ai plutôt l'impression que c'est la nature humaine qui est mauvaise !

— S'il en est ainsi, le socialisme la corrigera. L'homme est perfectible. Une saine politique, en améliorant ses conditions de vie, purifiera ses instincts. Rendu plus heureux matériellement, il deviendra meilleur moralement...

Les mots roulent sans effort sur la langue de Vissarion. Bien qu'il ait tenu souvent des propos analogues, il lui semble les inventer à l'intention du petit rouquin qui l'écoute. Dire qu'il a pu un instant hésiter à héberger ce jeune homme ! Ressortissant d'une race humiliée, Simon Weinstaub lui est deux fois plus aimable que ne le serait un Russe authentique. Quarante-huit heures à peine qu'il est là, et, déjà, la vie est changée. L'ancienne chambre de Stiopa, qui était un repaire de vieillerie et de méchanceté, est devenue la chambre de l'espoir. Il n'y a pas un souvenir qui ait résisté à l'entrée de cet adolescent dans les lieux. Assis dans un décor qui devrait lui rappeler tant de choses, Vissarion s'y découvre aussi libre, heureux et curieux que dans un univers inexploré. Il n'est pas chez Stiopa, il est chez Simon. Et il s'y trouve bien. Au besoin il garderait son locataire sans le faire payer, pour le seul plaisir de sa compagnie. Il s'arrête au milieu de son discours, frotte l'une contre l'autre ses mains gelées et demande avec inquiétude :

— Vous n'avez pas trop froid ?

Le poêle se trouve dans la salle à manger, mais un tuyau de tôle traverse la chambre et s'enfonce dans l'imposte fixe de la fenêtre. Quelque chaleur descend de ce conduit aux jointures irrégulières, d'où fuse parfois de la fumée.

— Non, je vous assure, dit Simon.

Vissarion décide néanmoins de faire pousser les feux. Il importe de donner au locataire le sentiment du confort. Ce serait trop bête si, parce qu'il a froid, ou qu'il n'est pas à son aise pour travailler, Simon Weinstaub se cherchait une chambre ailleurs. Il ne faudrait pas non plus le déranger dans ses études. Un quart d'heure au moins que Vissarion est sur son dos ! Incorrigible bavard ! A la place de Simon Weinstaub,

Brioussoff se serait déjà arrangé pour rompre l'entretien. Ce que c'est que l'éducation, la discrétion, l'élégance sémites ! Loin d'écarter Vissarion, le jeune homme, à présent, lui offre une cigarette.

— Je ne sais si je peux, dit Vissarion. Ce sera la troisième de la journée. A mon âge, je dois me surveiller.

— A votre âge ?

— Eh oui ! J'ai soixante-quinze ans !

— Soixante-quinze ans ? Je n'aurais jamais cru !

Vissarion sourit et tire sur sa cigarette, dont la fumée lui emplit la bouche, le cerveau, les idées d'une sorte d'écœurement heureux. Puis, se ressaisissant, il murmure :

— Je vous empêche de travailler !

Et il se retire en refermant la porte derrière lui.

9

« Nous avons un locataire : Simon Moïsséïévich Weinstaub. Il est juif. Et il plaît beaucoup à Vissarion Vassiliévitch. Je dois dire que vraiment il est gentil, calme et serviable. Surtout il distrait Vissarion Vassiliévitch du grand vide qu'a laissé le pauvre Stépan Alexandrovitch en s'en allant. Mais on ne remplace pas un Stépan Alexandrovitch ! Il est tellement mêlé à notre passé que nous le portons dans notre sang. En reprenant mon récit, je vais le retrouver vivant. C'est la force de l'écriture.

« Donc nous étions à Nagasaki. De cette ville, je me rappelle les maisonnettes de bois légères, les pousse-pousse dans les rues, les magasins avec leurs drôles d'enseignes, et la foule jaune, dont tous les visages se ressemblaient. Qu'est-ce que je fais ici ? me disais-je. On m'avait coupé mes racines. Je ne sentais plus la terre sous mes pieds. Et ce que j'entendais n'était pas une langue de chrétien. Pour la première fois de ma vie, le monde me paraissait plus grand que la Russie. Jusque-là j'avais beau savoir qu'il y avait d'autres pays — la Chine, la Turquie, l'Allemagne, la France, l'Angleterre — je n'imaginais pas qu'un jour, à force de marcher droit devant moi, je tomberais sur une contrée où, lorsque je parlerais russe, personne ne me comprendrait. Quand je dis « personne », j'exagère. Il y a des Russes un peu partout. A Nagasaki ils sont même assez nombreux. Nous avions une adresse, là aussi : Koussoff, un horloger-bijoutier-brocanteur, établi dans le quartier européen. Il nous a hébergés pendant un mois et nous a aidés à combiner la suite de notre voyage. C'est chez lui que j'ai appris les véritables intentions de Vissarion Vassiliévitch et de Stépan Alexandrovitch : ils voulaient se rendre en Amérique du Nord, où vivaient, paraît-il, des membres de l'organisation, et de là, plus tard, en Europe. Ils m'ont montré le trajet sur une carte. C'était presque le tour du monde. J'ai eu le vertige en regardant, sur le papier, tous ces continents verts et tous ces océans bleus. Que d'espaces ouverts devant nous qui, en principe, n'avions pas le droit de nous éloigner à plus de dix verstes de notre lieu de relégation ! Nous devions économiser, autant que possible, l'argent gagné à Nijniaïa-Kara et à Srétensk. Aussi le bon Koussoff nous a-t-il fait embaucher, tous les trois, aux cuisines, sur un paquebot américain en partance pour San Francisco. En avons-nous épluché des pommes de terre et lavé des plats, dans une chaleur de fournaise ! Mais le passage ne nous a rien coûté.

« Il nous a fallu vingt jours pour arriver à Honolulu. Le climat des îles Hawaii est merveilleux ; il y a là des palmiers, des eucalyptus, des plages immenses, des Américains vêtus de toile blanche et des indigènes à demi nus qui proposent des colliers de fleurs. Après une courte escale, le bateau est reparti. Encore dix jours de mer, et nous atteignons San Francisco. C'est la plus grande ville de la Californie. Les maisons y sont très hautes. Les rues montent et descendent. La mer bleue entoure tout cela. Un médecin russe, le Dr Lébédeff, réfugié politique depuis quinze ans, nous a reçus à bras ouverts. Nous avons passé six semaines chez lui. Puis nous sommes allés à Chicago par le train. Et de Chicago à New York. Le Dr Lébédeff avait écrit à un de ses amis, le Dr Rosenfeld, un juif russe, pour le prévenir de notre arrivée. Le Dr Rosenfeld nous attendait à la gare. Nous l'avions rencontré plusieurs fois à Saint-Pétersbourg. Il travaillait dans une imprimerie clandestine et avait fui la Russie en 1879, après l'attentat contre Drenteln. Malgré le temps passé, il nous a tout de suite reconnus et a paru très ému de nous revoir. « Des revenants, des revenants ! » répétait-il en nous serrant dans ses bras. Il a voulu tout savoir de notre « odyssée », comme il disait. Puis il nous a dit que lui-même avait épousé une Américaine, qu'il gagnait sa vie comme médecin, mais qu'il avait toujours le même idéal politique. Son appartement étant trop petit, nous avons dû nous installer chez sa sœur, une vieille demoiselle, qui habitait seule, à deux rues de là. Vissarion Vassiliévitch et Stépan Alexandrovitch ont vite appris à parler l'anglais. Pas moi : la tête du moujik est trop dure ; seuls les mots russes peuvent y entrer. Cependant le Dr Rosenfeld nous a fait prendre comme emballeurs dans un grand magasin du centre de la ville. Ficeler des paquets, clouer des caisses, pousser des brouettes chargées de ballots — c'est une besogne pour laquelle il n'est pas nécessaire de bien savoir la langue. D'ailleurs les gens, à New York, parlent peu en travaillant. Comme s'ils craignaient de perdre du temps. « Chacun, ici, vit pour soi, sans s'occuper du voisin et en essayant de gagner le plus de dollars possible. » C'est ce que disait le Dr Rosenfeld. La ville m'a paru énorme, remuante, effrayante et sale. Toutes les rues portent des numéros. Les maisons de notre quartier étaient en briques enfumées. Un chemin de fer aérien passait dans l'avenue, juste à côté. Cela faisait trembler les fenêtres. Nous sommes restés un an et demi à New York. Nous aurions pu rester plus, mais Vissarion Vassiliévitch et Stépan Alexandrovitch trouvaient qu'il n'y avait pas assez de réfugiés russes dans le pays et qu'il fallait aller en Europe « pour reprendre le combat social ». Et l'Europe, pour eux, c'était d'abord la France. Vissarion Vassiliévitch me parlait toujours de Paris. Il me disait : « Tu verras, Klim, comme nous serons bien là-bas ! C'est une ville unique au monde, le berceau de la liberté ! » Et il se mettait à faire des phrases en français. Nous avons amassé de l'argent, le Dr Rosenfeld nous a aidés, et adieu New York !

« Nous sommes partis pour Liverpool. Cette fois encore, nous avons été très malades en mer. A Londres, Vissarion Vassiliévitch et Stépan Alexandrovitch ont eu « des contacts intéressants ». Mais ce n'était qu'une étape.

« Nous sommes arrivés à Paris le 8 janvier 1904. Un mois après, le Japon a attaqué la Russie par traîtrise. Les mauvaises nouvelles qui venaient du front étaient pour Vissarion Vassiliévitch et Stépan Alexandrovitch autant de bonnes nouvelles. Ils espéraient toujours « la grande secousse », qui allait tout changer. Ils se sont beaucoup réjouis en apprenant que le ministre

Plehvé — « la brute assoiffée de sang » — avait été enfin abattu par les terroristes. Puis il y a eu le 9 janvier 1905, le fameux dimanche rouge, où, pour la première fois, le peuple a voulu présenter ses doléances au tsar et où la troupe a tiré sur les manifestants pacifiques. Sans doute le tsar a-t-il été mal conseillé. Des désordres ont suivi, le grand-duc Serge a été assassiné, le gouverneur de Bakou, et bien d'autres ; la Russie, après des pertes sanglantes, a signé une paix honteuse avec le Japon ; le tsar a publié un manifeste accordant toutes sortes de réformes libérales et même une Douma ; rien n'y a fait — des grèves générales ont éclaté à Saint-Pétersbourg et à Moscou ; il y a même eu des barricades, un vrai début de révolution ; mais la troupe a nettoyé la ville ; la répression a été sévère ; les chefs révolutionnaires ont fui la Russie. Beaucoup se sont réfugiés en France et en Suisse. A Paris, toute la colonie russe était sens dessus dessous. Chaque jour, il y avait une rencontre, une conférence, un congrès. Vissarion Vassiliévitch et Stépan Alexandrovitch ont pris la parole plusieurs fois en public et ont écrit des articles pour des journaux du parti. Ils disaient que les événements de Russie étaient « pleins d'enseignement », que nous venions d'assister à « une répétition générale » et que le « dénouement » était pour demain. Mais le dénouement n'est pas intervenu, les choses se sont calmées et il a fallu prendre patience. Entre-temps je m'étais habitué à Paris : une belle ville, où il y a de la verdure, des rues irrégulières, des statues, de vieilles maisons et beaucoup de cafés. Nous avions commencé par habiter rue de la Tombe-Issoire, près du parc Montsouris. Mais le loyer était trop cher pour une seule pièce. Nous avons trouvé mieux, au même prix, rue de l'Estrapade. Vissarion Vassiliévitch dit que tous les ouvriers et tous les intellectuels français appuient notre cause. Des écrivains français en renom souhaitent, paraît-il, que la révolution éclate en Russie. Il y a des comités de soutien au peuple russe, à Paris. Seulement le gouvernement français, lui, n'est pas d'accord. Il nous fait surveiller. Vissarion Vassiliévitch est sûr que nous avons nos fiches, à la police. En tout cas les gens du quartier sont bien aimables avec nous. L'épicier a appris à dire « bonjour » et « merci » en russe, et moi j'ai appris à le dire en français. La laitière me fait crédit et me tient de longs discours auxquels je ne comprends goutte. Un matin, elle m'a montré la photographie de notre empereur, Nicolas II, dans le journal et s'est exclamée : « Amis... Alliés... Franco-russe !... » J'ai dit : « Oui, oui, merci... » Et j'ai pensé que tout le monde, en France, ne devait pas être du côté des révolutionnaires, que certains aimaient la Russie telle qu'elle était, avec son tsar, ses ministres et ses généraux. Même le concierge, M. Dubuc, qui grogne parce qu'on ne s'essuie pas assez les pieds à l'entrée, me semble, au fond, un brave homme. Il m'a entrepris un jour sur l'Alsace-Lorraine. Puis il a prononcé le nom de Napoléon et a dressé fièrement la tête. J'ai encore dit : « Oui, oui, monsieur ». Il est pénible de vivre les oreilles bouchées, la langue liée, parmi tant de gens qui ne demandent qu'à causer avec vous. Ce que je peux dire, c'est que, dans l'ensemble, je suis plus à l'aise parmi les Français que parmi les Japonais ou les Américains. Les Français, d'après Vissarion Vassiliévitch, sont des gens légers, changeants, moqueurs et impétueux. C'est vrai qu'ils rient pour un rien. Tout le temps, dans les magasins, dans la rue, j'en vois qui plaisantent. Et les femmes sont très effrontées. Elles regardent les hommes. Vissarion Vassiliévitch prétend que « cela fait partie du charme de Paris ». Moi, cela me gêne. Nous avons beaucoup de compatriotes autour de nous. Rien que dans la maison, six appartements sur douze sont habités par des Russes. On se comprend, on s'entraide dans le milieu des réfugiés. Malgré cela, au début, notre existence à Paris a été très difficile. Il ne nous restait presque rien sur nos économies. Nous avons vécu quelque temps grâce aux secours de la Croix-Rouge politique. A cette époque-là, nous ne mangions pas tous les jours. Il fallait se retenir pour ne pas voler aux étalages. Puis Vladimir Pétrovitch Kostyleff m'a fait entrer dans l'atelier d'un Polonais de ses amis, pour apprendre à confectionner des parapluies. Vissarion Vassiliévitch et Stépan Alexandrovitch ont appris, eux aussi, mais ce n'est pas une besogne pour eux : ils réfléchissent trop, cela gêne le mouvement de leurs mains. Enfin, il y a trois ans, toujours par Vladimir Pétrovitch Kostyleff, nous avons connu M. Collot. Celui-ci nous a réservé sa clientèle. Et nous nous sommes installés à notre compte. Depuis, nous ne manquons de rien. De rien, sauf de l'air de la patrie. J'y pense souvent, à nos plaines, à nos forêts, à notre ciel, en cousant les panneaux de soie noire. Vissarion Vassiliévitch souffre moins que moi de l'exil parce qu'il a une idée. L'idée, c'est comme une canne. Tu t'appuies dessus, tu ne sens pas la fatigue, tu vas au bout du monde. Moi, je n'ai pas une idée, j'en ai plusieurs, et tout le mal vient de là. Je regrette la Russie, mais je suis heureux d'être ici avec le bartchouk ; je pense que le tsar règne sur nous par la volonté de Dieu, mais je me dis qu'il commet de lourdes fautes ; je voudrais que tous les espoirs de Vissarion Vassiliévitch se réalisent, mais j'ai peur d'une révolution qui ensanglanterait notre beau pays. Seuls les gens de grande culture peuvent être sûrs de leurs opinions. Celui qui, comme moi, a tout appris par lui-même, en chipotant dans les journaux, dans les livres, dans les conversations, comment saurait-il réfléchir en ligne droite ? Sa tête est molle, il découvre partout le pour et le contre. Peut-être, en mettant mes pensées bout à bout sur le papier, y verrais-je plus clair ? C'est très agréable de recopier en les arrangeant les notes du vieux cahier. Je change un mot par-ci par-là, j'ajoute une phrase, un souvenir en appelle un autre, le récit s'allonge, je me perds dans le passé, je ne suis plus à Paris, mais à Moscou, à Saint-Pétersbourg, à Nijniaïa-Kara, avec le bartchouk et le pauvre Stépan Alexandrovitch — que Dieu ait son âme !... »

10

Assis, en chemise, au bord du lit, Vissarion bouge ses pieds d'avant en arrière, se masse les genoux, frotte ses mains l'une contre l'autre, plie et déplie ses doigts dans le vide. Ses articulations sont comme bloquées par un gravier très fin. Un élancement lui traverse la hanche : toutes les misères du petit jour. Comment se fait-il qu'on n'entende pas la machine à coudre ? Il est pourtant 8 heures du matin. Encore la courroie qui s'est cassée sans doute ! Il se lève, chausse ses pantoufles et colle son œil au petit trou de la cloison qu'il a débouché après la mort de Stiopa : Simon dort, le nez contre le mur. Il a travaillé tard, la nuit dernière. A 1 heure du matin, il y avait encore de la lumière dans son coin. Vissarion se racle la gorge, tousse, renifle, en essayant de ne pas faire trop de bruit. Il suffira d'une tasse de thé chaud pour décrasser l'organisme. Les jambes raides, il passe dans la salle à manger. Personne. La machine à coudre fait le gros dos sous sa housse. La table n'est même pas mise pour le petit déjeuner. Que signifie cette négligence ? Furieux, Vissarion se précipite dans la cuisine et bute sur la paillasse étalée par terre. Klim est allongé là, les mains crispées sur une mince couverture. Ses yeux sont grand ouverts. Il claque des dents. Une voix entrecoupée s'échappe de ses lèvres qui tremblent et se déforment :

— Les parapluies... les parapluies se sont envolés... Il faut prévenir le poste de garde...

La première idée de Vissarion est que Klim a perdu la raison. Saisi de peur, il balbutie :

— Qu'est-ce qui te prend ?... Klim ! Klim !... Tu es fou ?... Klim, réveille-toi !...

Mais Klim ne semble ni le voir ni l'entendre. Des frissons lui secouent les épaules. Sa langue ballotte entre ses lèvres craquelées. Le dos au mur, Vissarion n'ose pas le toucher. Il répète :

— Klim ! Klim ! Eh bien ! Quoi ?...

Au bout d'un moment, il appelle :

— Simon !... Simon Moïsséïévitch !

Faiblement d'abord. Puis à pleine voix. Et Simon arrive, ses cheveux roux ébouriffés sur son crâne, ses petits yeux de lapin papillotant à la lumière. Il se penche sur Klim, lui tâte le pouls et se redresse, l'air soucieux.

— Qu'a-t-il ? chuchote Vissarion.

— Je ne sais pas, moi. Il paraît très malade !

Klim malade ! Cette évidence stupéfie Vissarion. Depuis plus d'un demi-siècle, il s'est habitué à considérer son ancien serf comme un roc d'os et de muscles qu'aucune affection morbide ne pourrait jamais altérer, une force de la nature, un monstre d'équilibre physique. Et voici que, du jour au lendemain, pour la première fois de sa vie... Après Stiopa, Klim. Et après Klim ? Ne s'agirait-il pas d'une maladie contagieuse ?... Vissarion tressaille et considère Simon avec angoisse :

— Il va mourir, lui aussi ?

— Vous êtes fou, Vissarion Vassiliévitch ! Aidez-moi à le transporter.

— Où ?

— Dans mon lit.

Vissarion a un haut-le-corps :

— Dans votre lit ? Pour quoi faire ?

— Il y sera mieux que sur sa paillasse. Il faut qu'il ait chaud.

A contrecœur, Vissarion empoigne les jambes de Klim, pendant que Simon soulève le corps par les épaules. Dérangé par la secousse, Klim proteste :

— Non, non... Laissez-moi... Je veux... ici !...

Puis il laisse retomber la tête sur sa poitrine, paupières closes, lèvres bourdonnantes. Comme il est lourd ! Vissarion, titubant et soufflant, a l'impression de transporter un veau. En s'obstinant dans son intention, le petit Weinstaub prouve qu'il n'a rien compris à l'âme du moujik : les gens de cette espèce ne sont bien que couchés sur la dure, sous une peau de bique. Il y a, dans toute leur personne, une rudesse d'écorce, qui doit marquer le lieu de leur repos comme certaines bêtes marquent leur tanière d'une odeur caractéristique. Leur offrir un vrai lit revient à les enfoncer plus profondément dans la maladie.

— Et vous, où coucherez-vous, la nuit prochaine ? demande Vissarion.

— La belle affaire ! dit Simon. N'importe où... Sur la paillasse de Klim !

Ils passent le seuil en se cognant au chambranle.

— Quelle aventure ! soupire Vissarion. Jamais... jamais il n'a été malade !... Et voilà que subitement... !

— Pas subitement ! dit Simon. Depuis trois jours, je lui trouvais mauvaise mine...

— Je n'ai rien remarqué.

— Si, si. D'ailleurs il a toussé et gémi toute la nuit dernière. Attention ! Soulevez un peu ses jambes... Là, très bien...

Ils déposent Klim sur le lit. Simon l'enveloppe dans ses couvertures jusqu'au menton et chuchote :

— Puis-je vous demander de préparer du thé et de chauffer le poêle pendant que je le frictionne ?

— Mais oui... Tout de suite...

De retour dans la cuisine, Vissarion se sent comme perdu dans un bois. Tout, ici, lui est étranger. Il est en visite chez lui-même. Où sont les allumettes, la boîte à thé, les tasses, le sucre ? Klim seul connaît la place des objets.

— Voyons, voyons, marmonne Vissarion pour s'encourager.

Ses mains vont et viennent. Il ouvre des tiroirs. Et ses yeux s'emplissent de larmes. Enfin l'eau bout sur le réchaud, mais le feu refuse de prendre dans le poêle. Il l'a trop bourré de papiers. Manque d'habitude. A genoux, il recommence.

— Le thé est-il prêt, Vissarion Vassiliévitch ? demande Simon.

— Voilà ! Voilà ! s'écrie Vissarion.

Un peu plus tard, il regarde, sans bien comprendre, Klim à demi soulevé dans le lit de Simon et buvant le thé que lui, Vissarion, a préparé de ses propres mains. Simon a délayé dedans un verre de vodka. A chaque gorgée, Klim geint et bredouille :

— Ouïe ! Ouïe !... Sainte Mère de Dieu !... Mais qu'est-ce que j'ai ?... Et les parapluies qui attendent !... Il faut coudre... coudre... Laissez-moi aller...

— Ne pensez plus, Klim, lui dit Simon en le forçant à se recoucher. Plus vous vous tiendrez tranquille, plus vite vous guérirez !

Et, tourné vers Vissarion, il demande :

— Connaissez-vous un docteur ?

— Un docteur ? dit Vissarion. Croyez-vous vraiment... ?

— Il a une forte fièvre. Si le mal n'est pas enrayé à temps...

— Oui, bien sûr... Mais peut-être que Brioussoff... Il fait sa médecine... Il est très capable...

— Je ne pensais pas à lui, dit Simon. Je vais le chercher.

Il enfile son manteau sur sa chemise de nuit, dévale l'escalier et revient avec Brioussoff. Le diagnostic est rapide : un début de congestion pulmonaire. Comme traitement, de la quinine, des sinapismes, des boissons chaudes alcoolisées et des sirops adoucissants. Surtout ne pas bouger le malade. Surveiller sa température. Noyé sous les recommandations, Vissarion considère Simon comme le seul être capable de l'aider. Que ferait-il s'il n'avait pas à ses côtés ce garçon résolu, intelligent et souple, qui, en un mois, a pris une telle place dans la maison ? Les deux jeunes gens préparent un sinapisme à la farine de moutarde et l'appliquent sur le dos de Klim jusqu'à ce qu'il demande grâce. Puis on lui en met un sur la poitrine. Vissarion éternue à cause de l'odeur piquante:

— C'est grave ? demande-t-il.

— Assez, dit Brioussoff. Mais nous avons la chance d'être intervenus vite.

— D'après vous, il en a pour combien de temps ?

— Difficile à dire... Une dizaine de jours...

— Dix jours !... C'est insensé !... Comment vais-je faire ?...

— Je reviendrai le voir ce soir, vers 7 heures.

— Et s'il recommence à dire des bêtises pendant que vous n'êtes pas là ?

— Il est en effet probable que, vers 5 heures, il refera une grosse poussée de fièvre. Ne vous en inquiétez pas. Donnez-lui sa quinine. Veillez à ce qu'il reste couvert...

— Et au cas où ce ne serait pas ça... Au cas où ce serait... comment dire ?... une épidémie...

— Quelle idée ! dit Brioussoff en haussant les épaules avec agacement.

— De toute façon, dit Simon, je m'arrangerai pour repasser dans l'après-midi.

— Parce que vous partez, vous aussi ? s'écrie Vissarion pris de panique.

— Pour quelques heures. J'ai un cours. Puis je dois aller consulter des ouvrages à la bibliothèque...

— Bien ! bien ! Je vais donc rester seul ! Advienne que pourra !

— En cas de besoin, vous pouvez toujours appeler ma femme, dit Brioussoff.

Soudain Vissarion se retrouve au milieu d'un grand vide : les deux infirmiers bénévoles ont disparu, appelés à l'extérieur par de stupides obligations universitaires. Le voici transformé en garde-malade. Autant dire en domestique de son domestique. Traînant les savates, désœuvré et angoissé, il passe de la chambre à la cuisine et de la cuisine à la salle à manger. Tous ces parapluies qui attendent ! Il prend un manche, essaie de fixer dessus la noix, le coulant, et y renonce. Une faim matinale le tenaille. Rien dans l'estomac depuis le réveil. Le thé qu'il a préparé pour Klim a refroidi. Il le boit tel quel et grignote un bout de pain sec, avec un sentiment atroce de solitude, d'injustice et de malheur.

Quel silence studieux ! Comme les poêles chauffent bien ! L'absurde agitation de la ville contourne la bibliothèque de la faculté de droit. Encadré de tous les livres qu'il a retenus depuis la veille, Simon se laisse porter par les phrases comme un esquif par les vagues de la mer. En face de lui, des têtes se penchent, se relèvent, pivotent. Un appariteur dépose un énorme in-folio devant un frêle jeune homme à lunettes. Des gens entrent, sortent d'un pas léger. Simon tourne une page. Singulier vieillard que ce Vissarion Vassiliévitch ! Jusqu'à l'incident de ce matin, Simon voyait en lui un personnage au caractère ferme et au passé légendaire. Et voici qu'en quelques minutes il s'est révélé faible, égoïste, indapte à se conduire dans l'existence. En vérité sa dureté avec Klim n'a d'égale que son incapacité à se passer de lui. Etrange association de servitude radieuse et d'autorité sénile. On dirait deux monstres qui se nourrissent l'un de l'autre. Et pourtant Vissarion Vassiliévitch est capable de grandes pensées. Il a risqué sa vie pour la liberté, il a connu les bagnes de Sibérie, il a préféré l'exil en France à la soumission en Russie. Pourrait-on donc avoir des hautes aspirations assises sur de menus travers ? Ou est-ce l'âge qui épaissit les couleurs et gauchit les perspectives ? Oui, oui, malgré ses défauts, Vissarion Vassiliévitch est digne de respect. Par son passé de révolutionnaire. Et par son présent d'émigré. Etre comme lui un jour. Tout sacrifier à une cause. Mais quelle cause ? Attention ! Un juif a tout à craindre des contrecoups qui suivent les révolutions. Le goût de la violence, communiqué à la masse, risque de se retourner contre les enfants d'Israël. Exposés de droite comme de gauche, ils devraient plutôt s'attacher à un sol et y reprendre la mission interrompue par la destruction du temple. D'ici là, que faire ? Se croiser les bras ? S'embrigader dans une formation politique ? Simon se renverse sur sa chaise. La chaleur l'incommode. Il roule un mouchoir entre ses paumes. Pour un oui pour un non, il a les mains moites. C'est répugnant. Comment une jeune fille pourrait-elle l'aimer, alors qu'il transpire d'abondance et a les cheveux roux ? Le meilleur moyen de se rendre utile à ses coreligionnaires, ce n'est pas de se lancer dans le marxisme ou l'anarchisme, mais d'échaufauder une nouvelle théorie du droit public. Quand on a été comme lui, Simon, empêché d'entrer à l'université par un *numerus clausus* infamant, quand on a laissé ses parents en Russie sous la menace d'un pogrom, l'idée d'une révolution nationale libérant le prolétariat paraît moins attrayante que celle d'une organisation juridique internationale protégeant les minorités contre l'arbitraire administratif. Il faudrait édicter une loi de caractère général interdisant aux Etats d'opprimer les petites communautés raciales perdues dans la texture de la nation. Définir exactement les droits de tout citoyen, quels que soient son sang et sa foi, face à tout gouvernement, quel que soit le régime. Charger un tribunal supranational de veiller au respect de cette charte par-delà les frontières... Quelle tension d'esprit, quelle érudition supposent l'élaboration et la définition d'une pareille théorie. Quelle gloire aussi, en cas de réussite ! Mais Simon n'est encore qu'en seconde année de droit. Il patauge dans le civil et le romain. S'il a la possibilité de pousser jusqu'au doctorat, il choisira, comme sujet de thèse : *Protection des minorités raciales et confessionnelles*...

Il rêve à cet avenir lumineux, referme ses livres et décide qu'il est temps d'aller déjeuner. D'après ses conventions avec Vissarion Vassiliévitch, le prix de dix francs par mois ne couvre que la location de la chambre. Simon prend ses repas à l'extérieur, dans le petit restaurant de Mme Clément, rue Royer-Collard, fréquenté à la fois par des ouvriers français et par des étudiants russes. L'assiette de soupe au pain trempé y vaut vingt centimes. Son ami Iacovleff, qui prépare une licence ès sciences, l'attend déjà à leur place habituelle, près de la porte de la cuisine : c'est là qu'il fait le plus chaud. Simon lui raconte la maladie de Klim. La salle s'emplit peu à peu. Le bœuf bouilli résiste, les carottes ont un goût d'eau. Ils parlent de leur avenir. Iacovleff veut, une fois rentré en Russie, devenir chimiste dans une entreprise pétrolière. Il conseille à Simon de retourner, lui aussi, dans « la mère patrie », pour y exercer ses talents :

— Puisque tu as choisi le droit, c'est que tu te destines, plus ou moins consciemment, au barreau. Or, les juifs réussissent très bien comme avocats, chez nous, parce qu'ils sont rompus à la dialectique talmudique. On manque d'avocats en Russie, on en a trop ici. Je vois pour toi un avenir très brillant à Kiev, ou à Saint-Pétersbourg...

— Si je deviens avocat, je ne me contenterai pas de plaider. J'écrirai dans les journaux. J'essaierai de faire prévaloir mes idées...

— Alors inscris-toi à un parti.

— Il n'y a pas de parti qui me satisfasse.

Iacovleff a un petit rire en coin, fourchette levée, et dit :

— Eh bien ! moi, vois-tu ? je songe à me rapprocher des sociaux-démocrates...

— Si le vieux Vissarion Vassiliévitch t'entendait, il te sauterait à la gorge !

— Sociaux-démocrates, sociaux-révolutionaires, la différence n'est pas si grande...

— Comment peux-tu dire ça ?... Les sociaux-révolutionaires sont des jacobins animés par un haut idéal et respectueux de la volonté nationale librement exprimée, alors que les sociaux-démocrates sont des gens d'étroitesse et de violence, de fanatiques de l'exclusion et de la domination...

— Pardon ! Pardon !... Ton analyse est faussée à la base !... Tu répètes ce que t'a seriné le vieux gâteux qui te loge !

— Le vieux qui me loge n'est pas gâteux ! Il a toute sa tête !

— Tu viens de me dire toi-même qu'il déraillait...

— En ce qui concerne les petits faits de la vie courante, comme... comme la maladie de Klim. Pas pour le reste. Nous parlons souvent, le soir, lui et moi. Si tu l'entendais développer ses grandes théories...

— Quand on déraille dans les petits faits, on

déraille dans les grandes théories. Dieu ! que cette viande est mauvaise !...

A la table voisine, trois ouvriers français, des habitués, secrétaires de quelque syndicat, discutent à voix basse. Simon repense aux deux vieillards qu'il a laissés rue de l'Estrapade, et son cœur se serre. Comment va Klim ? Vissarion Vassiliévitch a-t-il su se débrouiller tout seul ? N'ont-ils besoin de rien ni l'un ni l'autre ? Il n'aurait pas dû partir... Avec cela, il a projeté de se rendre à 3 heures chez le rabbin Sylvain Cohen, qui a guidé paternellement ses premiers pas à travers Paris. Le rabbin l'attend sans l'attendre : c'est son jour de réception hebdomadaire. Donc, au cas où Simon déciderait de ne pas y aller... Soudain il ne tient plus en place. La compote de pommes est vite expédiée.

— Il faut que je retourne rue de l'Estrapade, dit-il en se levant.

— Qu'est-ce qui te prend ? dit Iacovleff en se levant à son tour. Tu as bien le temps !

En les voyant debout, les ouvriers leur clignent de l'œil :

— Ça va, les boyards ?

Simon leur sourit et se dépêche de sortir.

Vissarion l'accueille d'un air vexé :

— Eh ! vous voilà, vous !

— Alors ? Klim ?

— Ni mieux ni plus mal.

— Lui avez-vous donné sa quinine ?

— Non, je vous attendais !

La voix est sèche ; Simon se sent absurdement coupable, comme s'il était aux ordres de ce

242

vieillard et que, en le quittant pour quelques heures, il avait manqué à ses engagements. Il y a ainsi, pense-t-il, des êtres qui, par leur refus de bouger, imposent aux autres de les servir. Souriant de sa propre docilité, il passe dans la chambre où Klim, cloué sur le dos, les couvertures au menton, les joues ruisselantes de sueur, marmonne :

— Pardon !... Pardon !...

11

La porte retombe, le pas s'éloigne, et Vissarion se laisse descendre pesamment dans son fauteuil. Une main sur la poitrine, il attend que les battements de son cœur s'apaisent.

— Eh bien ! ça ne s'est pas trop mal passé ! lui dit Simon.

Vissarion ne répond pas. Sa respiration est encore saccadée. Il a eu un tel choc en découvrant, tout à l'heure, M. Collot sur le seuil de la porte ! C'était pourtant inévitable : après la lettre de Vissarion l'avisant d'un important retard dans la livraison, le marchand de parapluies a voulu voir sur place de quoi il retournait. Sa première visite à l'atelier. On pouvait craindre que, dans un mouvement d'humeur, il ne décidât de s'adresser à d'autres artisans. Mais la vue de Klim dans son lit l'a assagi, et aussi les habiles promesses de Vissarion. Le Français a emporté six parapluies à demi montés pour les terminer lui-même, et a accordé un délai supplémentaire de huit jours pour les autres. D'ici là, Klim, rétabli, aura repris le travail. Ce ne sera pas trop tôt ! Depuis trois semaines, toute la vie s'est rassemblée à son chevet. Brioussoff, Zina, Simon vont et viennent autour de lui, le soignent, le plaignent, le changent, le nourrissent et chuchotent entre eux avec des mines compétentes. Leur dévouement au malade est tel, qu'ils en négligent le bien portant. Oh ! certes, Simon se charge des commissions et prépare les repas, Zina veille au ménage, lave, repasse, recoud un bouton, mais tout cela manque de chaleur. Nul ne s'occupe réellement de Vissarion. On le sert sans le voir, on l'écoute sans l'entendre. Il est une ombre parmi ses meubles. Sortant de la cuisine avec un bol de tisane, Zina lui marcherait sur les pieds. Et ce pot de chambre que Simon va vider dans les cabinets ! A force de voir passer et repasser, dans la salle à manger, le vase de nuit de Klim recouvert d'un papier journal, Vissarion sent son agacement tourner à l'indignation chronique. Jamais il ne s'est trouvé aussi seul que depuis l'intrusion de tous ces étrangers dans la maison. Assis dans son fauteuil, face à la fenêtre, il n'arrive pas à recouvrer son calme. Des moucherons pailletés dansent devant ses yeux, son cœur cogne irrégulièrement, ses poumons sont engorgés, et cette douleur dans la hanche... Du bout des doigts, il tâte la pomme de terre dans sa poche, comme s'il n'avait d'autre recours au monde que ce tubercule ratatiné. Tiens, il s'est mis à pleuvoir ! Des gouttes s'écrasent contre la vitre. On frappe à la porte. C'est encore Zina. Elle monte vingt fois par jour, sous les prétextes les plus divers. Il faudrait être aveugle pour ne pas voir que le petit Simon l'émeut avec son air doux et pondéré. Rien de grave, bien sûr. Une trouble sympathie, tout au plus. Mais les sentiments vont vite à cet âge.

— Zinaïda Emilianovna, s'écrie Simon, vous arrivez à pic ! Vous allez m'aider à lever Klim.

Ils disparaissent dans la chambre du malade. Et le mari, pendant ce temps-là, dissèque des macchabées à la faculté de médecine. Quelle absurdité ! Vissarion bouge les épaules et le fauteuil craque. Les ressorts du siège sont inégalement tendus. L'un d'eux pointe sur la gauche. Mais, quand on sait prendre son assiette, il vient juste soutenir la fesse. Machinalement Vissarion gratte de l'ongle le velours vert olive d'un accoudoir. Ensuite il compte les clous qui fixent le tissu au bois, et se perd avec ennui dans son calcul. Une autre distraction consiste à regarder le papier caca-d'oie des murs, marqué de pastilles blanches. Ces pastilles ne sont pas toutes de la même taille. Elles grossissent, par douze, jusqu'à un motif central, puis diminuent, par douze, jusqu'à la plus petite, qui sert de point de départ à une nouvelle progression. Des rires traversent la porte. On s'amuse ferme là-bas, chez le malade.

— Vissarion Vassiliévitch, venez voir ! crie Zina.

Vissarion fait la sourde oreille. Ce qui se passe dans la chambre ne l'intéresse pas. Il attend qu'on l'appelle de nouveau. Mais rien ne vient. L'a-t-on oublié ? Il regarde sa montre : 3 heures de l'après-midi. Quatre heures encore avant le dîner !

Soudain il se retrouve debout au milieu de la salle à manger. Venant à sa rencontre, Klim paraît, dans une chemise de nuit en pilou, soutenu à gauche par Zina, à droite par Simon. Il est très pâle ; il a maigri ; ses rides pendent ; il avance un pied après l'autre en traînant de vieilles pantoufles ; son buste se dandine sur ses jambes faibles. Il sourit et bredouille :

— Je n'ai plus de genoux... Tout s'enfonce, sous moi...

Inquiet, Vissarion demande :

— Qu'est-ce qui lui arrive ? Ce n'est pas normal !

— Mais si ! dit Zina. Après trois semaines de lit et la fièvre qu'il a eue, vous ne voudriez tout de même pas qu'il vous danse le *hoppak*.

— Il va rester combien de temps comme ça... impotent... ?

— Quelques jours. Nous le laisserons debout un peu plus longtemps chaque fois, jusqu'à ce qu'il ait tout à fait retrouvé ses forces.

On conduit Klim, pas à pas, jusqu'au fauteuil vert olive. Il refuse de s'y asseoir. Mais Zina insiste :

— Si, si !... Il faut !... Vous allez vous reposer là, pendant que Simon et moi retapons votre lit.

Vissarion écume, mais dit à son tour, froidement :

— Eh bien, qu'attends-tu ? Assieds-toi !

Comme s'il commettait un sacrilège, Klim s'affale dans le fauteuil et courbe l'échine. Zina lui jette un plaid sur les jambes. Les deux jeunes gens retournent dans la chambre. Vissarion déambule devant Klim qui ne dit mot, fautif, les mains sur les accoudoirs. Peu après, on recouche le malade. Il est exténué ; il s'excuse du dérangement et se fait apporter son matériel de couture et ses coupons de soie noire. Assis dans son lit, il tire l'aiguille. Zina s'éclipse, rayonnante. A 4 heures, Simon s'en va, lui aussi. N'est-ce pas pour la retrouver ?

Resté seul, Vissarion regagne son fauteuil, s'y

installe, s'y enfonce. L'appartement, autour de lui, glisse à la dérive. Par intervalles, il entend toussoter dans la chambre. Il regarde la maison d'en face. Un mur plat et blanc, percé de fenêtres toutes pareilles. Décor banal, fixé une fois pour toutes, avec la répartition des ombres et des lumières, la moulure d'une croisée, un rideau de tulle, un reflet de ciel dans une vitre d'en haut, le tuyau de descente des eaux, en zinc, avec ses bagues. Il y a huit bagues en tout, dont l'une est descellée. Le temps n'existe plus. Et cependant l'aiguille avance sur le cadran de la montre.

L'œil collé au petit trou de la cloison, Vissarion observe Klim qui, agenouillé sur le plancher, devant son lit, prie et marmonne. Il doit remercier Dieu de l'avoir guéri. Au fait, pourquoi tient-il tant à la vie, celui-là ? Enfin Klim se couche. Ou plutôt il s'assied dans ses couvertures, ouvre un cahier et commence à lire. Quelle étrange manie pour un homme du peuple ! pense Vissarion. Il faudra qu'un jour il mette le nez dans ces paperasses. Pourtant il sait d'avance qu'il ne trouvera rien d'intéressant dans le cahier où Klim s'obstine à recopier ses notes de Sibérie. De pâles souvenirs, reflets d'une âme de moujik dévouée et inculte. Klim souffle sa lampe. L'instant d'après, il ronfle à pleins naseaux. Stiopa faisait moins de bruit, tout de même !... Subitement un regret horrible se referme sur Vissarion comme une tenaille. Il frémit sous la violence du choc. Stiopa lui manque, avec ses railleries aigres et son visage grimaçant. « Stiopa ! Stiopa ! » il répète son nom à voix basse, et la douleur augmente, les larmes montent à ses yeux, il n'est plus, de la tête aux pieds, que tristesse, nausée, désespoir. Peu à peu la vague se retire. La nuque sur l'oreiller, les bras le long du corps, Vissarion accepte d'être seul au monde.

Pour son premier dîner à table, depuis sa maladie, Klim s'est habillé et a mis ses chaussures. Il essaie de se tenir droit, mais ses épaules fléchissent. D'un geste large, Simon verse la soupe dans les assiettes. Une sorte de *borstch* clairet, avec un morceau de viande bouillie par personne. C'est Zina qui l'a préparé chez elle. Simon est remonté avec la casserole fumante. Brioussoff n'a-t-il pas recommandé : « Il faut, dans la mesure du possible, que Klim mange de la viande pour se retaper » ? Vissarion calcule que cette maladie stupide leur aura coûté « une fortune » en dépenses imprévues et en manque à gagner. Il n'a pas fixé un loyer assez élevé à Simon. D'autant que le gaillard, depuis la défection de Klim, a pris un grand nombre de repas à la maison. Ah ! il se débrouille, le rouquin ! Mâchant avec férocité une viande filandreuse, Vissarion songe aux défauts que Simon partage avec ses frères de race. Le juif, c'est bien connu, entre par la petite porte, demande un coin d'ombre, s'installe humblement, rend un service, un autre, devient indispensable, et tout à coup le voilà qui taille le pain et sert la soupe ! Pas étonnant qu'en Russie certaines régions soient fermées aux Israélites, par crainte qu'ils ne circonviennent les citoyens trop confiants ! Observant Simon à la dérobée, Vissarion le déteste pour la pâleur huileuse de sa peau, la rousseur de ses cheveux et ses petits yeux aux grosses paupières. Comment Zina, bien que n'étant guère attrayante elle-même, peut-elle trouver du plaisir à la compagnie d'un pareil pain de suif ? Klim redemande de la soupe.

— Ça me fait plaisir de vous voir si bon appétit, dit Simon en le servant.

— Oui, dit Vissarion. C'est signe que les forces reviennent. Tu ne sens plus ton point de côté, Klim ?

— Non, Vissarion Vassiliévitch.

— Et tu n'as plus de frissons ?

— Plus du tout.

— Alors pourquoi ne couches-tu pas sur ta paillasse ?

— Simon Moïsséïévitch ne veut pas, répond Klim.

— Oui, dit Simon, j'estime que Klim n'est pas encore suffisamment rétabli pour...

— C'est Klim qui est dans sa peau, pas vous, coupe Vissarion. C'est donc à Klim de savoir. Qu'est-ce que tu en penses, Klim ?...

— Oh ! moi, la paillasse, ça me convient toujours mieux que le lit ! dit Klim en riant.

Et il s'essuie la bouche avec le revers de la main.

— Tu rendras donc le lit à Simon Moïsséïévitch, ce soir, décrète Vissarion.

Simon regarde Vissarion avec une surprise attristée, en silence. Klim boit un verre d'eau, clappe de la langue et dit gaiement :

— Vous permettez, il faut que j'aille...

Il décroche la clef des cabinets et sort.

— Ne vous enfermez pas ! lui crie Simon.

Et, penché vers Vissarion, par-dessus la table, il murmure :

— Je ne vous comprends pas, Vissarion Vassiliévitch. Pourquoi avez-vous dit cela ?

— Parce que la place de Klim est à la cuisine, sur sa paillasse, réplique Vissarion. Je ne veux pas que vous lui donniez des habitudes de luxe.

— Klim est à peine convalescent. Il ne faut surtout pas qu'il reprenne froid, à son âge...

— Il ne reprendra pas froid. Il est solide. Il a tout un passé de moujik derrière lui.

— Un moujik est un homme comme les autres !

— Non, mon jeune ami. Et cela, vous ne pouvez pas le comprendre. Parce que toute votre science vous vient des livres. La mienne me vient d'une longue vie !

— Et cette longue vie ne vous a pas enseigné l'amour du prochain ? s'écrie Simon. Vous venez, en quelques mots, de renier toutes vos idées sociales !

Un afflux de sang gonfle la tête de Vissarion. Il tape du plat de la main sur la table :

— Comment osez-vous ?... Mes années de bagne, mes années d'exil vous répondent de mes sentiments !... Quand vous aurez autant souffert que moi pour la cause de la liberté, vous pourrez peut-être juger !... Mais vous en êtes loin, mon garçon !... J'ai été trop bon avec vous !... Nos conversations amicales vous sont montées à la tête !... Je vous demande de vous mêler de vos affaires !...

Il suffoque et porte théâtralement la main à son cœur.

— Et moi, je vous prie de m'excuser, dit Simon. Si mes paroles vous ont blessé, je le regrette...

— Rien ne peut plus me blesser, dit Vissarion entre ses dents.

Klim reparaît, la démarche molle, et aide Simon à desservir la table. Celui-ci proteste :

— Ce n'est pas le moment de vous fatiguer, Klim !

Mais Klim affirme que cela lui fait du bien de se remuer un peu.

La vaisselle lavée, Simon annonce qu'il va rendre la casserole à Zina. Vissarion le regarde partir avec une froide colère. Il le suit en pensée, descendant l'escalier, frappant à la porte des Brioussoff, entrant dans le rond lumineux de la lampe. Au bout de trente minutes, Simon n'est pas encore revenu. Il fallait s'y attendre : Zina a dû le retenir pour une tasse de thé.

Klim demande si Vissarion n'a plus besoin de rien et s'il peut se coucher. Vissarion, magnanime, permet... Klim étale sa paillasse à même le sol, dans la cuisine.

— Ferme la porte ! crie Vissarion.

Klim s'exécute. Tout rentre dans le silence. Simon ne remonte toujours pas. Vissarion enrage de rester seul. Evidemment, la jeunesse va à la jeunesse. Zina, fine mouche, a su faire partager à son mari l'inclination qu'elle éprouve pour le petit juif. Ils s'amusent, tous trois, ils rient, en bas, autour de la table. Si Vissarion surgissait parmi eux, il les dérangerait. Qu'y a-t-il de commun entre un homme de son âge, lourd de désillusions, et ces gamins qui voudraient avaler le monde ? Autrefois Zina et Marc étaient plus proches de lui. Le petit juif les a détournés à son avantage. Une vilenie de plus à son actif. De quoi parlent-ils en ce moment ? Peut-être Simon leur raconte-t-il, à sa façon, la dispute de tout à l'heure. Il présente Vissarion comme un vieillard au cœur de silex et s'attendrit, la lèvre baveuse, sur la naïveté et la servilité de Klim. Et les autres s'étonnent, s'indignent, entre deux gorgées de thé. Les têtes se rapprochent dans la critique. Ou bien encore, on le plaint. Et c'est pire. Tout à coup, il n'a plus d'amis. Il fait quelques pas, mordu de jalousie, en s'appuyant de la main aux chaises, à la table, et rêve de mourir. En découvrant son cadavre, ils ressentiront un tel remords que leur vie en sera à jamais empoisonnée... Vissarion applique son oreille à la porte. Quelqu'un monte l'escalier... Non, c'est pour le troisième étage, chez les Morskoï. Il ne faut surtout pas que Simon le trouve debout, guettant son arrivée. Il serait trop content. Il a une âme basse. Il a dit des choses... des choses impardonnables ! Et lui, Vissarion, s'est mal défendu. Il aurait dû clouer le bec à ce morveux. Maintenant il trouve des mots-flèches. Il est bien temps !... Ah ! qu'il est seul depuis la mort de Stiopa ! Qu'il est fatigué ! Un pauvre vieillard bafoué, roué de coups, abandonné au coin d'une rue. Il se réfugie dans sa chambre et se couche, vite, sans prendre la peine de se laver, le cœur battant, l'oreille tendue. Jusqu'à quand les Brioussoff retiendront-ils Simon à leur table ?

« Simon Moïsséïévitch,
« Après la discussion que nous avons eue, vous comprendrez qu'il m'est impossible de continuer à vous loger chez moi. Je vous prie donc de prendre vos dispositions afin de quitter les lieux demain matin, à la première heure. Vous me

devez encore sept francs cinquante, que vous
voudrez bien laisser sur la table en partant. Il
est en effet inutile que nous nous revoyions. Nous
n'avons plus rien à nous dire. Croyez à mes sentiments distingués.

V. V. Variaguine. »

Vissarion relit la lettre avec satisfaction, ajoute
une virgule et, marchant sur la pointe des pieds,
se glisse dans le réduit de Simon. Le vide.
L'obscurité. Le silence. Une légère odeur de cos-
métique. Des cahiers ouverts luisent sur une
table. Sans allumer la lampe, Vissarion place la
lettre en évidence sur le lit et retourne dans sa
chambre.

Pelotonné sous ses couvertures, il recommence
à attendre. Mais cette fois, avec un fier sentiment de revanche. Il aura ce qu'il a cherché, le
petit rouquin : la porte ! Après son départ, la vie
reprendra un cours normal, entre des rives sûres.
Malgré la haine qui l'étreint, Vissarion cède à la
fatigue et s'assoupit.

Il se réveille en sursaut, à un craquement de
parquet. Un vertige le saisit. Comme s'il était
lancé sur un toboggan. La vitesse augmente.
Impossible de s'arrêter. Tout à coup il se dit
qu'il a eu tort, que, demain, peut-être, il regrettera son emportement, qu'il devrait reprendre sa
lettre... Trop tard. Simon vient d'entrer dans sa
chambre. Il allume la lampe. L'œil au trou de la
cloison, Vissarion le voit qui prend le papier et
le lit. Allons, c'est mieux ainsi ! Un coup sec, et
les liens sont tranchés. Avant que la pourriture
ne s'y mette. Simon a fini de lire. Il replie le
papier et se tourne. Son visage est soucieux. Ne

va-t-il pas vouloir s'expliquer sur-le-champ ? Ce serait un comble ! Vissarion a si peur de le voir surgir devant lui, qu'il porte la main à sa bouche et se mord l'extrémité des doigts. Ces émotions le tueront. Il retient son souffle. De l'autre côté de la cloison, Simon, les bras ballants, semble réfléchir. Puis il s'assied, accablé. Il ne viendra pas. Il a eu son compte. Opération réussie. Vissarion quitte son poste d'observation et se recouche.

Vissarion coud si mal que Klim finit par lui en faire la remarque.

— Je n'y vois plus avec mes lunettes, dit Vissarion. Où sont celles de Stiopa ?

— Dans sa table de nuit, dit Klim.

Vissarion va chercher les lunettes du mort, ajuste les branches de métal souple derrière ses oreilles, fronce les sourcils, les défronce et déclare :

— Oui, c'est mieux !

Il se remet à l'ouvrage. Klim, qui l'observe par-dessus une membrure à demi tendue de soie noire, lui trouve l'air préoccupé. Depuis le départ de Simon Moïsséïévitch, il semble que Vissarion Vassiliévitch se complaise dans le mécontentement et l'indécision. Que s'est-il passé au juste, la semaine précédente, entre lui et le jeune juif ? Il a dit à Klim : « Ce n'est pas du tout le genre de locataire qu'il nous fallait. Ses idées, ses manières, personne ne pourrait les supporter ! Qu'il aille se faire pendre ailleurs ! » Pas d'autre explication. Et Simon, en quittant la maison, n'a guère été plus loquace : « Je suis désolé, Klim. Ça ne s'est pas arrangé entre Vissarion Vassiliévitch et moi. Je crois qu'il a surtout besoin de solitude. » Klim regrette le départ de Simon Moïsséïévitch, qui l'a soigné avec tant de dévouement. Il aimait bien ce garçon roux, au clair regard et à la parole sage. Et Vissarion Vassiliévitch, lui aussi, paraissait l'aimer, au début. N'a-t-il pas quelques remords, maintenant, de l'avoir éloigné ? Autrefois Klim ne se serait pas permis de discuter une décision du maître. Mais précisément il n'y a plus de maître. Seulement deux hommes assis face à face, deux amis d'enfance, unis par tant de souvenirs que chaque mouvement de l'un tire sur le cœur de l'autre. Klim referme le parapluie, hésite un instant et dit :

— J'ai pensé, Vissarion Vassiliévitch... C'est dommage, cette chambre vide !...

— Que veux-tu que j'y fasse ? grogne Vissarion. On trouvera un autre locataire.

— Sera-t-il mieux que Simon Moïsséïévitch ?

— Ah ! ça, sûrement !...

— Je ne vois pas ce que tu lui reproches. Il était gentil, il tenait peu de place...

Vissarion regarde Klim durement à travers les lunettes du mort.

— Evidemment, il t'a porté ton bouillon au lit, dit-il. Alors, pour toi, il a toutes les qualités ! Mais, crois-moi, c'était un sale petit bonhomme, une... une âme double !

— Qu'est-ce qui te fait penser ça ?

— J'ai mes raisons !

— Tu peux bien me les dire.

— Non.

Klim réfléchit et murmure :

— Je crains que tu ne manques d'indulgence.

Déjà quand tu as chassé Dimitri Savélitch Tarkhanoff, j'ai eu mal pour toi.

— C'était un traître !

— Tu te le figurais. Mais maintenant je suis sûr que tu as changé d'avis.

— Pas du tout !

— Fais attention, Vissarion Vassiliévitch : tu finiras par ne plus supporter personne !

— Comment oses-tu me parler ainsi ? glapit Vissarion en jetant son ouvrage sur la table.

Sa bouche se tord, ses yeux s'injectent, la cicatrice de son crâne rougit. Mais Klim en a trop vu de ces grandes colères pour ne pas savoir qu'elles recouvrent souvent une part de calcul. Il regarde Vissarion et le plaint sans le croire. A la fois lucide et compatissant, froid et amical, il voudrait lui dire : « Cesse de jouer. Sois simple. Je sais tout de toi. » Vissarion se dresse, porte dix doigts à son cou, comme s'il étouffait, et se dirige, en chancelant, vers sa chambre.

Au bout de cinq minutes, Klim s'inquiète et va voir... Derrière la porte, c'est le silence. Il frappe légèrement, ne reçoit pas de réponse, pousse le battant et soulève la portière de grosse toile. Vissarion est couché à plat dos sur le lit, le regard au plafond, une main au niveau du cœur. Il respire précipitamment. Sa pomme d'Adam monte et descend sous la peau de son cou, comme une petite bête bossue.

— Ça ne va pas, Vissarion Vassiliévitch ? demande Klim.

Une voix caverneuse filtre à travers la moustache qui pend :

— Je voudrais mourir...

— Ne blasphème pas ! Dieu pourrait t'entendre et se fâcher.

— Je voudrais mourir, répète Vissarion un ton plus haut. Qu'est-ce que je fais en ce monde ? Plus de patrie, plus d'amis, la vieillesse... Oh ! j'en ai assez, assez !...

Il se tape le front mollement avec son poing. Des larmes luisent au bord de ses paupières. Emu, Klim veut lui prendre la main. Vissarion la retire.

— Non, laisse-moi, dit-il avec irritation. Retourne à tes parapluies. Il n'y a plus rien d'autre que ces parapluies dans notre existence. Je les hais ! Ils nous portent la poisse avec leurs ailes noires ! Les déchirer, les casser, tous, tous... !

— Et de quoi vivrions-nous ? dit Klim doucement.

— Ça m'est égal !

— Allons, Vissarion Vassiliévitch, sois raisonnable. Tu traverses de mauvais jours... La mort de Stépan Alexandrovitch, ma maudite maladie, le départ de Simon Moïsséïévitch, tout cela t'a usé les nerfs...

Tout en parlant, Klim s'est assis au chevet de Vissarion. Il regarde avec compassion ce vieil enfant capricieux à la lippe distendue. Il cherche dans sa tête les mots qui le calmeront. Comment faire pour le persuader que leur vie est, somme toute, heureuse ? Soudain il n'en est plus sûr lui-même. L'appel de la Russie monte dans ses veines, fort comme une fanfare. Il tremble, il a envie de pleurer. La steppe, une petite neige douce qui tourbillonne dans l'air du soir, le goût vide des flocons fondant sur la bouche...

— Ecoute, Vissarion Vassiliévitch, dit-il avec effort, tu n'as pas le droit de te laisser aller. Nous sommes bien, tous les deux, toi et moi. Nous ne manquons de rien. Nous n'avons besoin de personne. Pas plus de Simon Moïsséïévitch que de Dimitri Savélitch...

Peu à peu, Vissarion s'apaise. Son regard quitte le plafond. Ses traits se détendent. Il s'assied au bord du lit, tête basse, épaules voûtées. Klim va faire chauffer de l'eau à la cuisine. A 4 heures et demie, ils prennent le thé sur la table encombrée de bouts de tissu. Klim avale six tasses, Vissarion trois. Avec du sucre et des biscuits. Quand c'est fini, ensemble ils rangent la vaisselle. Puis ils se remettent au travail sur les parapluies.

TROISIÈME PARTIE

1

— Ne soyez pas pusillanime ! s'écrie M. Collot. Les Allemands sont en train de se monter la tête. Leur influence grandissante en Turquie, les efforts du parti de la guerre austro-hongrois, les déclarations fracassantes des journaux prussiens, tout cela mérite un coup de semonce de la part des Alliés. Nous sommes en présence d'une seconde affaire d'Agadir. Mais en 1914, comme en 1911, la froide résolution sera payante. En annonçant qu'elle compte porter ses effectifs à un million sept cent mille hommes, la Russie donne déjà à réfléchir aux bellicistes germaniques. Et que dites-vous du rapprochement de votre cher pays et de la Roumanie ? La visite du tsar au roi Carol, à Constantza, est riche de promesses...

— Souhaitons qu'elle n'exaspère pas trop les chefs de la Triple Alliance, dit Vissarion. Moi, ces jeux diplomatiques me donnent le frisson. Je ne sais qu'une chose : il faut à tout prix empêcher une guerre, parce que ce serait le peuple, comme toujours, qui en ferait les frais.

— Bien sûr ! bien sûr ! dit M. Collot évasivement. Mais nous n'en sommes pas encore là !

Et il reconduit ses visiteurs au seuil du magasin. Comme il y a beaucoup de matériel à porter, Vissarion s'est fait accompagner par Klim. Celui-ci salue M. Collot très bas, à la mode moujik.

— Au revoir, mon brave ! lui dit M. Collot.

Il fait beau et chaud, la rue est animée. A l'angle de la place de la Madeleine, Vissarion s'arrête, une fois de plus, pour admirer la devanture des établissements Porcher. Cette flottille de baignoires neuves le fascine. Il rêve au flamboiement captif des chauffe-bains. Hélas ! il s'est lourdement trompé dans ses calculs. L'argent mis de côté a fondu en dépenses imprévisibles. A présent il sait qu'établir un budget revient à se bercer de mensonges. Comment a-t-il pu croire qu'il arrondirait ses gains en sous-louant une chambre à des étudiants ? Il en a essayé sept en deux ans, après avoir renvoyé Simon Weinstaub : l'un ne l'a pas payé, l'autre a prétendu amener sa « fiancée » à domicile, un troisième avait mauvais caractère, un quatrième buvait, un cinquième... Tous ces jeunes visages se confondent dans sa mémoire. Ils n'avaient en commun qu'une chose : leur appétit de loup. Il fallait fermer le garde-manger à clef. Et leur sans-gêne, leur arrogance, leur santé explosive, leurs cheveux longs... Il est tellement plus tranquille maintenant qu'il a renoncé à héberger des intrus ! D'ailleurs, en dépit de tous les retards, de toutes les traverses, son pécule se monte déjà à cent neuf francs. S'il est encore loin des deux cent trente francs nécessaires à l'achat du chauffe-bain, il ne désespère pas d'atteindre ce chiffre en continuant à économiser, sou par sou, durant une année ou deux. Cette certitude est presque aussi forte en lui que celle du triomphe final de la révolution. Il sourit à cette comparaison impie et se penche jusqu'à toucher la vitrine du front. Une série de chauffe-bains, de différentes tailles, s'alignent sur le mur vert d'eau.

— Regarde bien le troisième en partant de la gauche, dit-il à Klim. Un de ces quatre matins, il sera à nous !

— Il est vraiment très beau ! dit Klim.

Ce n'est pas la première fois qu'il vient en pèlerinage avec le bartchouk devant le magasin. Un jour ils sont même entrés et ont demandé à voir fonctionner l'appareil. Vissarion voulait absolument que Klim assistât à la petite explosion génératrice d'eau chaude. Klim a eu peur de cet embrasement soudain, puis s'est émerveillé. Vissarion est ressorti content.

— Patience ! dit-il encore. Patience ! Une fois le chauffe-bain installé, je ferai repeindre le cabinet de toilette. Ou plutôt nous le repeindrons nous-mêmes. Blanc, avec un filet bleu en haut et en bas...

Son regard se dilue. Un sourire artiste lui monte aux lèvres. Longtemps encore ils demeurent côte à côte, sans se parler, devant l'étalage. Puis Vissarion se détache de sa contemplation. Des clameurs sourdes, des applaudissements, une rude musique de cuivre descendent vers lui, venant de l'Opéra. Les passants se rassemblent au bord du trottoir. La circulation se ralentit, les voitures se rangent. Un détachement d'infanterie défile, clique en tête, d'un pas leste. Les pantalons garance oscillent au rythme du pas. La moisson des fusils ondule. Les visages des soldats se déboîtent l'un de l'autre sous le même képi.

Dans la foule, des chapeaux se lèvent. Çà et là, éclate un cri isolé :

— Vive l'armée !

Pour ne pas se faire remarquer, Vissarion, lui aussi, se découvre. Klim dit :

— Ils marchent moins bien que les nôtres !

La lourde rumeur des godillots s'éloigne. Un agent de police siffle. Les voitures reprennent possession de la chaussée. Vissarion se dirige vers la rue Royale. Klim le suit, son sac en bandoulière.

Dans le métro, les physionomies sont graves. Vissarion cherche un joli visage de femme pour se reposer les yeux et n'en trouve pas. En sortant à l'air libre, il éprouve une lassitude. Jambes cotonneuses et cœur lourd. Trop marché aujourd'hui. Il ralentit le pas pour attaquer le boulevard Saint-Michel. A mi-chemin, il s'assied sur un banc. Toujours le même. Curieux comme on peut s'attacher à trois planches montées sur pattes. Jusqu'à aimer les craquelures du bois. Klim s'assied, lui aussi, et pose son sac par terre. A son habitude, Vissarion regarde distraitement la foule lente et laide. Des gamins, jaillis de classe, le cartable au dos, s'arrêtent à deux pas de lui et discutent :

— On fait la course ?

— Oui, oui ! Ce sera la coupe Gordon-Bennett des aéroplanes !

— Non, le Grand Prix cycliste de Paris !

— Tous à la ligne de départ !

— Et l'arrivée se fera où ?

Un petit blond, au regard vif, décide :

— Ici, au banc des vieillards !

Les concurrents vont se masser à l'angle de la rue des Ecoles, s'élancent et se faufilent entre les passants. Trois gamins arrivent en même temps, rouges, essoufflés, devant Vissarion. Ils se cognent presque dans ses jambes et se chamaillent :

— C'est moi !

— Non, c'est moi !

La bêtise et la vanité des enfants stupéfient Vissarion chaque fois qu'il a l'occasion d'entrer en contact avec eux. Il considère ceux-ci avec une curiosité hostile qui doit être sensible à distance. Tout à coup, sous ce regard qui ne les lâche pas, les gamins baissent la voix et s'éloignent.

— Ils sont gentils ! dit Klim.

Vissarion hausse les épaules et, les mains sur les genoux, la tête légèrement inclinée, continue à observer les passants.

« Me voici au bout de mon travail. Tout ce qui était dans l'ancien cahier est passé dans le nouveau. Maintenant il me faut continuer le récit au présent. Mais il n'arrive plus grand-chose chez nous. On dirait que toutes les tempêtes possibles se sont succédé très vite dans la première moitié de notre existence et que, pour la deuxième moitié, il ne reste rien. Comment pourrais-je m'en plaindre ? J'ai si longtemps prié pour que Vissarion Vassiliévitch connaisse, un jour, le repos ! J'aime notre vie régulière et honnête, à Paris. Nous parlons de la révolution au lieu de la faire, et c'est une bonne chose puisque ainsi du moins nous ne commettons pas le péché de violence. Peut-être qu'à force de discuter nous finirons par convaincre même ceux qui ne nous écoutent pas. Hier, Vissarion Vassiliévitch a dit, chez les Kostyleff : « J'ai bien peur que, tous, nous ne prêchions dans le vide »... Moi, je dis qu'on ne prêche jamais tout à fait dans le vide. On croit que les mots restent dans la chambre, et ils se posent un peu partout dans le monde. Ils vont rejoindre d'autres mots. Et tous ces mots, à la longue, pèsent sur les consciences. Dimitri Savélitch Tarkhanoff me comprendrait. Souvent j'ai espéré le revoir à l'église de la rue Daru. Mais non : il doit y avoir une chapelle orthodoxe à Meudon, où il va prier le dimanche. Peut-être devrais-je aller à Meudon pour le rencontrer ? Seulement cela demanderait une bonne journée et il y a tant à faire à la maison ! Vissarion Vassiliévitch ne voudra jamais me laisser partir si longtemps. Il a besoin que je sois toujours là, près de lui. Autrement il s'inquiète. Parfois je me dis que je lui suis plus nécessaire ici qu'en Russie.

« De tous les jeunes gens que nous avons logés, le seul que je regrette, c'est Simon Moïsséïévitch Weinstaub. Je n'ai jamais su pourquoi Vissarion Vassiliévitch l'avait chassé. La vie nous oublie. L'univers, autour de nous, se rétrécit. Pourtant nous voyons encore beaucoup de monde. Dans le groupe des Kostyleff, on trouve des gens très remarquables. Tous des sociaux-révolutionnaires. Ils sont pauvres et ont de grandes idées. Ils aiment la Russie et la révolution. Ils croient que manger est moins important que penser... Les têtes changent d'une réunion à l'autre. Certains voyagent à l'étranger et reviennent pleins de nouvelles ; d'autres ne bougent pas de Paris, mais font aussi, paraît-il, du bon travail. Il y a là Ivanoff, calme, pondéré, qui ne se met jamais en colère ; et Jivakhine, toujours enflammé, que les Kostyleff ont surnommé le coq ; et le géant Khasaroff, taciturne, qui travaille aux Halles de Paris ; et Davydoff, si courageux malgré ses quintes de toux, conséquences de la tuberculose qu'il a contractée dans la prison de Taganrog. Ceux-là sont des gens d'âge moyen et de vraie expérience. Autour d'eux, s'assemblent les jeunes. Des étudiants pour la plupart. Gentils mais très agités. Ils discutent trop, ils remuent trop, ils espèrent des choses que nous savons impossibles. Au début de la réunion, ils nous amusent, et puis ils nous fatiguent. Vissarion Vassiliévitch essaie parfois de leur parler. Mais notre passé ne les intéresse pas. Ou plutôt ils écoutent ce que nous leur disons comme ils écouteraient une histoire inventée. Ils n'en tirent pas de leçon. Ils croient tout savoir mieux que les autres. Evidemment la Russie leur manque moins qu'à nous. Les jeunes n'ont pas besoin de patrie. Partout où ils vont, ils sont chez eux. Nous, les vieux, c'est différent. L'air du pays nous est nécessaire. Je pense souvent à Znamenskoïé. Et même j'en rêve, la nuit. Mais je dors moins qu'avant. L'âge chasse le sommeil. Heureusement que j'ai ce cahier. Lorsque je ne peux pas fermer l'œil, je prends ma plume, j'aligne quelques mots, cela m'occupe. »

2

Vissarion s'écarte du kiosque à journaux, jette les yeux en marchant sur la feuille qu'il vient d'acheter, et une joie tremblante le pénètre. Ce titre en première page : *Attentat politique*. N'at-on pas enfin tué le tsar ? Fiévreusement il continue sa lecture. La suite du texte le déçoit : il ne s'agit que d'un archiduc autrichien et de son épouse. « Hier matin, dimanche 28 juin 1914, à Sarajevo, capitale de la Bosnie, territoire récemment annexé par l'Autriche, l'archiduc François-Ferdinand, héritier présomptif du trône d'Autriche-Hongrie, et sa femme ont été abattus à coups de revolver par un jeune révolutionnaire bosniaque... »

Ayant parcouru l'article de bout en bout, Vissarion juge que, tout de même, l'affaire est d'importance. Dans l'état de tension extrême où vit l'Europe, un incident de ce genre pourrait jeter les armées aux frontières. Autour de lui, dans la rue, beaucoup de passants ont un journal à la main. Les visages sont préoccupés. On dirait que tous ces gens viennent d'être atteints en même temps de la même maladie. Au lieu de rentrer à la maison, Vissarion décide inopinément de rendre visite aux Kostyleff.

Là, il tombe en pleine réunion amicale. Il y a des camarades assis jusque sur les deux coffres. Les esprits sont surchauffés. Un certain Domoff, récemment arrivé de Pologne, affirme qu'il s'agit d'un coup monté par le gouvernement austro-hongrois pour « régler son compte à la Serbie ». La Serbie étant liée à la Russie, la Russie à la France et l'Autriche à l'Allemagne, si le feu s'allume quelque part dans les Balkans toute l'Europe s'embrasera. Vissarion, immédiatement convaincu, approuve à haute voix et répète la formule dont il s'est servi, dix jours auparavant, chez M. Collot.

— Il faut à tout prix empêcher une guerre ; ce serait le peuple, comme toujours, qui en ferait les frais !

Kostyleff calme ses appréhensions. D'après des renseignements qu'il tient « de source sûre », l'assassinat de l'archiduc embarrasserait les diri-geants austro-hongrois plus qu'il ne servirait leurs desseins.

— D'abord, dit-il, je ne suis pas certain que tout le monde, à Vienne, déplore la mort de l'archiduc. Ensuite, à supposer même que cette mort indigne les Autrichiens, je ne vois pas pourquoi ils se décideraient à se lancer dès main-tenant dans l'aventure. Un incident — et celui-ci n'est pas le premier en Europe — n'est prétexte à guerre que si on le veut bien. Autrement, on trouve cent moyens de l'étouffer. Le tout est de savoir si les grandes puissances impérialistes sont prêtes à en découdre. Or, je ne crois pas que ce soit le cas. Dans trois ou quatre ans peut-être...

— Qu'est-ce qui vous fait dire ça ? demande Vissarion.

— Mille indices qu'il serait trop long d'énumérer. Je me contenterai de citer l'insuffisance des armements d'un côté comme de l'autre et, d'un côté comme de l'autre, la crainte, chez les gouvernants, d'un soulèvement populaire à l'annonce de la mobilisation générale. La grande masse, dans tous les pays, est hostile à la guerre, ne l'oubliez pas. Il ne sera pas facile de la convaincre. Un *casus belli* n'est rien sans l'adhésion du peuple. La mort de l'archiduc restera sans effet si elle n'est pas psychologiquement exploitée en Autriche et en Allemagne, et par contrecoup en Russie et en France...

Il parle longtemps et Vissarion s'apaise. En quittant les Kostyleff, il est persuadé que les choses s'arrangeront après un échange de notes diplomatiques. Il y a déjà eu l'affaire Schnaebelé, l'affaire d'Agadir, l'affaire Liman von Sanders, il y aura l'affaire de Sarajevo, et d'autres encore...

A l'appartement, il trouve Klim en train de couvrir le dernier parapluie de la commande : un modèle féminin à manche d'argent ciselé.

— Un événement grave vient de se produire, dit Vissarion en entrant. On a assassiné un archiduc autrichien. J'espère que les gouvernements sauront garder la tête froide.

— Aïe, aïe, aïe ! Dieu ait son âme ! dit Klim en se signant. Et pourquoi l'a-t-on assassiné ?

— Affaire politique.

— C'est... quelqu'un des nôtres ?

— Non.

— Tant mieux, tant mieux...

— Tu as préparé le déjeuner ?

— Pas encore, Vissarion Vassiliévitch. Mais

dans un quart d'heure, si tu veux, nous pourrons passer à table.

Vissarion prend son journal, décroche la clef des cabinets et descend l'escalier vers le palier intermédiaire. Soudain son genou gauche se dérobe sous lui. Comme un ressort qui lâcherait. Il essaie de se retenir à la rampe, mais son poids l'entraîne en avant. Un choc sourd ébranle ses os jusqu'à la boîte crânienne. Une douleur vive lui traverse la jambe. Tout se trouble devant ses yeux. Il a envie de vomir. Il appelle : « Klim ! Klim ! » et perd connaissance.

Quand il rouvre les paupières, il est couché sur le dos, dans son lit, et la clarté du jour entre violemment par la fenêtre ouverte. Sa première idée est qu'il vient de s'éveiller, très tard, après une nuit pénible. Mais pourquoi Klim et Brioussoff se penchent-ils sur lui avec des visages anxieux ? Il tente de bouger et un élancement le transperce. Il se revoit tombant dans l'escalier. La peur le saisit rétrospectivement. Il gémit :

— Qu'est-ce que j'ai ?

— Une mauvaise chute, dit Brioussoff. Laissez-moi voir ça de plus près. C'est la jambe gauche, n'est-ce pas... ?

Il écarte la couverture et effleure la cuisse du bout des doigts, en remontant. Vissarion est pris d'un tel tremblement que ses mâchoires claquent l'une contre l'autre :

— Où avez-vous mal ?... Là ?... Là ? interroge Brioussoff d'une voix douce.

Au moment où il touche la hanche, Vissarion hurle.

— Je vais appeler le Dr Makaroff, dit Brioussoff en rabattant la couverture.

— Je ne veux pas... voir de... docteur, hoquette Vissarion.

— Il le faut pourtant ! Je crains que vous n'ayez une petite fêlure.

— C'est grave ?

— Non. On va vous immobiliser la hanche. Et il faudra garder le lit pendant quelques jours.

— Je refuse de garder le lit ! A mon âge, si on garde le lit, on ne se relève pas !...

— Ne dites donc pas de bêtises, Vissarion Vassiliévitch ! Solide comme vous êtes...

Brioussoff sourit et Klim aussi, en retrait, d'une manière humble et pour ainsi dire fautive. Exaspéré par leur gentillesse, Vissarion se soulève sur les coudes pour s'asseoir. Une explosion de souffrance lui coupe le corps en deux.

3

Saisissant la canne pendue à son chevet, Vissarion en frappe trois coups contre le mur. Mais rien ne bouge de l'autre côté. La machine à coudre poursuit son grondement monotone. Klim devient de plus en plus dur d'oreille avec l'âge. A moins qu'il fasse semblant de ne pas entendre, pour s'éviter une besogne supplémentaire. Ah ! il a bien changé depuis sa maladie, celui-là ! Choyez le moujik et il prendra le goût de la paresse. La nuit, il dort comme un sac de farine, et, le jour, il faut l'appeler dix fois pour qu'il se dérange. De toutes ses forces, Vissarion tape de nouveau contre le mur, avec la canne, en prenant garde de ne pas remuer sa hanche malade. Puis il glagit :

— Klim ! Klim !

La machine à coudre s'arrête. Klim paraît.

— Tu es sourd, imbécile ? Ça fait une heure que je cogne !

— Excuse-moi, Vissarion Vassiliévitch, c'est la machine. Tu as besoin de quelque chose ?

— Quelle heure est-il ?

— Ta montre s'est arrêtée ?

— Non. Mais elle retarde toujours. Je veux l'heure exacte, celle de la cuisine !

Klim va dans la cuisine et revient avec le réveille-matin, qui marque 3 h 12, alors que la montre de Vissarion marque 3 h 8.

— Tu vois ! dit Vissarion avec humeur. Laisse-moi le réveille-matin. Je vais vérifier pendant quelques jours...

Il remet sa montre de gousset à l'heure et la repose sur la table de nuit, au milieu d'un fouillis d'objets hétéroclites : crayon rogné, pomme de terre ratatinée, mouchoir, gros sous, ficelles et jujubes. Le réveille-matin prend place sur une caisse, à côté du lit, parmi les vieux journaux. Klim tasse les oreillers derrière le dos de Vissarion, tire les draps pour effacer les plis, arrange la couverture.

— Non, pas comme ça ! Tu serres trop ! Je ne peux pas remuer les pieds ! grogne Vissarion.

Il renvoie Klim et le rappelle :

— C'est bien à 3 heures et demie que doit venir Zinaïda Emilianovna ?

— Non, à 5 heures.

— Pourquoi si tard ?

— C'est toi qui lui as dit, Vissarion Vassiliévitch. Mais, si tu veux, je peux aller la chercher tout de suite...

— Non, rase-moi d'abord !

— Je t'ai déjà rasé hier !

— En voilà une réponse de moujik ! Le poil a repoussé. Je le sens sous ma main. Rase-moi, coiffe-moi, je ne veux pas avoir l'air d'un vieil épouvantail.

Klim apporte les objets de toilette, une cuvette, un broc d'eau chaude, et la cérémonie commence. Bien que la sensation de la lame glissant sur la peau ne soit pas désagréable, Vissarion souffle et geint comme s'il était à la torture. Il lui semble que Klim bâcle la besogne. Pourtant le résultat, vu dans une glace à main, est satisfaisant. Mais qu'il a donc maigri ! Ses joues pendent, ses yeux brillent d'un éclat triste, ses cheveux gris rebiquent autour de sa calvitie qui a gagné en importance, un lacis de rides entoure sa moustache blanche au bord effiloché. Klim le coiffe et lui lave les mains. La toilette est terminée. Déjà ?

— Est-ce que ça ne sent pas mauvais dans la chambre ? demande Vissarion.

— Mais non !

— Avec le maudit lavement que tu m'as donné ce matin, j'ai l'impression que toute la maison empeste. Tu devrais faire un courant d'air.

— Il y en a déjà un, Vissarion Vassiliévitch. La fenêtre de la salle à manger est ouverte.

— Ouvre aussi celle de la cuisine.

Klim s'exécute et revient. Un souffle d'air chaud baigne le visage de Vissarion. L'odeur de la ville monte vers lui, poussiéreuse et âcre. « Une petite fracture du col du fémur », lui a dit le Dr Makaroff. On lui a bandé la hanche pour aider les os à se ressouder. Cette masse d'étoffe sur sa peau le gratte. Il ne pourra pas la supporter longtemps. Sûrement il est mal soigné. Le Dr Makaroff n'est pas à la hauteur. Mais que faire ? De nouveau il regarde sa montre, puis le réveille-matin. 4 heures moins 17 ; un désert le sépare de la visite de Zina. Il s'est fixé ce but dans un proche avenir, pour donner une direction au lent écoulement des minutes. Quand elle sera là, tout ira mieux, il en est certain. Les aiguilles rampent sur les deux cadrans. Désespérément synchrones. Klim retourne à ses parapluies. Tête renversée, Vissarion contemple le plafond blanc et plat, et rêve à une plaine neigeuse, quelque part, en Russie. A partir de 4 heures et demie, il recommence à s'agiter. A 5 h 10, il ne tient plus en place. Zina a oublié ! Elle ne viendra pas. C'est fini !

Elle arrive, souriante, sémillante — blouse blanche plissée et jupe bleue. Malgré son air maigriot, elle respire la bonne santé. Est-ce le soleil qui la rend si gaie ? Elle apporte du linge qu'elle a repassé et dépose la pile dans un coin.

— Vous avez une mine superbe ! dit-elle à Vissarion.

Il frémit d'aise sous le compliment, puis aussitôt se renfrogne :

— Malheureusement le miroir est là pour me prouver le contraire ! Je vais finir par crever, dans ce lit ! Je me sens de plus en plus faible, je n'ai de goût à rien !

— Ne soyez pas insupportable ! Cet accident aurait pu être très grave. Vous vous en êtes tiré miraculeusement. Et vous vous plaignez ! Si vous êtes sage, dans deux ou trois semaines vous pourrez bouger un peu. J'ai dit : si vous êtes sage...

Elle le menace du doigt. C'est bon, pense-t-il, d'être morigéné par une jeune femme. Mais une sourde humiliation gâche son plaisir. Ne le traite-t-elle pas comme un vieillard gâteux que l'on endort de billevesées ?

— Pour l'instant, Vissarion Vassiliévitch, il faut que vous vous reposiez, que vous fassiez le vide dans votre tête.

— Vous croyez que c'est facile, avec tous ces bruits de guerre ? Que dit-on, en ville ?

— Les gens, dans l'ensemble, sont moins inquiets que nous. Même nos amis socialistes pensent que la visite du président Poincaré au tsar fera réfléchir l'Autriche-Hongrie et que la Serbie s'en tirera en présentant des excuses. Et puis il paraît que toutes les organisations ouvrières en Russie, en France, en Italie, en Allemagne, sont prêtes pour la grève. Les gouvernements sont bellicistes, les peuples pas... D'ailleurs tant que Jaurès...

Elle répète les paroles de Brioussoff ou de Kostyleff, d'une voix musicale qui leur ôte tout sérieux. Ce manque d'originalité agace Vissarion. Il se demande pourquoi il a attendu si impatiemment l'arrivée de la jeune femme. Elle n'a rien à lui dire. En outre, il a besoin de l'urinal et ce n'est évidemment pas devant elle qu'il peut demander à Klim de le lui passer. Elle bavarde toujours, pour le distraire, mêlant la politique aux potins du quartier. La voilà au procès Caillaux :

— Cette épouse, meurtrière pour sauver l'honneur de son mari, quel sale mélodrame à la française ! Et dans un moment aussi grave pour le pays !...

Les muscles contractés, Vissarion prie pour que Zina s'en aille. Sa vessie lui fait mal. Encore quelques minutes, et il ne pourra plus tenir. Pour décourager la visiteuse, il ne répond que par bribes, ferme les yeux, feint de somnoler. Enfin elle regarde la montre, se récrie et disparaît. Klim apporte l'urinal. Vissarion rejette précipitamment les couvertures. Ses muscles se relâchent et il fait trois gouttes.

Epuisé, écœuré, il surveille en lui la montée d'un ennui épais comme de la poix. Un peu plus tard, il envoie Klim acheter le journal. Mais une fois le journal en main, il doit se forcer pour le lire. « Poincaré et Viviani en Russie... Quittant le cuirassé *France*, le président de la République s'est immédiatement rendu à bord du yacht impérial *Alexandria*, où l'attendait le tsar Nicolas II... A Peterhoff, après avoir passé en revue la compagnie des équipages de la garde... Le soir, un dîner de gala... Les toasts échangés... La vitalité de l'alliance franco-russe... » Ce remue-ménage politique indispose Vissarion. Le monde ne peut-il se tenir tranquille au moins pendant sa maladie ? L'important, ce n'est pas ce qui se passe là-bas, en Russie, en Allemagne, mais dans cette chambre étouffante, autour de ce lit où le voici cloué. Sa solitude, son désarroi sont un scandale. Il ne peut tolérer d'être si malheureux.

— J'aimerais du gruau de sarrasin pour le dîner ! dit-il à Klim.

★

10 h 5. La lampe à pétrole, mèche baissée, éclaire faiblement la chambre autour de Vissarion. Le noir lui fait peur. Du reste il n'a pas sommeil. Sa tête est lourde, ses reins sont douloureux, il a des fourmis dans les mollets.

— Klim ! Klim !

La canne contre le mur. Une fois, deux fois, trois fois... Klim dort, derrière la cloison, dans l'ancienne chambre de Stiopa. Mais pas sur le lit. Il préfère la paillasse. C'est son affaire. Pourquoi ne vient-il pas ? Encore un coup. Sur le seuil, se dresse enfin une silhouette hirsute, en chemise et pieds nus, les yeux rétrécis :

— Voilà, voilà, Vissarion Vassiliévitch ! C'est pour quoi ?

— Les jambes.

Klim s'agenouille devant le lit en geignant un peu, repousse les couvertures, agite les doigts dans le vide pour les dégourdir, puis se met à masser les mollets de Vissarion avec une douceur pénétrante. Cette caresse, cent fois répétée, entraîne l'esprit de Vissarion dans les brumes de la somnolence. Il sombre ; une frayeur vague le réveille ; il se demande s'il ne va pas mourir ; mais il ne le croit pas vraiment ; Klim est toujours agenouillé devant le lit ; ses grandes mains de moujik vont et viennent sur le mollet flasque ; il souffle :

— Là, là, tout le mal s'envole...

— Assez, dit Vissarion.

— Tu pourras dormir maintenant ?

— J'en doute.

— Veux-tu que je reste ?

— Non, va te coucher.

— Si tu as besoin de moi, tu tapes.

— Tu as le sommeil si lourd qu'une fois sur deux tu ne m'entends pas !

— C'est vrai, dit Klim en souriant d'un air coupable. Sais-tu à quoi je pense ? Je pourrais très bien coucher ici, au pied de ton lit.

— Pour que je t'écoute ronfler toute la nuit ?

— Alors, j'ai une autre idée. Je ne coucherai pas au pied de ton lit. Mais tu m'attacheras une ficelle au poignet, comme faisait ton père quand je lui servais de *kazatchok*. En cas de besoin, tu tires sur la ficelle et j'accours.

— Ton idée est idiote !

— Pourquoi, Vissarion Vassiliévitch ? Je t'assure...

— Nous ne sommes plus au temps du servage, dit Vissarion avec sévérité.

Il renvoie Klim dans sa chambre et ferme les yeux, non pour dormir, mais pour tenter d'oublier la fuite trop lente des heures. Les membres au repos et l'esprit en éveil, il se laisse envahir par des images incohérentes où le souvenir se mêle au cauchemar. Il court à travers le parc de Znamenskoïé, il tombe, il s'écorche le genou, son père le gronde, il pêche des écrevisses avec Klim, le soleil brille au fond de l'eau tel un plat d'étain.

4

Mais que fait Klim ? Il y a bien une demi-heure qu'il est parti, et il allait juste à l'épicerie du coin. Traînerait-il dans les rues ? Non, c'est impossible : il sait que Vissarion peut avoir besoin de lui d'une minute à l'autre. Précisément il voudrait qu'on lui retape ses oreillers. Son impatience tourne à l'angoisse. Dire qu'il est à la merci d'un Klim ! Cette pensée humiliante lui fait subitement monter les larmes aux yeux. Il suffoque et se mouche. Tout va si mal dans le monde ! « Jaurès assassiné ! » ce titre éclate en première page de *L'Humanité*, qui gît parmi d'autres journaux, sur la couverture. Un cadre noir, une photographie, des articles de désespoir et de colère : « La plus cruelle perte pour l'Internationale... », « Aux camarades, aux ouvriers... », « Le geste d'un fanatique... », « Sur les grands boulevards, la foule, immense et calme, a circulé toute la soirée... » Et cet appel de Viviani : « Dans les graves circonstances que la Patrie traverse, le gouvernement compte sur le patriotisme de la classe ouvrière... » Les manchettes du *Matin* et du *Journal* sont plus alarmantes encore. L'Autriche a ouvert les hostilités contre

la Serbie, le tsar a déclaré la mobilisation générale, l'Angleterre fait une suprême tentative
« pour trouver une solution acceptable », les
ministres français délibèrent à l'Elysée, « pour
prendre les mesures qu'exige la situation » ; et
Klim n'est toujours pas rentré. Cependant les
choses peuvent encore s'arranger. C'est du moins
ce qu'a dit Brioussoff, en passant, ce matin. Les
terroristes russes sont payés pour savoir qu'un
meurtre politique, s'il ébranle momentanément
la société, ne change pas radicalement le cours
de l'Histoire. Un noble cœur disparaît avec Jaurès, mais cet homme n'aurait pas, à lui seul,
empêché la guerre en ouvrant les bras. Du reste,
la guerre peut se limiter à un conflit balkanique,
les grandes puissances fournissant les armes et
arbitrant de loin les combats. Oui, oui, tout finira
ainsi ; autrement ce serait trop injuste. Ah ! que
ne donnerait-il pour être valide et marcher dans
les rues. Il irait chez les uns et les autres pour
s'informer, pour discuter. Au lieu de quoi, le
voici abandonné dans son coin, comme un croûton. Seul, seul à hurler d'ennui. Personne ne vient
le voir. Les gens sont si égoïstes !... Quand se
relèvera-t-il ? L'autre jour, le Dr Makaroff a
encore allongé ses délais : « Un peu de patience !
A votre âge, les os se ressoudent lentement. Dans
un petit mois sans doute... » Un petit mois ! Les
bien-portants ne peuvent comprendre ce que
représente une journée dans la vie d'un vieillard
malade ! Il a des escarres aux fesses, que Klim
soigne avec de la pommade. Sa tête est lourde.
Quelle chaleur ! A peine supporte-t-il le poids du
drap sur son corps. S'il pouvait prendre un bain
tiède, se détendre, s'alanguir dans l'eau !... Cette
stupide fracture du col du fémur compromet ses

projets les plus délectables. Le chauffe-bain s'éloigne dans une brume de rêve. Toutes ces petites flammes rangées en cercle. Elles dansent dans le cerveau de Vissarion et il leur sourit tristement. Une vieille chanson lui revient. Il la fredonne d'une voix enrouée :

« Lanternes, petites lanternes,
« Vous brillez... vous brillez... »

Comment donc était la suite ? Sourcils froncés, il interroge sa mémoire et se désole de se heurter à un néant laineux. Il achètera le chauffe-bain l'année prochaine. Mais les prix ne vont-ils pas monter avec cette menace de guerre ? Il chausse ses lunettes et regarde tour à tour sa montre et le réveille-matin. Quatre minutes d'écart. Déjà ! La différence augmente de jour en jour. C'est insupportable ! A quel cadran se fier ?

Klim revient avec ses emplettes : du pain, deux œufs, du riz. Il est essoufflé. Sa grande main serre un petit porte-monnaie noir à bouton de métal. En le voyant, Vissarion connaît un soulagement démesuré, s'attendrit sur lui-même et murmure d'un ton suave :

— Ah ! Klim, Klimouchka, mon cher, te voilà !... Tu en as mis un temps !

— Pas plus que d'habitude.

— Je te dis que si !

— Le ciel m'est témoin...

— Tais-toi, imbécile ! hurle Vissarion repris par la colère. Une heure te paraît une minute lorsque tu es dehors !

— Je n'ai jamais vu autant de monde dans les magasins, dit Klim. J'ai dû attendre.

— Que disent-ils ?

— Comment veux-tu que je sache ? Ils parlent tous français...

— Et quand on parle français devant toi, tu ne comprends rien ! En dix ans, tu aurais pu apprendre !...

— Oh ! j'ai appris... un mot par-ci, un mot par-là... Les Français sont comme fous ! Ils répètent : mobilisation, mobilisation... Je crois vraiment que ça va très mal, Vissarion Vassiliévitch. Ces chiens d'Allemands vont se jeter sur la Russie. Qu'est-ce que je te fais pour le dîner ? Une soupe et du riz, ça te plairait ?

Il quitte Vissarion parce qu'on frappe à la porte d'entrée. Quatre coups et un tambourinement. C'est Zina. Pâle, nerveuse, les yeux brouillés de larmes, elle entre dans la chambre et dit :

— Vous entendez ?

— Quoi ? demande Vissarion.

— Les cloches. Elles sonnent depuis cinq minutes.

— Ah ! oui ? dit Klim. Je n'ai rien remarqué...

— Tais-toi ! dit Vissarion.

Il tend l'oreille, et un tintement lointain, monotone, lugubre, lui parvient. Toutes les églises de Paris donnent de la voix. Le ciel orageux vibre au rythme d'une note indéfiniment répétée.

— Pourquoi les cloches ? interroge Klim.

— Parce que c'est la mobilisation, répond Zina. Le concierge dit qu'on vient de placarder les affiches dans les mairies !

La nouvelle ne surprend pas Vissarion, et cependant il éprouve, dans tout son être, un silence épouvanté. Comme si le monde venait de tourner sur son axe dans un mouvement formidable, et que cet axe, c'était lui, au fond de son lit, avec sa hanche bandée, ses intestins dérangés et ses muscles mous. Abasourdi, il marmonne :

— Et la grève générale ? Il devait y avoir une

grève générale, un soulèvement populaire en cas de mobilisation !...

— Je crois qu'il n'y aura rien, dit Zina en se dirigeant vers la porte.

— Où allez-vous, Zina ? s'écrie Vissarion brusquement inquiet de rester seul avec Klim, face à la terrible certitude de la guerre.

— Chez les Kostyleff, dit-elle. Peut-être y trouverai-je Marc. Vous vous rendez compte, je ne sais même pas où il est. Je suis inquiète...

— Ne partez pas ! Klim peut aller chez les Kostyleff à votre place !

— Non ! non ! dit Zina. Je préfère... moi-même...

Elle sort précipitamment. Klim se signe, balbutie : « Seigneur aie pitié de nous, pauvres pécheurs », et s'assied sur une chaise. Il y a un long silence, pendant lequel il semble que la chaleur augmente dans la chambre. Les cloches se sont tues. Le bourdonnement de la ville renaît imperceptiblement. Rien n'a changé en apparence. Et cependant c'est une autre vie.

— Klim, soupire Vissarion, tu vas aller à la mairie.

— Quelle mairie ?

— La mairie du V\ arrondissement. Tu sais bien, c'est à côté, place du Panthéon. Tu regarderas s'ils ont collé les affiches, tu me diras ce qui se passe...

— Comme tu voudras, Vissarion Vassiliévitch, dit Klim. Comme tu voudras. J'y vais tout de suite...

Dans la rue, il croise des passants aux visages figés dans une sorte de stupeur. Les gens marchent aussi bien sur le trottoir que sur la chaussée, sans prendre garde aux voitures. Un petit groupe chuchote à l'entrée d'un immeuble. Deux jeunes gens passent en courant, coude à coude, musette sur le flanc.

Place du Panthéon, un attroupement s'est formé devant la mairie. On se bouscule pour se rapprocher d'une affiche collée dans un cadre de bois, sur le mur. Ceux qui ont lu demeurent un moment hébétés avant de céder leur place à d'autres. Klim suit le mouvement et se trouve soudain face à la feuille imprimée. Il a appris l'alphabet français dans les journaux. Lettre après lettre, il déchiffre : « Ordre de Mobilisation générale ». Déjà on le pousse dans le dos. Tous ces visages assoiffés, angoissés. Dans les derniers rangs, les langues se délient. On échange ses impressions entre inconnus. Hochements de tête et regards graves. Un gros monsieur, portant gilet blanc et canotier, adresse la parole à Klim. Les mots bourdonnent aux oreilles de celui-ci comme autant de guêpes absurdes. Il ne comprend rien, fait une courbette et murmure en français :

— Oui, oui... Merci... Au revoir, monsieur...

Son interlocuteur le considère avec méfiance. Klim s'esquive, l'épaule ronde, tel un coupable. Mais une faiblesse dans les genoux l'oblige à ralentir le pas. Pourtant il n'est pas fatigué. C'est le spectacle de cette affiche blanche, de ces gens malheureux qui lui ôte ses forces. Au lieu de retourner rue de l'Estrapade, il descend la rue Soufflot vers le boulevard Saint-Michel, pour voir si, par hasard, de ce côté-là, il n'y a pas la révolution.

Beaucoup de monde sur les trottoirs. Quelques automobiles avec, à l'intérieur, des hommes en uniforme, roulant sans doute vers la gare. Des crieurs de journaux à tous les coins de rue. Ça et là, un cercle de messieurs qui discutent. Mais pas la moindre barricade, pas le plus petit drapeau rouge. Le peuple ne se soulève pas. Vissarion Vassiliévitch sera déçu. Du moins feindra-t-il de l'être. Il est si malade ! Que ferait-il, le pauvre, si la révolution éclatait en France ? Il a besoin de calme, et il continue à prêcher le désordre. La force de l'habitude. « Mon Dieu, protège-le, protège-nous, à l'heure où tu secoues l'univers », pense Klim. Il marche comme un somnambule à travers la foule. Jamais il ne s'est senti aussi isolé que depuis l'annonce de la mobilisation. Tout à coup il lui semble qu'il n'est plus seulement un étranger à Paris, mais qu'il est devenu sourd, muet, qu'il nage dans un élément qui n'est pas le sien, qu'il périra d'asphyxie au milieu des Français. Une voix russe le fait sursauter :

— Eh ! Klim !

Il se retourne : Marc Séraphimovitch Brioussoff. La joie frappe Klim au cœur : il a retrouvé la Russie.

— Ah ! balbutie-t-il, comme je suis content ! Zinaïda Emilianovna vous cherche !

— Je m'en doute. D'ailleurs je rentrais à la maison. Et vous, qu'est-ce que vous faites là ?

— Vissarion Vassiliévitch m'a envoyé aux nouvelles. Mais je ne comprends rien. Expliquez-moi...

— Que voulez-vous que je vous explique, mon bon Klim ? C'est la guerre, à moins d'un miracle. Et le prolétariat n'a pas bougé : ni en Russie, ni en Allemagne, ni en Italie, ni en France. À croire qu'il suffit d'un roulement de tambour pour chasser toutes les belles idées humanitaires de la caboche des travailleurs.

— Les Français, c'est leur affaire, mais nous autres, les émigrés russes, qu'allons-nous devenir ?

— A votre âge, vous n'avez rien à craindre ! dit Brioussoff en souriant.

— Ce n'est pas à moi que je pense, ni à Vissarion Vassiliévitch, mais aux jeunes !

— Les jeunes... Ah ! ça c'est un problème. En tant que réfugiés politiques, ils ne seront pas mobilisés. A moins qu'ils ne s'engagent comme volontaires dans l'armée française. Certains y pensent...

— Et vous ?

— Moi, je ne sais pas encore, dit Brioussoff rêveusement. C'est grave !

Ils remontent le boulevard Saint-Michel en marchant côte à côte. Brioussoff allonge le pas, pressé, sans doute, de retrouver sa femme. Klim a de la peine à le suivre.

M. Collot parle lentement et articule les mots avec force, comme pour mieux les faire pénétrer dans la tête de Klim. En même temps, il se livre à une pantomime bizarre devant les coupons de tissu. Les mains voletantes, il feint de tailler, d'ourler, de coudre... Puis, craignant de s'être mal fait entendre, il saisit une feuille de papier, une plume, et griffonne une lettre, en réponse à celle de Vissarion que Klim lui a remise. Sur un autre papier, il porte toutes les indications nécessaires : mesures, manches, couleurs... Enfin il demande :

— Compris ?

— Compris, répond Klim avec un franc sourire.

La commande est maigre : mais qui songe à acheter des parapluies en temps de guerre ? Sûrement M. Collot est un grand patriote. A la devanture de son magasin, figurent trois ombrelles : une bleue, une blanche, une rouge, et deux portraits de généraux. De nouveau un flot de paroles sort de sa bouche. Ses yeux étincellent d'un courage belliqueux. Les mots « guerre », « victoire », « Russes », « Français », « Berlin », reviennent souvent dans son discours. Klim adopte un visage de circonstance et commence à ranger le matériel dans le fourreau noir. Il se demande, avec une pointe d'angoisse, si M. Collot ne va pas faire quelque difficulté pour le payer, lui, un subalterne, malgré les recommandations contenues dans la lettre de Vissarion Vassiliévitch. Mais M. Collot a déjà ouvert son portefeuille. Klim empoche l'argent et remercie en esquissant trois courbettes.

— D'accord comme ça ? dit M. Collot.
— D'accord, dit Klim.
— Pour mardi ?
— Pour mardi.

M. Collot lui tend la main. Klim la saisit maladroitement et la secoue de bas en haut à plusieurs reprises. Tout s'est bien passé. Vissarion Vassiliévitch sera content.

Sur le chemin du retour, il s'arrête devant la vitrine des établissements Porcher et regarde les chauffe-bains avec mélancolie. Zinaïda Emilianovna le remplace pour l'instant au chevet de Vissarion Vassiliévitch. Mais elle a fort à faire elle-même. Il doit se dépêcher de rentrer. En descendant la rue Royale, il se revoit tirant la baignoire dans la charrette à bras qui oscille et qui craque, tandis que Vissarion Vassiliévitch marche à côté de lui et l'encourage par de douces paroles. C'était le bon temps. Stépan Alexandrovitch vivait encore. Personne n'était malade... Tout remué par cette bouffée de souvenirs, Klim ne reprend ses esprits que dans l'escalier du métropolitain.

5

— Et moi je vous dis que cette guerre fait le jeu du tsarisme et arrête la marche du progrès social ! s'écrie Gvozdoff. C'est un grand malheur que les partis de gauche n'aient pu s'entendre dans tous les pays pour éviter la tuerie. Mais ce grand malheur se doublerait d'une sottise impardonnable si, par-dessus le marché, nous autres, les sociaux-révolutionnaires émigrés en France, nous allions nous engager comme volontaires alors que rien ni personne ne nous y oblige. En le faisant, nous trahirions notre idéal internationaliste !

Il parle avec fougue. Son jeune visage, étroit et blafard, grimace à chaque mot. Domoff lui coupe la parole :

— Ainsi tu accepterais de vivre tranquillement en France, nourri, logé, préservé, tandis que les Français de ton âge se feraient trouer la peau à ta place ?

— Cette conception de l'honneur est strictement bourgeoise, donc anachronique. Ce n'est pas le désir d'être d'accord avec les autres qui doit nous guider, mais le désir d'être d'accord avec nous-mêmes. Et l'on ne peut être d'accord avec soi-même lorsque, ayant résolu de combattre pour la liberté prolétarienne, on se retrouve combattant pour l'impérialisme capitaliste !...

Klim, assis dans un coin, sur une malle, ne quitte pas des yeux les interlocuteurs qui s'échauffent en s'affrontant. Vissarion Vassiliévitch lui a commandé de se rendre à la réunion chez Kostyleff et de lui rapporter par le menu ce qu'on y dirait. Imbu de l'importance de son rôle, il a peur de laisser perdre un mot de la discussion. Jusqu'à présent il a tout compris. Mais il ne saurait dire qui a raison, de ceux qui veulent devenir des soldats français ou de ceux qui prétendent rester des révolutionnaires russes. Ce qui est compliqué avec les gens d'intelligence et de culture, c'est que, quoi qu'ils soutiennent, leurs arguments sonnent juste. Heureusement, on ne lui demande pas de choisir mais d'écouter. Brioussoff est allé à une autre réunion d'information. Il y en a un peu partout, dans Paris, tant l'émigration russe est divisée, inquiète. Chez les Kostyleff, la plupart des visages sont jeunes. Quinze personnes en tout. On boit du thé, on mange des biscuits. Natalia Fédorovna, assise dans le seul fauteuil de la pièce, se penche vers Klim et chuchote :

— Ils discutent, ils discutent, mais, au fond, ils savent tous qu'ils iront !... Pauvres petits !... C'est affreux !...

— Mes amis, dit Kostyleff, je respecte les scrupules de Gvozdoff qui prétend que cette guerre n'est pas notre guerre. Mais il nous est moralement impossible de nous tenir à l'écart des souffrances d'un peuple qui nous a offert l'hospitalité et au milieu duquel nous vivons. Que nous le voulions ou non, notre devoir rejoint celui des socialistes français. Ils ont accepté la mobilisation, faisons comme eux. Après tout, la France et la Russie ont témoigné d'un réel esprit de conciliation, face à l'Allemagne. Pour prouver leur bonne foi, les Français ont même fait reculer leurs troupes de couverture de dix kilomètres. Le résultat, c'est que l'Allemagne a envahi la Belgique et pénètre en France. Et cette agression caractérisée n'a donné lieu en Allemagne à aucun soulèvement de masse, à aucune protestation. Dans un cas pareil, un véritable socialiste ne peut rester neutre. L'envahisseur, quel qu'il soit, devient son ennemi...

— L'envahisseur, l'ennemi, grogne Gvozdoff, qu'est-ce que ça signifie ? Vous oubliez que, si nous en sommes là, c'est à cause du capitalisme impérialiste de tous les gouvernements en présence, qu'il s'agisse de la Russie, de l'Allemagne, de l'Autriche...

— Théoriquement, oui, dit Domoff. Mais en fait...

— L'heure n'est plus aux discussions, dit un autre. Il faut...

— Attendez ! Attendez ! dit Kostyleff. Où le capitalisme impérialiste est-il le plus fort ? En Russie, en France ? Non, en Allemagne. Poussée par un militarisme exacerbé, il y a longtemps que l'Allemagne aurait commencé la guerre si l'alliance franco-russe ne l'avait fait réfléchir. Par conséquent, la défaite du militarisme allemand préparera et facilitera le dénouement de la lutte des classes.

— Si l'Allemagne est vaincue, le pouvoir de Nicolas II sera consolidé !

— Nullement ! La révolution, éclatant en Allemagne, gagnera la Russie...

— Pas après une victoire russe !

— Les victoires, ça se digère parfois plus difficilement que les défaites !

— Que dit-on parmi les sociaux-démocrates ?

— Ils sont pris au dépourvu comme nous. Ils hésitent...

— Mais Lénine ?...

— Il s'est volatilisé. Les uns disent qu'il est encore à Cracovie, les autres en Suisse. Du reste, l'opinion de Lénine importe peu ! C'est un fou, un fou dangereux !

— Peut-être faudrait-il souhaiter la victoire de l'Allemagne !

— Ce serait un comble ! Si l'Allemagne était victorieuse, vous pourriez vous attendre à un renforcement de l'impérialisme dans tous les pays qu'elle aura dominés. La France démocratique, l'Angleterre libérale, la Russie tsariste où notre action commençait à porter ses fruits seront brutalement remises au pas ! Est-ce là ce que vous voulez ?

Kostyleff domine le débat de sa voix caverneuse et de sa barbe en collier. Seul Gvozdoff lui résiste encore, répétant :

— C'est un cas de conscience ! Je ne m'engagerai pas ! Je continuerai la propagande révolutionnaire à l'arrière !

— Pour saper le moral des civils et aider les Allemands à vaincre ? dit Kostyleff rudement.

Et la discussion reprend, avec les mêmes objections et les mêmes ripostes, comme si rien n'avait été dit jusque-là. Klim juge qu'il en a assez entendu. Il prend congé, à voix basse, de Natalia Fédorovna et se glisse vers la sortie.

Dans le vestibule, il se heurte à Simon Moïsséïévitch qui vient juste d'arriver. Ils se regardent, le passé jaillit entre eux ; Klim sourit avec un reste de gêne ; Simon dit :

— Bonjour, Klim. Vous partez déjà ?

— Je suis obligé. Vissarion Vassiliévitch m'attend. Vous savez qu'il est malade : il a fait une chute et s'est cassé un os de la hanche !

— Non, je ne savais pas, dit Simon. C'est grave, à son âge !

— Le médecin dit qu'il en a pour quelques semaines au moins à se remettre...

— J'irais bien lui rendre visite, mais je doute que cela lui fasse plaisir. Transmettez-lui mes souhaits de prompte guérison. Dites-lui aussi... Non, ne lui dites rien... Ne lui parlez même pas de moi, c'est préférable...

Simon hoche la tête d'un air de commisération désabusée. Klim sent croître son malaise, comme s'il partageait la responsabilité de Vissarion Vassiliévitch en toute chose.

— Et pour vous, Simon Moïsséïévitch, balbutie-t-il, tout va bien ?... Vos études ?...

— Le temps n'est plus aux études, murmure Simon.

— Vous dites ça à cause de la guerre ?

— Oui, Klim.

— Ils en discutent, à côté. Chacun se demande ce qu'il doit faire.

— Moi, je ne me le demande plus.

— Vous allez repartir pour la Russie ?

— Non, m'engager dans l'armée française.

— C'est mieux ?

— Je le crois.

— Alors bonne chance, Simon Moïsséïévitch.

— Bonne chance à vous, Klim.

Marchant dans la rue, Klim pense au dernier regard de Simon, empreint de tristesse et d'ironie. Comme le monde paraît vide soudain, après cette réunion chez les Kostyleff ! Tous les Français en âge de porter les armes sont partis vers les frontières. Paris appartient aux vieillards et aux femmes. Chaque fois qu'il en croise une, Klim se dit : celle-ci doit avoir son fils à l'avant, celle-ci son fiancé, celle-ci son frère. Et il se découvre bizarrement étranger au grand mouvement de patriotisme et d'angoisse qui soulève le pays. Il a beau se répéter que des soldats russes se font tuer, au même instant, pour la même cause, tout cela lui semble une affaire lointaine et comme théorique. Peut-être est-ce son âge qui l'empêche de sentir profondément la guerre ? Ou la distance qui sépare Moscou de Paris ? Ou le fait qu'il ne parle pas le français ? Çà et là, un drapeau tricolore pend à une fenêtre, oublié depuis le premier jour de la mobilisation. Le nombre des proclamations officielles a augmenté, sur les murs. Klim se les est fait traduire par Brioussoff : fermeture des cafés à 8 heures du soir, appel à la population parisienne, délivrance de bons de lait aux enfants et aux vieillards, interdiction des attroupements... Tout à l'heure, en se rendant chez les Kostyleff, il a vu un régiment d'infanterie qui partait. Les soldats — pantalon rouge, fusil sur l'épaule et sac au dos —

avaient un air morne. Devant, un officier à cheval, très mince, la moustache blonde, caracolait en jetant des regards à droite, à gauche. La foule se découvrait, criait, applaudissait. Une jeune femme avait lancé un bouquet. Puis étaient passés des chariots aux bâches fermées. L'un d'eux portait sur sa caisse des inscriptions à la craie que Klim n'avait pas su déchiffrer. Pourquoi les soldats français ne chantaient-ils pas en marchant, comme les soldats russes ? C'est tellement beau, une troupe d'hommes qui chante au rythme de son pas ! Cela donne une impression de force tranquille, de rude fraternité et presque, déjà, de victoire... Et les cosaques, les fiers cosaques sur leurs petits chevaux... Et les hussards de Sa Majesté... Klim se souvient d'une parade à laquelle il a assisté, jadis, à Moscou... Une muraille d'hommes et de chevaux avance dans un nuage de poussière : cuirasses d'or et d'argent, casques à chenilles, vareuses vermillon, dolmans blancs à fourrure noire accrochés sur l'épaule, sabres, lances, drapeaux, trompettes sonnant au soleil...

Quand il rentre, sur la pointe des pieds, dans la chambre, Vissarion est en train de dormir, la bouche ouverte. Ses cheveux gris rebiquent sur l'oreiller, autour de sa calvitie. Ses joues sont creuses, ses narines pincées, son teint cireux. Il respire par petits coups. Un voile humide clapote dans sa gorge. Klim s'effraie de le voir si épuisé et si pâle. Vissarion souffre de larges escarres aux fesses et ses poumons s'engorgent. Il n'a plus d'appétit, il perd le goût de vivre, ses colères même se font rares. Au moment où Klim veut se retirer, Vissarion ouvre les paupières et marmonne :

— Où vas-tu ?

— Je voulais te laisser dormir.

— Je ne dormais pas. Passe-moi le bassin.

C'est une longue et pénible cérémonie. Vissarion gémit, grogne des injures, accuse Klim de maladresse, tandis que celui-ci l'aide à se soulever un peu. Une fois installé, il déclare qu'il n'a plus envie, qu'il faut attendre. Klim reste debout, à côté de lui, guettant l'odeur.

Lorsque tout est fini, le bassin vidé, la chambre aérée, les draps tirés, Vissarion se remet à geindre. Il se plaint de ses escarres, du bandage qui le serre trop, d'un point de côté, d'une amertume dans la bouche, de sa montre qui retarde par rapport au réveille-matin. Fébrilement il ajuste ses lunettes sur son nez. Ses doigts mous glissent sur le remontoir de la montre. Il n'a plus la force de changer l'heure. C'est Klim qui le fait avec ses grosses pattes de rustre.

— Attention, dit Vissarion, tu vas trop loin, imbécile. Six minutes... Là, ça va !...

Et subitement le bruit du réveille-matin lui paraît insupportable. Comment veut-on qu'il se repose avec ce tic-tac assourdissant à ses oreilles ? S'il n'entendait plus le battement monotone, obsédant, du mécanisme, tout irait mieux, ses nerfs se dénoueraient, il guérirait vite.

— Emporte-le, dit-il à Klim.

— Mais..., Vissarion Vassiliévitch...

— Emporte-le, je te dis !

Klim emporte le réveille-matin et reparaît les mains vides. Vissarion baigne un instant, avec délices, dans le silence retrouvé ; ensuite, ce calme prolongé l'inquiète et le dérange. Il en souffre comme d'une absence. Soudain il se rappelle que Klim revient de chez les Kostyleff.

— Alors ? s'écrie-t-il. Qu'est-ce que tu attends ? Raconte !...

Klim commence son récit en s'efforçant de rapporter fidèlement les propos qu'il a entendus. D'abord intéressé, Vissarion bientôt succombe à la fatigue. Tout s'embrouille dans son cerveau, les noms, les dates. Il s'assoupit. Puis il se réveille en sursaut. Klim parle toujours.

— Qu'a répondu Kostyleff ? demande Vissarion à tout hasard.

Klim reprend ses explications. Vissarion hoche la tête, et de nouveau ses paupières se ferment. Mais, cette fois, il résiste à la somnolence. Une grande clarté se fait dans son esprit. La situation lui apparaît avec un relief saisissant, comme un paysage dont un ouragan aurait dissipé les brumes. Les belles théories envolées, il ne reste que la dure réalité de la guerre. Une guerre que les gens de gauche n'ont pas su empêcher et dans laquelle ils s'engouffrent maintenant de gaieté de cœur. L'ivresse patriotique est contagieuse. On se cherche de bons motifs pour excuser la trahison envers son idéal. On dit : « La révolution n'est que partie remise. Après la victoire sur l'Allemagne, nous reprendrons notre combat contre le tsarisme ! » C'est faux ! Les succès militaires raffermiront le trône. Un demi-siècle de propagande libérale, d'attentats terroristes, de conquêtes politiques sera effacé d'un seul coup. La révolution deviendra impossible. Oui, oui, à cause de cette guerre hâtivement déclenchée, stupidement acceptée, il n'y aura jamais de révolution en Russie ! Toutes les énergies qui auraient dû

s'employer à détruire le régime vont être disper-
sées, massacrées dans un conflit voulu par les
marchands de canons. Et lui, Vissarion, quel sera
le sens de sa vie, dès lors que les jeunes camarades parlent de s'enrôler sous le drapeau français ? Le dogme de la fraternité internationale
s'effondrant en même temps que celui de la
liberté individuelle. Les ouvriers allant se battre
contre d'autres ouvriers pour une question de
frontières. Les bourgeois et les travailleurs montant coude à coude à l'assaut, sous le même
uniforme. Un cauchemar dans la grande chaleur
de l'été. D'après les journaux, les Belges se re-
plient, mais hier, 20 août, les Français ont occupé
Guebwiller. Quant aux Russes, ils ont, paraît-il,
remporté une victoire décisive sur la ligne Gum-
binnen-Goldap-Lyc, occupé Insterburg, investi
Königsberg et avancé de cent cinquante kilomètres en territoire prussien. Faut-il s'en réjouir ou
s'en désespérer ? On ne parle pas des morts. Le
sang ne compte pas. Tuez un grand-duc pourri,
et toute la presse officielle s'indigne, mais fauchez
des régiments entiers de jeunes gens pleins de
santé, et cela se traduit par un communiqué de
victoire dans les mêmes journaux. Vissarion
étouffe. Des fourmis montent dans sa jambe
malade. S'il la bouge, il réveillera la douleur,
malgré le bandage qui lui enserre les hanches. Il
ne devrait pas, dans son état, se laisser agiter
par des réflexions accessoires. Et pourtant...
Stiopa, à sa place, écumerait de rage. Pauvre
Stiopa ! Quelle dérision ! Ils ont tant travaillé,
tant espéré, tant souffert ensemble ! Se peut-il
que ce soit en pure perte ? Les voyages de ville
en ville, de village en village, pour porter la bonne
parole, les discussions avec les ouvriers, avec les

paysans, les tracts composés dans quelque imprimerie clandestine, la préparation des bombes, la
fuite au nez des mouchards, les retrouvailles
avec des camarades que l'on croyait perdus, les
réunions secrètes dans un « local conspiratif »,
à la lueur d'une chandelle. « Mes amis, il faut
frapper un grand coup. Notre choix s'est porté
sur le général Vassiltchikoff, qui mérite cent fois
d'être abattu pour l'exemple. » Alors l'existence
avait un but élevé qui justifiait tout. On allait,
sans trébucher, vers une lumière. La lumière
s'est cachée. Tous les amis ont disparu. Le monde
est devenu absurde. On n'y rencontre que des
gens qui ne savent pas ce qu'ils veulent. Des
fantômes. Cette guerre est une guerre de fantômes. Vissarion est bien bête de s'en inquiéter.
Il se passe en lui des choses tellement plus importantes ! Une douleur lui pénètre le dos. Sans
doute est-il mal assis. Il faudrait retaper les
oreillers. Mais il n'a pas la force de le demander
à Klim. D'ailleurs la douleur devient supportable.
A condition de respirer très doucement. Ce visage
de moujik penché au-dessus de lui :

— Tu vas bien, Vissarion Vassiliévitch ?

Il ne répond pas. Trop fatigant. Son restant
d'énergie, il veut le garder pour s'observer lui-
même et non pour observer les autres. L'univers
qui l'entoure lui semble tout à coup à mille lieues
de lui, inaccessible, hermétique. Il n'y remettra
plus jamais les pieds. Et ceux qui y vivent ne
pourront plus jamais entrer en contact avec lui.
Le voici, à l'insu de tous, replié dans sa peau,
pelotonné dans ses souvenirs, rendu à l'essentiel,
c'est-à-dire à l'enfance. Que le reste du monde
se débrouille avec la guerre, avec la révolution.
Lui, il marche, une badine à la main, dans les

allées de Znamenskoïé. La badine siffle, et tombent, tombent des têtes de chardons.

— Vissarion Vassiliévitch ! Vissarion Vassiliévitch, n'as-tu besoin de rien ?

★

De nouveau le silence, les ténèbres, et la lampe à pétrole brillant, seule et droite, sur la table de chevet. Autour du lit, les objets sont pétrifiés dans une immobilité nocturne. Attentifs comme des chiens de garde. Le temps s'est arrêté de courir. La lumière du jour ne reviendra jamais. Vissarion compte mentalement de un à cent trente. Puis, pour la dixième fois, il appelle Klim. Sa voix ne franchit plus ses lèvres. Un cri intérieur l'ébranle. La peur le saisit aux cheveux. » Mon Dieu ! Serait-ce possible ? Est-ce donc ainsi que cela doit se passer ? Est-ce déjà le début ? » La respiration lui manque. Un genou de fer écrase sa poitrine. Il s'en délivre dans un halètement, fuit le long d'un couloir de brume et tombe par une trappe. Son corps roule dans un escalier et rebondit mollement de marche en marche. Le bruit de son cœur scande cette chute qui n'en finit pas. « Ce n'est qu'un vertige. Ça passera. J'ai mal. Mais non, je n'ai pas mal. Je suis trop faible pour avoir mal. Quelle est cette lumière qui vient ? Klim avec une bougie ? Non, personne. Ce n'est pas effrayant. C'est tout simple. Il n'y a qu'à se laisser faire. Peu à peu. Souffle après souffle. Sans curiosité, sans hâte... » Il reprend son compte : cent trente et un, cent trente-deux... Les chiffres se suivent régulièrement. La tête est encore bonne. Cela le rassure.

Mais les forces de la nuit reviennent à la charge. Le genou de fer est de nouveau là, au centre de la poitrine. Une pression atroce. L'air ne passe plus. « Klim ! Klimouchka ! Au secours !... » Des minutes s'écoulent. Ou des heures. Fausse alerte. « Je vis, je vis encore... »

6

— « Gloire au Père, au Fils et au Saint-Esprit »,
dit le prêtre.

— « Maintenant, et toujours, et dans les siècles des siècles. Amen », répond le chœur.

C'est une chance, pense Klim, que Vissarion
Vassiliévitch ait finalement accepté de recevoir
le père Porphyre. Ainsi du moins aura-t-on évité
la honte d'un enterrement civil comme celui de
Stépan Alexandrovitch. Il se signe et revoit Vissarion Vassiliévitch dans sa caisse, avec le bandeau
mortuaire de satin sur le front et la prière des
morts entre les mains. Lisse, blanc, la peau tendue, les mâchoires serrées à bloc, rajeuni, correct
et distant. Préparé pour l'éternité. En règle avec
l'Eglise. C'est à peine s'il a pu échanger trois
mots avec le prêtre, venu lui apporter les secours
de la religion. Déjà il n'avait plus sa tête à lui.
Il mâchait les paroles d'une chanson : « Lanternes, petites lanternes... » Puis il s'est tu. Mais
une lueur suppliante brillait dans son regard.
L'esprit questionnait encore, alors que la langue
ne bougeait plus. Il semblait vouloir demander sa
route. Le lendemain, il s'est éteint, sans souf-

france, telle une lampe qui manque d'huile. Il y a eu tant à faire aussitôt après, à la maison (laver, habiller et veiller le corps, recevoir les amis, renouveler les cierges, dire des prières), que les menus travaux ont tenu les grandes pensées à distance.

Le diacre, marchant à petits pas, encense le catafalque, l'icône, du Sauveur, l'iconostase, le chœur, les fidèles. Bien des gens sont venus : les Kostyleff, les Brioussoff, Gvozdoff, Domoff, d'autres encore, la plupart membres du parti. Chacun des assistants tient à la main le petit cierge rituel dont la flamme éclaire les mentons comme une rangée d'œufs. Certains, parmi les sociaux-révolutionnaires, doivent réprouver cette cérémonie, mais on ne va pas contre la volonté d'un défunt. Les chaînettes de l'encensoir tintent doucement. Quelques têtes s'inclinent. Derrière un nuage bleuâtre, le père Porphyre se meut avec majesté dans sa chasuble noir et argent. Sa voix grave présente le disparu à la mansuétude divine.

Oui, songe Klim, Vissarion Vassiliévitch a cessé de souffrir. Dieu lui pardonnera ses erreurs et lui ouvrira les portes du paradis. Là-haut, il n'aura pas de mauvaises fréquentations comme feu Stépan Alexandrovitch ; il ne perdra pas son temps à détester les généraux et à jeter des bombes ; mêlé à la cohorte des anges, il se reposera de toutes les entreprises violentes qui l'ont empêché d'être heureux en ce monde. La certitude lumineuse de cette félicité devrait alléger la peine de ceux qu'il laisse derrière lui. A présent, tout est en ordre. L'Esprit-Saint plane dans l'air que l'on respire. Si seulement Vissarion Vassiliévitch avait pu être enseveli dans la terre russe !...

— « Alleluia ! Alleluia ! Alleluia ! » chante le chœur.

C'est une très belle cérémonie, constate Klim avec fierté. L'une des plus belles auxquelles il ait jamais assisté à Paris. Il a voulu le chœur au complet, des fleurs, et un grand nombre de cierges, pour bien recommander Vissarion Vassiliévitch à la grâce de Dieu. La dépense n'importe guère. Du reste on avait mis pas mal d'argent de côté pour le chauffe-bain. Le pauvre Vissarion Vassiliévitch n'aura pas vu l'eau chaude couler dans sa baignoire, pas plus qu'il n'aura vu la révolution triompher en Russie. Le prêtre, ayant de nouveau encensé le cercueil, chante la prière pour les défunts :

— « Dieu des esprits et de toute chair, qui as vaincu la mort et anéanti la puissance du démon, et donné la vie au monde, accorde, Seigneur, à l'âme de ton serviteur défunt Vissarion le repos dans un lieu de lumière, de verdure et de fraîcheur, là où il n'y a ni douleur, ni larmes, ni gémissements... »

Le nom de Vissarion résonne si solennellement dans la bouche du prêtre, que Klim en éprouve un choc dans le cerveau. Une seconde il se demande ce qu'il fait là, au milieu de ces gens tristes, devant ce catafalque entouré de cierges, et pourquoi Vissarion Vassiliévitch n'est pas à son côté. Puis il se rappelle tout avec une précision blessante. Désormais il n'appartient plus à personne. Il ne sert plus à rien. Peut-être est-ce là, se dit-il, la véritable émancipation du serf ? Mais — Dieu me pardonne ! — une telle liberté est pire que l'esclavage ! Débarrassé de tout lien, on ne doit plus savoir pour quoi vivre. Il faut aimer quelqu'un plus que soi-même pour supporter le poids des jours et la fatigue de la chair. Aucune révolution ne changera jamais ce besoin de dévouement qui habite le cœur de l'homme. D'ailleurs il n'y aura pas de révolution. Vissarion Vassiliévitch l'a dit avant de mourir.

★

« L'enterrement a été très beau. Il y a eu un discours sur la tombe. Après, tout le monde m'a serré la main... »

Klim repose la plume dans la gorge de l'encrier et reste assis, les doigts au bord de la table, de chaque côté du cahier ouvert. Longtemps après il constate qu'il n'a pas bougé et qu'il regarde le mur, en face de lui, avec des yeux secs. Ses membres s'ankylosent. Il se lève et passe dans la chambre du mort. Une grande tache blanche lui saute au visage : l'oreiller de Vissarion Vassiliévitch où la forme de la tête est encore marquée en creux, ses draps froissés d'un dernier sommeil. Pieusement il les retire et les plie. Ensuite, se ravisant, il les remet en place et refait le lit comme si quelqu'un allait revenir s'y coucher. Il borde la couverture, il enlève les petits cierges aux trois quarts consumés, il étale la carpette que les hommes des pompes funèbres ont repoussée de leurs piétinements. Quel fouillis sur la table ! Vissarion Vassiliévitch n'aime pas qu'on y touche. Mais on peut, comme il dit, « ranger sans déranger ». Tous ces journaux, vieux de plusieurs semaines ! Et ces livres ! Il y en a qu'il faudrait rendre à la bibliothèque Tourguénieff. Klim les époussette, un à un, avec un torchon. Ses mains travaillent hors de sa volonté. Elles savent mieux que sa tête ce qu'il faut faire. Sa tête est vide. Pour toujours. Les tiroirs maintenant. Il ouvre celui de la table de chevet et y voit des bouts de ficelle, une paire de lunettes, des clefs, un canif, la boîte de jujubes, une pomme de terre noircie et ratatinée. Et tout à coup il se rend compte qu'il pleure. Les larmes coulent de ses paupières abondamment, tranquillement. Elles mouillent ses joues, son nez, son menton. Il voudrait s'arrêter et il ne le peut pas. Enfin le flot tarit de lui-même, sans raison. Klim se mouche et s'essuie la figure. Puis il finit de ranger la chambre et retourne à son établi, où l'attend un parapluie à demi-monté.

DU MÊME AUTEUR

Romans isolés

FAUX JOUR (Plon).
LE VIVIER (Plon).
GRANDEUR NATURE (Plon).
L'ARAIGNE (Plon) *Prix Goncourt 1938.*
LA MORT SAISIT LE VIF (Plon).
LE SIGNE DU TAUREAU (Plon).
LA TÊTE SUR LES ÉPAULES (Plon).
UNE EXTRÊME AMITIÉ (La Table Ronde).
LA NEIGE EN DEUIL (Flammarion).
LA PIERRE, LA FEUILLE ET LES CISEAUX (Flammarion).
ANNE PRÉDAILLE (Flammarion).
GRIMBOSQ (Flammarion).
LE FRONT DANS LES NUAGES (Flammarion).
LE PRISONNIER N° 1 (Flammarion).
LE PAIN DE L'ÉTRANGER (Flammarion).
LA DÉRISION (Flammarion).
MARIE KARPOVNA (Flammarion).
LE BRUIT SOLITAIRE DU CŒUR (Flammarion).
TOUTE MA VIE SERA MENSONGE (Flammarion).

Cycles romanesques

LES SEMAILLES ET LES MOISSONS (Plon).
   I — Les Semailles et les Moissons.
  II — Amélie.
 III — La Grive.
 IV — Tendre et Violente Élisabeth.
  V — La Rencontre.

LES EYGLETIÈRE (Flammarion).
   I — Les Eygletière.
  II — La Faim des lionceaux.
 III — La Malandre.

LA LUMIÈRE DES JUSTES (Flammarion).
   I — Les Compagnons du Coquelicot.
  II — La Barynia.
 III — La Gloire des vaincus.
 IV — Les Dames de Sibérie.
  V — Sophie ou la Fin des combats.

TANT QUE LA TERRE DURERA... (La Table Ronde).
   I — Tant que la terre durera...
  II — Le Sac et la Cendre.
 III — Etrangers sur la terre.

IMPRIMÉ EN FRANCE PAR BRODARD ET TAUPIN
Usine de La Flèche (Sarthe).
LIBRAIRIE GÉNÉRALE FRANÇAISE - 6, rue Pierre-Sarrazin - 75006 Paris.
ISBN : 2 - 253 - 02065 - 6

Biblio / Essais

Parmi les titres parus

Jacques ATTALI
Histoires du temps
Où l'on apprend que les techniques de comptage du temps n'ont jamais été autonomes par rapport à l'histoire, aux cultures et aux sociétés.

Jacques ATTALI
Les Trois Mondes
Après avoir vécu dans le monde de la régulation, puis dans celui de la production, nous sommes entrés dans un troisième, celui de l'organisation. Une interprétation originale de la crise économique actuelle.

Cornélius CASTORIADIS
Devant la guerre
Cornélius Castoriadis comptabilise les forces des deux superpuissances et délivre son diagnostic. Un ouvrage clef pour y voir clair dans les nouveaux enjeux de la politique internationale et les idéologies contemporaines.

Catherine CLÉMENT
Vies et légendes de Jacques Lacan
Loin des rumeurs et des passions inutiles, une philosophie déchiffre une œuvre réputée difficile. Et tout devient limpide, simple, passionnant.

Régis DEBRAY
Le Scribe
A quoi servent les intellectuels ? Et qui servent-ils ? Quelles sont leurs armes ? Quels sont leurs rêves ?

Jean-Toussaint DESANTI
Un destin philosophique, *ou les pièges de la croyance*
Une exploration systématique des principaux chemins de la philosophie moderne et des chausse-trappes que l'on peut y rencontrer.

Laurent DISPOT
La Machine à terreur
Terreur d'hier, terrorisme d'aujourd'hui. Des maîtres du Comité de salut public révolutionnaire aux partisans d'Action directe et aux membres de la « bande à Baader », pas de différence notable.

Lucien FEBVRE
Au cœur religieux du XVIᵉ siècle
L'espace intellectuel du XVIᵉ siècle visité dans ses moindres recoins : la Réforme, Luther, Érasme, Dolet, Calvin...

Elisabeth de FONTENAY
Diderot ou le matérialisme enchanté
Un Diderot méconnu, penseur des questions brûlantes qui tourmentent notre temps : la liberté, la féminité, la lutte contre les pouvoirs, le désir, la découverte de toutes les différences...

René GIRARD
Des choses cachées depuis la fondation du monde
Analyse approfondie des mécanismes sanguinaires qui règlent la vie des sociétés, commentaire magistral de l'antidote à la violence : la parole biblique.

René GIRARD
Critique dans un souterrain
Où l'on voit fonctionner le triangle infernal du désir (je veux ce que toi tu veux) dans les grandes œuvres littéraires.

René GIRARD
Le Bouc émissaire
Schéma fatal du mécanisme de la victime émissaire : quand les sociétés entrent en crise et qu'elles ne peuvent récupérer leur unité qu'au prix d'un sacrifice sanglant. De l'Inquisition aux camps nazis et au Goulag soviétique.

André GLUCKSMANN
Le Discours de la guerre, *suivi d'*Europe 2004
A partir de la grande tradition de la réflexion stratégique (Machiavel, Clausewitz, Hegel, Lénine, Mao), une œuvre capitale qui déchiffre l'impensé de là politique internationale d'aujourd'hui.

André GLUCKSMANN
La Force du vertige
Repenser le pacifisme à la lumière de l'arme atomique. Quand on parle la langue de la force, il faut répondre avec les mêmes mots. A partir de là, tout devient simple.

Roland JACCARD *(sous la direction de)*
Histoire de la psychanalyse (I et II)
Une histoire érudite et claire qui relate la genèse des découvertes freudiennes et leur cheminement à travers la planète.

Claude LEFORT
L'Invention démocratique
Non, le totalitarisme n'est pas un mal irrémédiable. Et à qui sait attendre, des voix jaillies des profondeurs de l'oppression racontent le roman de sa disparition.

Emmanuel LEVINAS
Éthique et Infini
Le regard d'Emmanuel Lévinas sur son propre ouvrage philosophique. Un livre de sagesse.

Emmanuel LÉVINAS
Difficile Liberté
C'est une dénonciation vigoureuse de la violence masquée qui hante notre conscience occidentale et travaille sournoisement notre raison comme notre histoire. Contre l'écrasement, un seul recours : la morale.

Bernard-Henri LÉVY
Les Indes rouges, *précédé d'une* Préface inédite
Travail d'analyse politique exceptionnel sur l'un des premiers échecs historiques du marxisme.

Anne MARTIN-FUGIER
La Place des bonnes
La domesticité au XIXe siècle. A travers l'examen de cette couche sociale, une jeune historienne propose une surprenante radiographie de la société bourgeoise.

Edgar MORIN
La Métamorphose de Plozevet, *Commune en France*
Le classique de la sociologie française. Où est cerné avec une exceptionnelle acuité l'irruption de la modernité dans une commune en France.

Edgar MORIN
L'Esprit du temps
Lecture raisonnée du temps présent, un repérage des valeurs, des mythes et des rêves du monde développé à l'entrée de la décennie 60.

Ernest RENAN
Marc Aurèle et la fin du monde antique

Dans ce texte lumineux, tout le projet du philosophe se manifeste. Son rapport étrange et fascinant avec la religion. Un document sur la Rome antique, qui est aussi un livre novateur.

Marthe ROBERT
En haine du roman

A la lumière de la psychanalyse, Marthe Robert réexamine le phénomène Flaubert et fait surgir un personnage nouveau. Une sorte de Janus, partagé entre deux êtres, à partir duquel on doit expliquer désormais tout le processus de sa création littéraire.

Marthe ROBERT
La Vérité littéraire

Le mot, l'usage des mots : deux problèmes au cœur de La Vérité littéraire. Ceux qui ont en charge le langage sont mis à la question : de l'écrivain au journaliste, en passant par le traducteur.

Marthe ROBERT
Livre de lectures

Une réflexion neuve sur la crise de la littérature, qui est aussi une véritable leçon de lecture.

Michel SERRES
Esthétiques sur Carpaccio

Les registres de la connaissance mis en peinture. Une réflexion sur le langage, mais aussi sur l'amour, la guerre, la mort, la science.

Alexandre ZINOVIEV
Le Communisme comme réalité

L'auteur décrit avec une terrible minutie la logique qui mène à l'instauration du régime totalitaire, et ensuite l'incroyable fonctionnement des sociétés qu'il engendre.